HC Roth

Der sich das Böse nennt

LIMITED EDITION

periplaneta

Prolog

An einem Ort, den niemand kennt, der nirgendwo und überall zu sein scheint, sitzt eine Mutter und betrachtet ihr schlafendes Kind. Es ist ein düsterer, unwirklicher Ort, der aber dennoch realer zu sein scheint, als alle anderen Orte dieser Welt. Es ist ein kalter, ein finsterer aber manchmal vielleicht doch auch ein so hell erleuchteter wie warmer Ort. Es ist ein unscheinbarer, aber doch sehr auffälliger Ort, den niemand so richtig in Worte fassen kann, über den es dennoch vieles zu erzählen gibt. Es ist ein Ort voller Widersprüche, ein Ort, der seine Existenz durch seine bloße Existenz widerlegt. Es ist ein Ort, den niemand verstehen kann, den aber doch alle verstehen, die dies wollen. Es ist jener Ort, an dem diese Mutter vor abertausenden Jahren oder vielleicht auch vor wenigen Tagen erst ihren Sohn oder auch ihre Tochter, das erste oder aber vielleicht doch auch nur eines von bereits sehr vielen Kindern geboren hatte. Die Geburt war lang und schmerzhaft gewesen oder kurz und harmlos, wer weiß das schon. Leben und Tod standen nahe beieinander und werden auch immer nahe beieinander stehen, so lange, die Person die, oder vielleicht auch das Wesen, das hier geboren wurde, unter uns weilt. Seit jener Minute der Geburt schlummerte der oder die oder das, um den oder die oder das es hier geht, an jenem unmöglich zu beschreibenden Ort jetzt schon dahin, immer wieder öffnete er, sie oder es kurz die Augen, sah der Mutter in die ihren und fragte, ob es denn so weit sei. »Nein«, sagte sie dann immer, »nein, mein Kind, schlafe einfach weiter.« Und das Kind schlief weiter.

Aber nun ist es eben so weit. Das Kind hat nun lange genug geschlafen und die Zeit ist gekommen. An jenem dunklen, kühlen Ort, von dem niemand eigentlich weiß, wo er oder sie sich befindet, und niemand es je wissen wird, weil es, genau genommen, auch niemand wirklich wissen möchte, weil es für niemand gut wäre, das zu wissen, obwohl es natürlich sowieso schon alle wissen, wird er oder sie oder es geweckt.

»Jetzt ist es so weit«, sagt die Mutter.

»Jetzt?«, fragt er oder sie oder es, öffnet die Augen, richtet sich auf. »Jetzt«, wiederholt sie und er oder sie oder es nimmt die Gestalt an, in der er oder sie oder es schließlich über die Welt wandeln soll. Um sie, diese Welt, durch und durch zu erschüttern. Um diese Welt an sich zu reißen. Um die Welt so zu formen, wie die Mutter es ihm oder ihr ins Ohr geflüstert hatte.

Auf dass diese Welt, so wie die Menschheit sie kannte, zu einer neuen Welt werde, die alleine nach seinen oder ihren Vorstellungen, nach seinen oder ihren Regeln funktionieren soll. Er oder sie oder es schreitet also hinaus in jene Welt und seine oder ihre Mutter, die Mutter des Bösen, blickt ihm oder ihr zufrieden nach.

I

Jetzt

Die weise Frau

Die weise Frau wendet den Blick von ihrer Kugel ab und sieht dem König direkt in die Augen. In diesen liest sie Gleichgültigkeit. Aus ihren spricht das blanke Entsetzen. »Ihr müsst es ihnen sagen«, herrscht sie ihn an.
»Noch nicht«, hält der König entgegen.
»Sie werden alle sterben«, sagt sie mit gefasster aber dringlicher Stimme.
»Das brauchen sie aber nicht zu wissen«, antwortet der König leise und starrt hinaus auf das Meer. Eine Möwe dreht ihre Runden und ein ahnungsloser Fischer rudert dem Horizont entgegen. »Noch nicht ... Nicht bevor wir wissen, was ...«, er hält inne, ist sich unsicher, ob er das, was er jetzt benennen muss, wirklich so benennen möchte, zu blödsinnig kommt ihm diese Bezeichnung vor. »Nicht bevor wir wissen, was der, der sich selbst **Das Böse** nennt, mit seinem Zauber bezwecken will.«
»Das Böse«, schnaubt die weise Frau verächtlich. »Ja, so nennt er sich wohl. Ich weiß nicht, was er ist, aber ich weiß schon lange, dass irgendetwas Böses irgendwann auf uns zukommen

wird. Und nun ist dieser Moment gekommen. Lange habe ich versucht, alles in meiner Macht Stehende zu tun, um dem entgegenzuwirken. Und genau so lange habe ich Euch vor dem, was sich wohl selbst DAS BÖSE nennt, gewarnt. Ihr wolltet nicht auf mich hören. Einen Schwindler habt Ihr ihn genannt, einen Scharlatan. Vielleicht ist er dies auch, ein Scharlatan, ein Schwindler, vielleicht ist er aber wirklich die Gefahr, die abzuwenden unsere Mutter mir und meiner Schwester vor langer Zeit aufgetragen hat. Und Ihr, mein König, Ihr selbstverliebter, ungläubiger Narr, Ihr müsst Euer Volk vor der Gefahr warnen. Ihr müsst es beschützen, Ihr müsst einmal an die Menschen in diesem Reich und nicht nur an Euch selbst und Euer geliebtes Turnier denken. Ihr müsst dem Bösen Einhalt gebieten.«
Der König, mit dem niemand sonst auf diese Weise sprechen kann, ohne sofort des Kopfes entledigt zu werden, zupft bedächtig an seinem grauen Bart und neigt den Kopf. Fast ein wenig untertänig blickt er der weisen Frau in die Augen. Benommen sieht er dabei aus. So benommen und untertänig eben, wie das Serum, das die weise Frau ihm in seinen Weinkelch getröpfelt hatte, ihn zu machen im Stande ist. Sie wird ihm noch mehr davon einflößen müssen, ein Glück, dass sie ihre Verbindungen in die Schlossküche hat.
Doch vorerst reicht es. Vorerst sagt er das, was er eben sagen soll, sagt er das, was sie ihn sagen lassen will: »Ich werde das Volk schützen. Ich schließe die Schänken und sage das Turnier ab. Ich öffne die Märkte nur stundenweise und lasse alle verhaften und aufhängen, die außerhalb dieser Zeiten auf den Straßen anzutreffen sind. Ich lasse anordnen, dass alle in ihren Hütten bleiben. Und dann, ja dann kümmere ich mich um den, der sich selbst DAS BÖSE nennt.«

Der graue König

Und damit besteigt der nunmehr grauhaarige König sein schwarzes Pferd und reitet, gefolgt von einer doch recht großen Eskorte, von dannen. Er lässt die kleine Hütte der weisen Frau hinter sich, wie er längst die Jugend hinter sich gelassen hat. Früher war er ein junger, energischer Mann gewesen, durch und durch entschlossen, vor allem dann, wenn es darum ging, möglichst viel Geld aus den Taschen des Volkes zu ziehen und damit ein möglichst gutes Leben zu leben. Das Volk war ihm

stets scheißegal gewesen. Das Volk ist ihm noch heute scheißegal, dennoch beschäftigt ihn das, was die weise Frau zu ihm gesagt hatte. Dass irgendetwas Böses kommen und alles Leben vernichten wird. Er lässt die weise Frau und ihre Prophezeiungen hinter sich und kann natürlich nicht wissen, dass er das, was er denkt, denken soll, weil die weise Frau seine Gedanken durch ihre Zaubermittelchen, die sie ihm neuerdings gerne verabreicht, kontrolliert. Ohne dies also zu ahnen, galoppiert er über steinige Wege zurück zu seinem großen grauen Schloss. »Hat sie recht?«, fragt er sich leise selbst. »Habe ich die Gefahr übersehen? Hätte ich die Geschichten der Seeleute, die Lieder der Sänger und die Theaterstücke der Puppenspieler ernstnehmen sollen? All diese unglaubhaften Geschichten über diesen seltsam anmutenden, gefährlich wirkenden Hexenmeister, der sich selbst Das Böse nennt und drüben in den fernen Ostlanden angeblich mit seinen dunklen Zaubern das große Sterben ausgelöst hat? Hätte ich der weisen Frau und ihren düsteren Visionen Glauben schenken sollen? Hätte ich, als der, der sich selbst Das Böse nennt, schließlich gestern persönlich vor mir stand, um wüste Drohungen auszusprechen, gleich reagieren müssen, anstatt ihn auszulachen und einen Aufschneider und Lügner zu nennen? Und das, was der Zauberer aus dem Turm mir vor einigen Tagen hatte erzählen wollen, die Geschichten von diesem Unglück da im Osten und den vielen Gestorbenen, den vielen Geflüchteten, die da jetzt angeblich auf uns zuströmen, hätte ich auch dem mehr Bedeutung beimessen sollen?«
All diese Fragen stellt sich der König, während langsam das Schloss in Sichtweite kommt und die Menschen in den umliegenden Dörfern ahnungslos ihren Tätigkeiten nachgehen, Wasser schöpfen, Kinder stillen, die Felder bestellen. Ja, all diese Fragen stellt er sich und ja, das Serum verliert langsam wieder an Wirkung und ja, die Ostlande sind weit weg und ganz ehrlich, was schert es ihn, den König, der langsam wieder seinen Egozentrismus zurückerlangt, was dort passiert? Soll da drüben in den Ostlanden halt passiert sein, was da angeblich passiert ist. Sollen sie nur kommen, diese Flüchtlinge, das ist ihm doch egal, da hat er längst Maßnahmen getroffen. Und der, der sich selbst Das Böse nennt, der kann auch jederzeit wieder an seine Tore klopfen, soll er nur machen, hereinspaziert, hereinspaziert, sein Schwert ist stets geschliffen.

Die weise Frau

Da reitet er also, der König, reitet erhobenen Hauptes dahin, und lässt sich dabei munter eskortieren. Könnte ihn ja jemand töten wollen, den König, schließlich hat er in den Jahren seines Regiments keine Gelegenheit ausgelassen, sich unbeliebt zu machen. Die weise Frau sieht ihm lange nach, schüttelte den Kopf und denkt bei sich, dass ihn, gegen all die dunklen Mächte, die da auf ihn und sein Reich zukommen würden, auch 1000 Soldaten nicht beschützen könnten. Ob die Gefahr nun wirklich von dem, der sich selbst Das Böse nennt, ausgeht oder von irgendeiner anderen Macht, die zu benennen sie gegenwärtig aber noch nicht im Stande ist, weiß sie noch nicht. Sie weiß das, was die Kugel ihr verraten hat, dass Böses über die Welt hereinbrechen und vielen Menschen den Tod bringen wird. Und sie weiß, dass da dieser kleine, bärtige Kerl in der Stadt herumschleicht, der sich selbst Das Böse nennt.
Und dieser König hier, der ist doch in seiner ganzen selbstverliebten Art so schlimm und unbrauchbar wie alle anderen Herrscher dieses Reiches zuvor auch, wenn nicht sogar noch schlimmer. Er ist immer nur auf sich bedacht, niemals auf das Volk. Hat immer nur das im Blick, was gut für ihn ist und sieht immer nur das, was er sehen will. Wie die Realität aussieht, interessiert ihn nicht. Hier vor der Hütte der weisen Frau beispielsweise, hat er das Meer gesehen, türkisgrünes Wasser, kreisende Möwen. Ein Idyll. Sie, die weise Frau, hingegen sieht das, was da wirklich ist: Die abgebrannten Dörfer vergangener Kriege.
Vergangene Kriege interessieren den König nicht. Die sind lange her, diese vergangenen Kriege. Was kümmern sie denn ihn? Ihn interessiert doch nicht einmal der Krieg gegen das unbekannte Böse, der ihnen allen nun wohl bevorsteht. Die Leute einzusperren und die Kampfarenen sowie die öffentlichen Bäder zuzusperren, ist schon einmal ein guter Anfang, aber damit wird er vielleicht die Schlacht, nicht aber den Krieg gewinnen können. Nein, diesen Krieg muss sie, die weise Frau, selbst führen. Anders sehen sie und ihre Kugel kein Licht am Horizont. Aber den König braucht sie dazu dennoch, der muss das Volk ablenken. Deswegen muss sie ihn eben auch ein wenig manipulieren, den König, so wie sie und ihre Schwester das ohnehin schon seit hunderten von Jahren mit allen Königen, Fürsten und Herzogen in diesem Teil der Welt machen.

Die weisse Hexe

Da sitzt sie also in ihrem Turm, die weiße Hexe. Sie hat alles gut im Blick, das Königsschloss, den Marktplatz, den Hafen drüben am Wasser. Sie sieht alles, weil sie alles sehen muss, weil sie die Kontrolle haben muss, weil sie wissen muss, was in der Stadt vor sich geht. Sie schenkt sich eine Tasse Tee ein, nippt daran, als es an der Tür klopft. Einmal klopft es, zweimal, dreimal, viermal.

»Tretet ein«, sagt sie und weiß schon, wer da gleich vor ihr stehen wird. Ihre Schwester hat seinen Besuch angekündigt, hat erzählt, dass er in der Stadt ist. Angeblich nennt er sich selbst grobklotzig Das Böse und will irgendeinen so neuartigen wie heimtückischen Zauber in der Stadt etablieren, einen Zauber, der Menschen krank macht. Zauber, die Menschen krank machen, sind aber eines ihrer Kerngeschäfte. Sie macht die Menschen krank, ihre Schwester heilt sie wieder. Das ist der Deal, so ist es vereinbart. Irgendwelche selbsternannte Bösen, irgendwelche Zauberer und Scharlatane, die ihr hier ins Handwerk pfuschen, kann sie nicht gebrauchen.

»Ah, Emporkömmling, wie schön Euch zu sehen«, sagt sie schließlich. Eine hochgewachsene, weißhaarige Frau in einem weißen Kleid ist sie, eine gehörige Spur Sarkasmus ertönt aus ihrer heißeren Stimme. Sie mustert diesen eher kleinen, schwarzgekleideten Mann, der da in der Tür steht und vom anstrengenden Aufstieg gezeichnet kurzatmig schnauft, »Was verschafft mir die Ehre und vor allem: Was wollt Ihr?«, fragt sie. »Wir brauchen Euch hier nicht«, fährt sie fort. Ernst. Direkt. Keinen Widerspruch duldend. Der, der sich Das Böse nennt hingegen, sagt fürs Erste nichts. Sie bietet ihm keinen Stuhl an, keinen Tee, bittet ihn auch gar nicht herein, lässt ihn einfach da zwischen Tür und Angel stehen und hofft, dass er bald wieder geht.

»Ich habe alles im Griff«, sagt die Frau nun etwas lauter, steht auf und schlägt mit der bloßen Faust auf den Tisch. »Seit Wochen halte ich das Land in Atem, Hunderte, Tausende ...«

»Jaja«, unterbricht der ungebetene Gast sie nun. »Ich kenne die Zahlen, ich kenne die Ergebnisse, jaja, ich habe Euch beobachtet.« Nun ist er es, der sie mustert, der grimmig dreinblickt, der die Stimme erhebt. »Aber interessiert dies irgendjemanden? Spricht irgendjemand auf den Straßen davon, von Euch? Nein. Sterben Menschen? Natürlich. Fürchtet Euch jemand

deswegen? Nein. Ihr seid Alltag. Ihr seid so normal wie das tägliche Weizenbier, die tägliche Hafersuppe. Man kennt Euch und man ignoriert Euch. Macht gerne weiter mit Euren Anfängertricks, Euren Laienzaubereien und Kinderspielchen, Hexe. Aber Eure Zeit ist abgelaufen. Und nun kommt meine Zeit. Ich bin das Neue, das Unbekannte, ich bin der, den niemand einschätzen kann, ich bin der, der alles beherrschen wird. Die Menschen, ihre Gedanken, ihr ganzes Leben.«
»Was wollt Ihr?«, fragt die weiße Hexe erneut.
»Die Welt, ich will die Welt kontrollieren.« Und damit lässt er die weiße Hexe in ihrem Turm sitzen und schreitet hinaus in das Königreich.

Der, der sich das Böse nennt

Im Hafen herrscht reges Treiben. Schiffe aus allen Teilen des Königreiches und anderen nahen wie fernen Orten irgendwo auf dieser Weltenplatte kommen und fahren ihrer Wege. Auf den Anlegeplätzen wimmelt es nur so vor Hafenarbeitern, die Waren geschäftig auf Schiffe aufladen und andere Waren von anderen Schiffen hingegen wieder abladen und mit vollbeladenen Maultieren abtransportieren. Getreide, Wolle, Tabak. Hopfen, Wein, Trauben. Waren für das gemeine Volk eben. Waren, die alle brauchen, Waren, welche die meisten haben wollen.
Und dann ist da noch dieses eine einsame Schiff aus den fernen Ostlanden. Früher kamen sie oft vorbei, diese Schiffe aus den Ostlanden, vollbeladen mit ihren feinen Stoffe und edlen Perlen, den erlesenen Gewürze und gelegentlich auch den exotischen Tieren, deren Fleisch sich nur die reichsten und edelsten unter den Fürsten und Edelleuten schmecken lassen und leisten können. Doch sie sind rar geworden, diese Schiffe aus der Ferne. Die Kaiserin ließ die Häfen sperren, sagt man. Lässt keine Schiffe heraus und auch keine mehr hinein, weiß das Geschwätz der Leute zu verlautbaren. Nur ab und zu, so munkelt man, schafft es ein Schiff, sich den Anordnungen der Kaiserin zu widersetzen und in einer Nacht- und Nebelaktion den Hafen zu verlassen.
Soeben tragen zwei der Matrosen eine Kiste von diesem einem weit gereisten Schiff. Sie stellen sie kurz ab, um ihren strapazierten Muskeln eine Pause zu gönnen, da muss der erste husten. Einmal, kurz und unauffällig. Und dann noch ein zweites,

ein drittes, ein viertes Mal. Bald darauf hustet auch der zweite Matrose. Und dann ein dritter, ein vierter, ein fünfter. Schließlich hustet das ganze Schiff. Und auf der gegenüberliegenden Mole sitzt im Schneidersitz der, der sich DAS BÖSE nennt und lacht. Und lacht und lacht und lacht.

DER PIRAT

Da sitzt er also auf seinem Schiff und raucht Pfeife, nebenbei trinkt er auch noch literweise Rum. Pfeife rauchen und Rum trinken, viel mehr hat er zurzeit nicht zu tun, der Pirat. Früher, ja früher in den besten Zeiten der Schifffahrt und der Piraterie, da war hier viel los, da war das eine stark befahrene Passage. Jede Menge Schiffe wollten von Osten nach Westen fahren mit all ihren wunderbaren Waren. Der Seide, den Perlen, diesen starken weißen Schnupfpulvern. Freie Wahl hatten sie gehabt. Konnten sich das schönste und prächtigste Schiff aussuchen. Und er, der Pirat, brauchte nur seinem Kanonenmeister befehlen, den Hauptmast des ausgewählten Schiffes niederzuschießen. Kaum war das erledigt und die ersten Besatzungsmitglieder panisch von Bord gegangen, fuhren sie mit ihren Booten dort hin, enterten das Boot, metzelten alles nieder, was sich noch auf dem Schiff befand und obendrein zwei Arme und Beine hatte und nahmen so viele Kisten mit, wie sie tragen und auf ihren Booten transportieren konnten. Ja, genauso war das bis vor wenigen Wochen noch gewesen. Jetzt aber kommt hier kaum mehr jemand durch, die Kaiserin hätte den Schiffsverkehr unterbunden, war ihm zu Ohren gekommen. Warum genau, das weiß er nicht, es ist ihm auch egal. Wenn dann gelegentlich doch einmal ein Schiff dahergefahren kommt, sind die Besatzungen neuerdings so scharf bewaffnet, dass ein Angriff zu riskant scheint. Auf den immer noch stark befahrenen westlicheren Routen wimmelt es dieser Tage nur so vor diesen in Mode gekommenen Militärschiffen mit ihren fetten Kanonen. Nein, es lohnt sich einfach nicht mehr, Pirat zu sein, denkt sich der Pirat und nimmt noch einen weiteren Schluck aus seiner Rumflasche.

Das aufgeregte Mädchen

»Mutter, Mutter«, ruft das aufgeregte Mädchen. Es ist außer Atem, so schnell ist es nachhause gelaufen. Den Korb mit den Markteinkäufen stellt es hastig auf den Boden. »Die Schreier des Königs waren in der Stadt«, bringt das keuchende Mädchen hervor. »Sie sagen, die Geschichten und Gerüchte stimmen«, fährt sie fort. »Die Geschichten über die Ostlande und über das Schiff mit den hustenden Matrosen. Es gibt ihn wirklich, diesen Hexenmeister, der sich selbst Das Böse nennt, der mit seinem Zauber alle husten lässt.« Das Mädchen, es steht immer noch zappelnd da herum, noch immer ist ihr Kopf rot von der Anstrengung des Laufens, setzt sich nun zu ihrer kranken Mutter ans Bett. Eine alte runzelige Frau ist das, die Mutter. So alt ist sie eigentlich gar nicht, wenn sie es nicht besser wüsste, würde das Mädchen glauben, es wäre ihre Großmutter, die hier liegt. Ihre Großmutter aber ist lange tot, ein Unfall während einer Reise, den Großvater hatte es damals auch erwischt. Ihr Vater ist im Übrigen auch schon lange tot, sagt zumindest die Mutter, verliert aber sonst niemals auch nur ein Wort über ihn. Aber das tut jetzt nichts zur Sache, genau so wenig, wie die Gründe dafür, warum die Mutter eigentlich äußerlich so schnell gealtert ist, gerade etwas zur Sache tun. Eine sehr seltene Krankheit, sagt die Mutter immer, ob das wirklich stimmt, weiß die Tochter nicht. Aber wie gesagt, das ist jetzt in diesem einen Moment nicht wichtig.

»Aber sie sagen, es sei nicht so schlimm. Die Zauber der weißen Hexe, die uns seit Jahren heimsuchen, seien schlimmer, sagen sie, aber die wären ja eigentlich auch gar nicht so gefährlich für uns, wie die Hexe selbst uns immer glauben lassen will, sagen sie auch«, ruft das aufgeregte Mädchen.

Es streicht ihrer schwitzenden, fiebernden Mutter durch das nasse Haar. »Auf unsere Alten und Kranken sollen wir achten, sagen sie, und das mache ich ja auch. Und ja, ich weiß, du bist noch gar nicht so alt. Aber krank bist du, Mutter, ja krank bist du leider. Und auch wenn der, der sich Das Böse nennt, uns nichts antun könne, weil der gar nicht gefährlich ist, wie sie sagen, sagen sie, man solle nicht mehr auf die Straßen gehen. Die Märkte haben nur noch zwei Stunden täglich geöffnet, die Sänger dürfen nicht mehr singen, die Mimen nicht mehr spielen und, Mutter, du wirst es mir nicht glauben, des Königs geliebtes Turnier, ist auch abgesagt. Gemeinsam werden wir

das Böse oder halt den, der sich so nennt, besiegen, sagen sie. Indem wir zuhause bleiben, sagen sie«, das Mädchen wartete eine Reaktion der Mutter ab, doch diese schweigt nur, so wie sie eigentlich schon lange immer schweigt. Oft hatte das Mädchen, seit es sich erinnern kann, ihre Mutter noch nicht reden hören. »Alles wird gut, sagen sie«, sagt das Mädchen.
»Ihr müsst es ihnen sagen«, hatte die weise Frau gesagt. Und er, der König, hatte es ihnen nun also gesagt. Oder viel mehr, er hatte es ihnen sagen lassen.

Das Ohr des Königs, das auch sein Auge ist

Niemand sieht ihn. Niemand hört ihn. Niemand nimmt ihn wahr. Und dennoch ist er da. Immer. Er ist immer überall. Seit sein Vorgänger vor vielen Jahren plötzlich verschwunden war und er, der so unnütze wie ungeliebte Bauernbub, sich zu einem der wichtigsten Spione des Königs hochgearbeitet hatte, ist das so. Niemand in dieser Stadt kann irgendetwas tun oder lassen, ohne dass er, das Ohr des Königs, das auch sein Auge ist, davon Wind bekommen würde. Die Obstverkäuferin auf dem Marktstand, die unter dem Tisch weiße Pulverchen aus den Ostlanden verkauft? Kennt er. Er schaut gerne bei ihr vorbei, um sich heimlich etwas mitzunehmen. Es ist ein harter, mühsamer, ihm so vieles abverlangender Job, er aber muss stets wachsam bleiben. Der Kneipenwirt, der Reden schwingt und bei jeder sich ihm bietenden Gelegenheit gegen den König hetzt? Der steht ganz oben auf seiner Liste, den hat er besonders gut im Blick. All die Straßengaukler und Prostituierten, die Musikanten und die Bettler. Er kennt sie alle, er verachtet sie, er notiert sich ihre Namen und was sie so tun, liefert sie aber nur dann an die Stadtwache aus, wenn sie tatsächlich auffällig werden, wenn sie tatsächlich eine Bedrohung für die Stadt, das Reich, den König werden könnten.
Natürlich kennt er auch das Mädchen mit dem Korb, das da immer aufgeregt über den Markt huscht und schließlich ihrer Mutter alles erzählt, was sie dort so sieht und hört. Ihre Beobachtungsgabe ist einzigartig, sie wäre eine gute Spionin, wäre sie nicht so geschwätzig, so überdreht und aufgeregt. Und ihre Mutter, ja, die kennt er auch. Schon lange, sehr lange, kennt er ihre Mutter.

Die kranke Mutter

Es geht zu Ende mit ihr. Das weiß sie. Bei jedem Hustenanfall, jedem Schüttelkrampf, spürt sie es. Der körperliche Verfall, ja, der hatte schon vor sehr langer Zeit begonnen. Da war sie kaum älter als ihre Tochter jetzt und die Tochter selbst noch gar nicht geboren gewesen. Da waren schon die Schmerzen da gewesen, der Haarausfall, die Zitterkrämpfe. Jahr für Jahr war es schlimmer geworden, wie sie es geschafft hatte, ein Kind großzuziehen, ist ihr heute ein Rätsel. Und dieses Mädchen, das da an der Schwelle zum Erwachsensein steht, ja sie liebt es, sie liebt es wirklich. Dennoch geht ihr dieses Kind oftmals gewaltig auf die Nerven. Doch so nervenaufreibend diese Tochter ist, so hübsch, so wunderschön ist sie auch. So hübsch, so wunderschön, wie sie es einst selbst gewesen war, bevor sie einige falsche Dinge getan, einige schlechte Entscheidungen getroffen und dadurch - da ist sie sich sicher - ihr eigenes Verderben heraufbeschworen hatte. Ihr langes, blondes Haar, die blauen Augen, die jugendlich-unschuldige Naivität, ja ein bisschen erinnert das Mädchen sie an sich selbst. Und ja, sie liebt sie. Sie liebt sie sehr, wenn sie doch bloß nicht so unfassbar anstrengend, so extrem nervtötend wäre.

Der König

»Ist das Euer Ernst?«, fragt der Schatzmeister, ein alter Mann von 80 Jahren. Ein weißer Bartkranz ziert seinen Mund, ein nicht minder weißer Haarkranz den Kopf.
»Durchaus«, antwortet der zwar um einiges jüngere, aber dennoch bereits graubärtige König kurz angebunden.
»Die Märkte nur stundenweise öffnen, Schänken, Arenen, Bordelle schließen?«, der Schatzmeister wird lauter. »Wisst Ihr, was wir hier an Steuergeldern verlieren?«
»Nichts«, antwortet der König, dessen Stimme ebenso schon etwas erhoben ist. »Alle Schankwirte, Bordell -und Kampfarenenbesitzer, Bühnenbetreiber und was weiß denn ich, wer sonst noch alles, werden weiterhin wie bisher ihre Steuern abgeben. Das Reich hat nichts zu verschenken, aber viel zu verlieren. Wir müssen die Menschen in ihren Häusern halten, dann kann der, der sich selbst Das Böse nennt, ihnen nichts anhaben. Wir müssen, ich muss, jetzt handeln. Sofort.

Sonst mischt sich diese unsägliche weise Frau wieder in Angelegenheiten ein, die sie nichts angehen. Ihr wisst, doch wie sie ist. Erinnert Ihr euch daran, wie es war, als die weiße Hexe vor vielen, vielen Jahren begonnen hatte, hier Krankheit und Verderben zu streuen? Wie dann die weise Frau alles an sich gerissen hatte? Die ganze Arbeit, freilich, die natürlich auch, aber vor allem den Ruhm und die Anerkennung der Menschen. Und wie mein Vater danach nie wieder hatte die Achtung, den Respekt eben jenes Volkes zurück erlangen können? Wir müssen ihr zuvorkommen und jetzt handeln, sonst ist es zu...«
»Auch das Turnier?«, unterbricht nun der Schatzmeister und denkt dabei an all die Mühen, die er vor vielen Jahren vergebens dafür eingesetzt hatte, die Durchführung genau jenes seit damals jährlich stattfindenden Turnieres zu verhindern.
»Auch das Turnier«, will der König gerade sagen, obwohl er nicht begreifen kann, warum er das eigentlich möchte, da kommt ihm der aufgebrachte Prinz zuvor, kaum dass dieser hastig den Audienzsaal betreten hat: »Wir müssen über das Turnier sprechen, jetzt sofort.«

Der Prinz

»Das Turnier?«, fragt der König. »Das Turnier!«, ruft der Prinz. »Das Turnier«, sagt auch der Schatzmeister. »Wir können das Turnier nicht absagen«, fährt dieser fort. »Die neu errichtete Arena reißt uns Löcher in die Kassen. Doppelt so groß soll sie sein, die Arena, habt Ihr gesagt. Und die ausgebauten Quartiere für die Kämpfer, wir brauchen mehr Quartiere, habt Ihr gesagt, weil wir mehr Kämpfer brauchen. Weil das Volk, wenn es mehr Kämpfer sieht, mehr Geld dafür bezahlt, um diese sehen zu dürfen. Ja und deswegen haben wir sie ja alle eingeladen. Noch mehr Schwertkämpfer und noch mehr Schwertkämpfer und noch mehr Schwerkämpfer haben wir eingeladen. Die fähigsten und brutalsten Männer der gesamten Weltenplatte wolltet Ihr hier haben! Und die habe ich Euch alle aufgetrieben und herbestellt. Die Teilnehmer von den Westinseln sind bereits eingetroffen und die von den Ostlanden werden ...«
»...unser Reich nicht betreten«, unterbrach ihn der König. »Soldaten werden sie am Hafen empfangen und zurückschicken, kaum dass sie angekommen sind. Und was Eure Kasse betrifft,

Herr Schatzmeister, erhöht die Steuern. Oder führt eine neue ein, neue Steuern sind immer gut.«
»Das Volk wird Euch dafür hassen, Hoheit«, erwiderte der Schatzmeister.
»Das Volk hasst mich doch sowieso schon, hat mich immer schon gehasst und wird mich immer hassen«, blafft der König zurück. »Was kümmert mich das jetzt noch?«
»Das ist mir alles egal, aber so etwas von egal«, brüllt nun der Prinz. Ihn hasst das Volk zwar nicht weniger als den Vater, nur ist ihm das halt kein bisschen bewusst, hochnäsig und arrogant wie er durchs Leben schreitet, genau so, wie auch sein Vater früher. »Das Turnier muss stattfinden, es MUSS stattfinden. Seit Monaten trainiere ich dafür. Übe Schwertkampf, laufe, schwimme, reite, entsage dem Alkohol, dem Glücksspiel, den fleischlichen Lüsten, ich lebe nur noch für dieses Turnier, dieses Turnier IST mein Leben.« Er redet sich in Rage und würde noch weiter reden, stoppt aber abrupt ab, als er der Meinung ist, den Schatzmeister »Dann habt Ihr aber ein erbärmliches Leben« flüstern zu hören. Gerade will er ihn zur Rede stellen und ihm mit dem Pranger drohen, da donnert sein Vater, der König los: »Solange der, der sich DAS BÖSE nennt, in der Stadt ist, kann es kein Turnier geben.« Er donnert mit der Faust auf den Tisch, trinkt einen Schluck Wein und zieht sich etwas von dem Pulver in die Nase, das er sich in letzter Zeit häufig in die Nase zieht. Seit er dieses Pulver zu sich nimmt, ist er nicht mehr er selbst, denkt der Prinz, sagt aber:»Ich bringe Euch seinen Kopf und Ihr, Vater, gebt mir mein Turnier.« Diese Worte untermauernd zieht er sein Schwert, sieht dem Vater tief in die Augen und verlässt so schnell und energisch den Raum, wie er ihn betreten hat.

Der ostländische Reisende

Irgendetwas ist anders als sonst. Genau genommen ist alles anders als sonst. Seit Stunden irrt er nun schon auf der Suche nach einer Herberge durch die Gassen der Stadt. Er klopft an verschlossene Türen, wird weggeschickt, wenn einmal doch jemand öffnet. Immer wird er abgewiesen, nicht einmal der Kuhstall wird ihm angeboten. Er sieht kaum jemanden auf den Straßen, in den sonst so belebten Schänken herrscht Totenstille. Er kommt nicht jedes Jahr zum Turnier. Da er an Seekrankheit

leidet und sich auf Schiffen tagelang erbrechen muss, reist er stets auf dem Landweg an. Wochenlang ist er unterwegs, um von seiner Heimatstadt in den Ostlanden hierher in die größte und wohl auch bedeutendste Stadt der westlichen Königreiche zu gelangen. Wochenlange Anreise für wenige Tage Turnier ist dann doch zu viel Aufwand, um ihn alljährlich zu betreiben. Aber wenn er dann einmal da ist, dann zeigt sich ihm diese Stadt eigentlich anders. Jubel, Trubel, volle Straßen. Gesang, Tanz, Schauspieltruppen. Und überall Turnierkämpfer, die meist siegessicher, oftmals angetrunken und wirklich immer maßlos von sich selbst überzeugt, durch die Stadt strömen.
Doch jetzt ist alles anders. Totenstille. Kaum Menschen. Und wenn ihm doch vereinzelt jemand begegnet, dann wechselt diese andere Person die Straßenseite, kaum dass sie ihn erblickt hat. Ängstliche, angeekelte, hasserfüllte Blicke. Und Geflüster, Gemurmel. Er versteht alles, er beherrscht die Sprache des Westens fließend. »Ostlande«, heißt es dann. »Schiff« oder »Husten«. Und immer fort: »Das Böse«. Ja, von dem, der sich Das Böse nennt, hat er auch schon gehört, damals als er zuhause, in eben jenen Ostlanden, aufgebrochen ist. Doch was hat dieser geheimnisvolle Hexenmeister mit ihm zu tun? Er will doch bloß an einem Turnier teilnehmen und es unbedingt gewinnen, da er das durchaus sehr hohe Preisgeld sehr dringend benötigt. Seltsam ist das alles. Rätselhaft.
Der gut gekleidete, langhaarige Mann mittleren Alters, in welchem er von früheren Turnierteilnahmen den Sohn des Königs wiederzuerkennen glaubt, der da gerade sein Schwert schwingend und immerfort »Das Böse, das Böse, ich töte das Böse« brüllend an ihm vorbei läuft, macht das alles auch nicht besser.

Die weise Frau

Die weise Frau kommt einfach nicht weiter. Seit mehreren Tagen schon wirft sie dieses Kraut und jene Wurzel, Hundehaar und Katzenpfote, Fledermauszahn und Rattenschwanz und so weiter und so fort in einen Topf und rührt und rührt und rührt. Sie rührt, bis ihre Finger bluten. Rührt und rührt und rührt. Ihre Bücher bringen sie nicht voran, ihre Kugel bringt keine neuen Erkenntnisse. Sie kommt einfach keinen Schritt weiter. Sie weiß nicht genau, wer oder was, der, der sich Das Böse nennt, wirklich ist und ob er tatsächlich diese große Gefahr ist, die ihre Kugel vorausgesagt hat. Sie weiß aber, dass er nicht unbedingt hier sein sollte, dass er böse Absichten hat und die Welt sicherlich nicht besser macht. Und sie weiß auch, dass sie jetzt zwar den König wunderbar beeinflusst hat und der endlich sein Turnier abgesagt und die nervigen Bürger in ihre Hütten gesperrt hat. Aber das hilft alles nicht viel gegen diesen Kerl da, der sich, na, Sie wissen es ja, wie der sich nennt. Und deswegen will sie nun eben diesen Gegenzauber herbeirühren. Zauber mit Zauber bekämpfen, Gleiches mit Gleichem vergelten. Wenn sie nun aber nicht bald Fortschritte macht, muss sie einen Weg finden, um den, der sich – na ja, der eine mit dem Bart halt – zu vernichten. Komplett. Doch das will sie nicht. Zumindest will sie das noch nicht. Sie will ihn fürs Erste lediglich unschädlich machen. Harmloser. So dass er zwar da ist, aber nur so lästig wie ein Pickel am Gesäß. Genau das will sie erreichen, indem sie hier rührt und rührt und rührt. Wenn sie doch bloß nur irgendwelche Fortschritte machen würde.

Das aufgeregte Mädchen

»Mutter, Mutter«, ruft das Mädchen so aufgeregt wie verzweifelt und lässt resigniert den leeren Einkaufskorb zu Boden fallen. »Es war furchtbar! Auf dem Markt, da waren so viele Leute, so unfassbar viele Leute. Und da waren auch so lange Schlangen vor den Ständen, so unfassbar lange Menschenschlangen, das hast du auch noch nie gesehen, so lange Menschenschlangen, wie da waren. ›Halten Sie Abstand zu Ihrem Vordermann und Ihrer Vorderfrau‹, haben sie gesagt. ›Dann kann der, der sich selbst Das Böse nennt, Sie nicht alle gemeinsam mit seinem Zauber belegen‹, haben sie gesagt. Mutter, es war furchtbar. Viele haben aber trotzdem gedrängelt, manche haben gehustet. Und ich habe nichts bekommen, habe nichts kaufen können, gar nichts. Alles war ausverkauft, alle Stände waren wie leergefegt. Kiloweise Brot haben sie weggetragen, die Leute und literweise Milch. Und stoßweise dieses weiche Papier, das du so gerne verwendest, wenn du dir, nachdem du auf dem Abort warst, das Gesäß reinigst. Alles haben sie leergekauft, diese gierigen, gierigen Leute. ›Niemand weiß, wann es wieder etwas geben wird, weil ja keine Schiffe mehr kommen dürfen und die Bauern ihre Waren dem König bringen

müssen, für schlechtere Zeiten‹, haben sie gesagt. Mutter, es war furchtbar, so unglaublich furchtbar.«
Das Mädchen ist verzweifelt. Traurig. Fassungslos. Und in dieser traurigen Fassungslosigkeit redet und redet und redet es und hört gar nicht mehr auf zu reden. Und die Mutter, die da in ihrem Elend vor sich hin vegetiert, sagt wie immer nichts.

Der, der sich Das Böse nennt

Da sitzt er also, der, der sich Das Böse nennt, dieser geheimnisvolle Hexenmeister. Dieser Mann, der plötzlich da war, mit dem niemand je gerechnet hatte und den zurzeit niemand einzuschätzen vermag, dem Angst und Schrecken und ein Ruf, der übler ist als sein Geruch, vorausgeeilt waren. Wenn die Geschichten stimmen, die auf den Straßen, den Märkten und den nun geschlossenen Schänken erzählt werden, hatte er zuvor in den fernen Ostlanden für Leid und Krankheit gesorgt und hat nun im Sinne, dies hier ebenso tun. Die Frage aber ist, stimmen all diese Geschichten? Die Gerüchte? Die Ostlande sind weit weg und zählt ein Schiff voller hustender Matrosen wirklich als Beweis? Sind die Worte eines grauen Königs ohne Ahnung und einer weisen Frau mit einer Kugel Grund genug, das Leben in der Stadt, im ganzen Reich komplett zu ändern, alle einzuschränken, alles abzusagen?
Er jedenfalls sitzt da auf diesem Baum auf diesem Hügel vor den Mauern dieser Stadt, dieser Hexenmeister, der sich selbst Das Böse nennt, beobachtet das langsam Panik annehmende Treiben da unten und kichert leise in seinen langen Bart.
Und während er so kichert, macht er sich seine Gedanken, versucht Resümee zu ziehen über das, was er bisher zustande gebracht hat. Wie er zum Beispiel den König manipuliert hat. Den guten alte König. Der ist sein Geld wirklich wert. Dass er so gut mitspielen würde, hätte er selbst nicht gedacht. Das Schließen der Schänken ist schon eine hervorragende Leistung. Die Wut im Volk ist bereits deutlich spürbar. Aber, dass er dann auch noch das Turnier abgesagt hat, das Glanzstück des Reiches, der alljährliche Höhepunkt des sozialen Lebens hier, das kam zwar komplett unerwartet, ist aber genial. Besser hätte der König gar nicht agieren können, bald würde es hier auch ganz ohne SEIN Zutun eskalieren. Alles würde zusammenbrechen, in Flammen stehen. Ein paar Gerüchte und ein

paar hustende Matrosen und alle drehen durch. Kaum mehr Lebensmittel gibt es auf den Märkten zu kaufen. Genial. Und die Ausgangssperren erst. Phänomenal. Glaubt der König tatsächlich, ein paar dünne Wände könnten ihn davon abhalten, seinen Zauber einzusetzen? Aber noch musste er das nicht tun. Noch vermag der König hier alles ganz allein in Chaos und Verderben zu stürzen.
Noch braucht er selbst lediglich hier oben auf dem Baum zu sitzen und kann sich das lustige Treiben da unten lachend anschauen.

Die beiden Schurken

Unten am Fuße des Hügels erspähen sie bereits die Stadt in ihrer gesamten Mächtigkeit. Sie sehen schon das gewaltige Königsschloss, umgeben von einem Graben, so breit wie drei Straßen und so tief wie fünf Häuser, und ebenso erblicken sie so manches der gemauerten Gebäude, in denen die Reichen residieren, in ihrer mächtigen Prächtigkeit. Und auch die armseligen Holz- und Lehmbauten des gemeinen Volkes können sie gut erkennen. Sie erblicken den Hafen und das Meer und die nun ungenutzt bleibende, neue Turnierarena. Viele Reiter sind ihnen auf ihrer Anreise entgegengekommen und haben ihnen von der Absage des Turniers und der Anwesenheit eines geheimnisvollen Hexenmeisters erzählt.
Und auch jetzt bewegen sich wieder Reiter den Hügel hinauf, auf dem sie gerade Rast halten. Hier kommen schon wieder abgewiesene und nun heimkehrende Turnieranwärter, denken sie sich, als das Pferdegetrappel lauter wird. Und diese würden ihnen nahe legen, ebenso umzukehren. Doch das würden sie niemals tun! Nicht, ohne auszuführen, was sie sich vorgenommen haben, seitdem sie zum ersten Mal von diesem Hexenmeister gehört hatten. Nicht ohne den ihnen gebührenden Ruhm und auch den Reichtum und die Belohnung, die ihnen hinterher gewiss zustehen würde, vom König eingeholt zu haben.
Von Weitem schon erkennen die beiden rastenden Reiter allerdings, dass es sich bei dem Besuch, der da den Hügel hinauf geritten kommt, nicht um heimkehrende Turnieranwärter handelt, sondern um Männer des Königs. Ihre Uniformen und die Wappen auf ihren Schildern zeugen davon.

»Wohin des Weges?«, fragt auch schon der erste von ihnen, kaum, dass sein Pferd zum Stehen gekommen ist. »In die Stadt«, antwortet der erste Reiter, ein so großer wie gutaussehender, noch recht junger Mann mit breiten Schultern, auf denen sein volles blondes Haar zum Liegen kommt. »Zum Turnier des Königs«, ergänzt der zweite, ein hässlicher älterer Kerl, klein und schmal, mit spitzem leicht behaarten Kinn und nahezu haarlosem Kopf, dafür aber mit einer auffällig aus dem Gesicht ragenden, viel zu langen Nase ausgestattet.
»Es gibt kein Turnier«, sagt der erste Mann des Königs. »Kehrt um«, sagt der zweite.
»Nun gut, wenn das so ist, dann sagen wir eben, wir kommen, um uns diesen Hexenmeister, von dem zurzeit alle sprechen, zu holen«, erwidert der erste Reiter. »Wir bringen dem König seinen Kopf«, ergänzt der zweite.
»Nein, das werdet …«, beginnt der erste Mann des Königs einen Satz, den zu Ende zu sprechen ihm nicht mehr ermöglicht wird, da er tot neben seinem Pferd liegt, ehe er das vierte Wort sagen kann. Der zweite Mann des Königs reagiert auf diese unerwartete Ermordung seines Kollegen zwar sekundenschnell aber leider nicht schnell genug, da er, bevor er noch nach seinem Schwert greifen kann, bereits jenes des zweiten Reiters in seiner Brust stecken hat.
»Schade, dass es kein Turnier gibt, wir hätten es sicherlich gewonnen«, lachen die beiden voller Hohn, als sie über die Leichen der königlichen Männer hinwegreiten.
»Schade, dass ihr bald tot sein werdet«, lacht hingegen der, der sich selbst **Das Böse** nennt und ihnen unauffällig zurück in die Stadt folgt.

Die weise Frau

So. Die weise Frau ist zufrieden. Sie hat nun die richtige Menge an Schlangenhaut und Mäuseaugen, Hasenkot und Krötenspeichel mit Fliegenpilz und Frühlingsknotenblume und der angemessenen Dosis an Brombeerkraut und Möhrenwurzel vermengt und zu einem feinen, kaum mit bloßem Auge erkennbaren Pulver gemörsert. Es ist sicherlich nicht die beste und hoffentlich auch nicht die endgültige Lösung, aber zumindest eine einigermaßen brauchbare. Diese muss vorerst ausreichen, um den, der sich – jaja, Sie wissen schon Bescheid, wie der sich nennt – in die Schranken zu weisen. Ausprobieren muss sie ihr neues Mittelchen zuvor allerdings noch. Und sie weiß auch schon ganz genau, an wem.

Der aufgebrachte Wirt

»Mutter, wir haben Hunger«, rufen die Kinder. Alle viere, die Burschen wie die Mädchen. Die Dreijährige, der Junge von sieben Jahren, die Neunjährige und auch der Älteste mit seinen vierzehn Lenzen.

›Bah, in diesem Alter habe ich damals schon arbeiten gehen müssen‹, denkt sich der Wirt. ›Die Eltern tot oder verschwunden oder was weiß denn ich, was mit denen passiert ist, und die Schwester immer in sich gekehrter und seltsamer werdend, da musste ich mich jedenfalls um mich selbst kümmern‹, denkt er. ›Viel Zeit um darüber zu jammern, dass ich Hunger hätte, war da nicht.‹

Und was kann er denn nun dafür, dass es seit Tagen kaum mehr als diese dünne Suppe zu essen gibt? Mehl für Brot ist nicht mehr im Haus, und das bisschen, was unlängst noch da war, haben sich die ebenso hungrigen Ratten geholt. Auf den Märkten ist nichts mehr zu kriegen. Wenn dann überraschend doch Lebensmittel zu erwerben sind, dann sind diese ohnehin viel zu teuer. Das Gemüse im kleinen Garten hinter dem Haus ist verdorrt, der Sommer hat mit aller Macht zugeschlagen, dieser Sommer ist unbarmherzig und ein Arschloch. Die Hühner, alle fünfe, legen schon seit Wochen keine Eier mehr. ›Kein Futter, keine Eier‹, denken sich diese wohl, sie sind ja nicht blöd, die Hühner.

»Sagt das eurem Vater«, blafft seine Frau jedenfalls die Kinder und auch ihn an. Ja, auch sie ist hungrig und ja, auch sie ist müde, aber das ist er selbst ja auch, doch blafft und jammert er hier herum? Nein, er nicht, er ist nicht so, er ist aus einem anderen Holz geschnitzt, aber anschnauzen lassen muss er sich hier anscheinend. »Euer Vater bringt seit Tagen kein Geld mehr nachhause«, schimpft die Mutter weiter.

»Sag du das doch dem König«, blafft er, der Wirt nun doch, beziehungsweise, nein eigentlich blafft er nicht, eigentlich brüllt er diese Worte, er der Wirt, der Vater, der Herr des Hauses, und leert den letzten Tropfen Bier aus der Kanne in seinen Krug. Vor kurzem noch war er der beliebteste Schankwirt der

Stadt gewesen, er hatte immer ein volles Haus, hatte immer volle Taschen gehabt. Es war ein langer Weg gewesen, den er damals gegangen war, vom Tischabräumer über den Lauf- und Servierburschen hin zum selbständigen Wirt. Erst hatte er nur eine so schimmelige, schäbige Kellerkaschemme betrieben und sich dann durch Charme und Redseligkeit etwas Besseres, Größeres aufbauen und der werden können, der er heute ist. Aber was nutzen ihm der gute Ruf und all die Beliebtheit und die gerne immer wieder kommenden Gäste, wenn alle Schänken geschlossen sind, und er so erwerbslos ist wie alle anderen Wirte auch, ganz egal wie beliebt oder unbeliebt diese nun sein mögen. »Sag das doch dem König«, seufzt er plötzlich resigniert und wundert sich selbst ein bisschen darüber, schließlich kennt er sich so nicht. »Du musst dich wehren«, mischt sich nun der älteste Sohn ein. »Du und alle anderen, die ihr um eure Einnahmen gebracht wurdet, ihr müsst euch wehren, aufbegehren, dem König Einhalt gebieten und dem, der sich wohl selbst **Das Böse** nennt, das Fürchten lehren und den Garaus machen.« So sagt er es, der Sohn und stampft dabei wütend mit den Beinen auf den Boden. Und wieder muss er sich wundern, der Wirt, der Vater, denn den Sohn kennt er so auch nicht.

Der, der sich Das Böse nennt

Die beiden Reiter reiten auf die Stadt zu und er, der sich selbst **Das Böse** nennt, reitet mit ihnen mit. Er sitzt von den beiden völlig unbemerkt hinten auf dem Pferd des kleinen Alten und überlegt, wann und wo und wie er zuschlagen und den beiden die Lektion, die sie fraglos verdient haben, erteilen würde. Irgendwie fühlt er sich von den beiden mittlerweile ziemlich genervt. Vor allem von dem Alten, der da unentwegt wirres Zeug vor sich hinplappert. Von irgendeinem Mädchen, das er einmal geliebt und einer Rose, die er ihr geschenkt hätte und dem einen Mal, als sie beide … Er plappert und brabbelt unentwegt vor sich hin und langsam denkt er, der mächtigste Hexenmeister aller Zeiten, dass dieser so nichtsnutzige wie verwirrte Knilch seine Mühen nicht wert ist, dass ihn mit seinem Zauber zu belegen eine Vergeudung seiner Kräfte wäre. Am Fuße des Hügels am Rande der Stadt reicht es ihm endgültig und er überlegt, ob er ihn gleich hier und auf der Stelle ohne viel Aufsehens, Trara und Drumherum tot vom Pferd fallen lassen soll.

Doch da erweckt jemand anderes seine Aufmerksamkeit.
Ein junger Mann mit langem, dunklem Haar verlässt sein improvisiertes Zelt, das er da unter einem Baum aufgeschlagen hatte. Er reckt und streckt sich und geht auf sein Pferd zu, das da an einem zweiten Baum angebunden ist. Er erkennt in ihm einen alten Bekannten, na ja, vielleicht keinen Bekannten in dem Sinne, dass sich die beiden gegenseitig wirklich kennen würden, aber zumindest jemanden, den er in den letzten Wochen immer wieder beobachtet hatte. Denn er hat seine Augen überall, auch ohne dort sein zu müssen, wo der andere sich gerade befindet. Sollte es mit der Weltherrschaft doch nichts werden, könnte er sich ohne Weiteres als Ohr des Königs, das auch sein Auge ist, bewerben. So denkt er sinnlos vor sich hin, als er diesem Mann, von dem er so manches weiß, beim Wegreiten zusieht. Diesen einsam und alleine auf dem Landweg angereisten Turnierkämpfer aus den fernen Ostlanden, der seit einigen Tagen auf der Suche nach einer Unterkunft durch die Stadt irrt und sich nun wohl hier vor der Stadt unter einem Baum niedergelassen hat. Diesen Mann, der in den Ostlanden vom Besten gelernt hatte und dessen Vater tot ist oder zumindest verschwunden und der nun hier ist, um Geld für seine hungrige Familie zu erkämpfen. Diesen Mann, der sich auf seiner langen Anreise über die blauen und die hohen Berge und durch das rote Tal mit allerlei Ärgernissen herumschlagen hat müssen, einem Zwerg, einer Armee von Toten und lästigen Bergmonstern. Und nun würde dieser Mann, dieser junge, ostländische Reisende, den er, wie bereits erwähnt, schon seit einiger Zeit mit wachsendem Interesse beobachtet, in die Stadt reiten, um zu versuchen, irgendwo ein Frühstück aufzutreiben. Und ja, er sieht vielleicht unscheinbar aus, dieser Reisende, aber in ihm steckt mehr Potential, als man annehmen möge und er könnte ihm durchaus gefährlich werden. Deswegen ändert der, der sich selbst, wie Sie mittlerweile aber wirklich schon wissen müssten, **Das Böse** nennt, nun auch sofort seine Pläne.
Um die beiden Hohlköpfe hier, vor allem um den plappernden, brabbelnden, einer längst vergangenen Liebe nachhängenden Alten, könne er sich auch noch zu einem späteren Zeitpunkt kümmern und sie mit seinem Zauber belegen. Aber dieser Kerl hier ist gerade wichtiger, um ihn sollte er sich schnellstmöglich kümmern. Und noch ein Opfer aus den Ostlanden könnte seiner Sache auch zweckdienlich sein. Ha, da wird er wieder

lästern und schimpfen über die Ostlande, der Pöbel, wenn er tot umfällt, der junge Kerl. Deshalb springt er vom Pferd des Alten, lässt die beiden Reiter, den kleinen Alten eben und den großen Jüngeren, unbehelligt weiterreiten und bewegt sich schnellen Schrittes auf den ostländischen Reisenden zu.

Der aufgebrachte Wirt

»Wir müssen uns wehren«, brüllte der Schankwirt. »Wir dürfen uns das alles nicht gefallen lassen«, setzt er nach und knallt den schweren Steinkrug auf den nicht minder schweren Holztisch. Er hatte im Keller noch ein Fass von dem guten Bier gefunden, das er jetzt in sich schüttet, als würde es nie wieder etwas geben, was irgendwie ja auch stimmt, und mehrere Fässer von der billigen Essigbrühe, die er den Leuten, die er nun in den Räumlichkeiten seiner einst immer gut gefüllten Schänke um sich geschart hat, als teuren Wein verkauft. Die Zeiten sind hart, die Leute trinken, was sie bekommen können, und das ist momentan eben dieses überteuerte Abfallwasser mit Weinaroma. Warum also sollte er ihnen etwas von seinem guten Bier abgeben, wenn sie auch mit der Ausschussware zufrieden sind?

Das tut aber nichts zur Sache jetzt. Denn er hat diese Leute hier nicht eingeladen, damit sie sich wieder einmal richtig betrinken können. Gut, gekommen sind sie aus wahrscheinlich genau diesem Grund. Dies ändert aber nichts daran, dass sein ältester Sohn recht hat. So kann das alles doch nicht weitergehen. Man muss sich endlich wehren. Das Volk muss sich wehren. Und das Volk, das sind doch schließlich sie alle, oder nicht? Deswegen müssen sie jetzt auch dem König Einhalt gebieten und diesen Kerl da, der das Böse sein will – wenn es ihn denn wirklich gibt, so gesichert ist das ja wohl noch gar nicht- zur Strecke bringen.

Darum drängt sich hier nun der ganze Pöbel in seiner Schänke um die Tische und brüllt lauthals durch den Raum. Die anderen Wirte, die Bordellbesitzer und Kampfarenen-Betreiber. Die Sänger und Puppenspieler, Ringkämpfer und Straßengaukler. All jene eben, die vom König um ihre Einkünfte gebracht wurden.

Der, der sich Das Böse nennt

Der ostländische Reisende will gerade sein Pferd besteigen. Er hält inne, denkt über irgendetwas nach, was genau, kann er, der sich - dass wissen Sie nun wohl - Das Böse nennt, natürlich nicht wissen, schließlich ist er Hexenmeister und kein Gedankenleser oder Wahrsager. Blitzschnell jedenfalls, nahezu fliegend eilt er auf den Mann zu und stellt sich direkt vor ihm auf. Der ostländische Reisende kann ihn freilich nicht sehen, seine ausgefeilten Verhüllungszauber sorgen dafür. Er aber blickt ihm durchdringend in die dunkeln Augen, breitet die Arme aus und niest. Zaubersprüche, Stäbe, Umhänge, Hüte. All dieses Pipapo, diesen Angeber-Poser-Quatsch, all diesen Klischeezauberkram braucht er nicht, hat er nicht nötig. Ein einfaches, lautloses Niesen reicht doch völlig aus, um seine geballte Zauberkraft auf das auserwählte Opfer zu übertragen. Just in dem Moment, als er niest allerdings, bestreut die auf dem Baum sitzende weise Frau, die wiederum von ihm, dem Hexenmeister nicht gesehen werden kann, dem ostländischen Reisenden mit ihrem beinahe unsichtbaren Zauberpulver.
Der, der sich Das Böse nennt, wartet auf das Einsetzen der Wirkung. Nichts passiert. Kein Husten, kein Röcheln nichts. Er niest ein weiteres Mal. Und wieder passiert nichts.
Die weise Frau ist zufrieden. Der, der sich Das Böse nennt, tobt. Der ostländische Reisende reitet in Richtung Stadt.

Die weise Frau

Da tobt er also. Er tobt und springt und schimpft. Sein Kopf ist hochrot, als würde er bald platzen. Er tobt und springt und schimpft also, und sie lacht und lacht und lacht. Der Zauberer kann sie vielleicht nicht sehen. Sie aber sieht ihn. All seine Zauber, die er so anwendet, um unentdeckt zu bleiben, wirken bei ihr nicht. Was aber durchaus wirkt, ist ihr Mittel, an dem sie wochenlang gearbeitet hat. Dieses Mittel für das sie wochenlang Kräuter und Wurzeln gesammelt, Knochen gerieben und dunkelgrüne Flüssigkeiten gerührt, gerührt und gerührt hat. Noch heute schmerzen ihr die Handgelenke von diesem ganzen Herumgerühre. Das Mittel wirkt auf jeden Fall und sie muss es nun in großer Menge herstellen, um es großflächig auf das Volk verteilen zu können. Dafür muss sie dieses Volk aber

wieder auf die Straße bekommen, dieses Volk, das der König ja auf ihr Geheiß hin eingesperrt hat.
Aber das Volk auf die Straße zu kriegen, das wohl sollte kein Problem darstellen. Das ist ja ohnehin ein leicht reizbarer Haufen, dieses Volk. Denen muss man nur die richtigen Sachen erzählen - ob nun wahr oder nicht, tut nichts zur Sache - und sie springen schon, hüpfen und toben. Die Glut jedenfalls glimmt bereits, sie muss nur noch das Feuer entfachen und dazu braucht sie nur einmal mehr diesem Wirt und seinem Sohn nachts die richtigen Dinge ins Ohr flüstern und zur Not auch ein bisschen was in die dünne Suppe rühren. Und dann, ja dann werden die beiden, der Wirt und der Sohn, schon dafür sorgen, dass das Volk auf die Straße geht.

Der aufgebrachte Wirt

»Wir sperren einfach trotzdem auf«, sagt der eine Wirt. »Heimlich nachts«, ein zweiter. »Wir liefern den Leuten ihre Getränke an die Haustür«, ruft ein dritter. »Wir entführen den König und werfen ihn ins Meer und den Haien zum Fraße vor«, schlägt hingegen Claudio, der dreiarmige Gaukler vor, ein kleiner zwielichtiger Kerl ist das, der in guten Zeiten sein Geld mit Jonglage an den Straßenecken verdient. »Ich breche ihm einfach das Genick, und der Spuk hat ein Ende«, entgegnet wiederum Hektor, der Koloss, der stärkste, gefürchtetste und bösartigste aller Ringkämpfer dieser Stadt.
»Nein, nein, nein«, ruft hingegen jener Wirt, in dessen Schänke sie hier sitzen und dessen Ruf sie gefolgt waren. »Wir werden dem König nichts tun, noch nicht. Wir werden ihn nicht irgendwo hineinwerfen, wir werden ihm nichts brechen. Wir werden auf die Straße gehen, wir werden laut sein, wir werden brüllen. Er muss uns sehen, er muss uns hören, denn wir, ja wir sind doch schließlich das Volk.« Der Wirt beginnt seine kleine aber, wie er hofft, wirkungsvolle Rede leise und bedächtig, steigert sich dann, brüllt den Schluss. Er hat sehr lange an dieser Ansprache geübt. Schließlich gilt es hier, die Menschen aufzuheizen, sie für seine Sache zu gewinnen, sie für diese Sache zu begeistern. Wenn es denn sein muss, wird er auch noch ein paar gezielte Lügen über den König und dessen Absichten verbreiten. Bevor er aber zu diesem Mittel greift, sagt er nun wieder ruhiger: »Und wenn er uns nicht erhört,

können wir ihn ja immer noch in Stücke hacken und irgendwo vergraben.« Die Menge tobt, die Menge johlt, die Menge brüllt: »Jawohl, den König zerhacken.« Er lässt die Leute erst einmal eine Weile toben und johlen, bevor er schließlich sagt: »Und außerdem brauchen wir diesen Kerl hier, der sich, wie es heißt, DAS BÖSE nennt. Wenn wir ihn dem König vorführen, steht er tief in unserer Schuld und wird alles machen, was wir von ihm verlangen.«
»Was ihr braucht, ist nicht der ganze Hexenmeister am Stück, sondern lediglich sein Kopf«, mischen sich nun zwei Männer, die da so plötzlich wie unerwartet in der Tür stehen, in die Debatte ein. Ein großer, junger und obendrein recht gut aussehender Kerl mit breiten Schultern und ein kleiner, schmächtiger und obendrein ziemlich hässlicher Alter. Zwei rüde, gefährlich anmutende Kerle. »Und wir, liebe Freunde, wir werden euch diesen bringen«, sagen sie auch. »Überlegt ihr euch schon einmal, wie ihr unsere Entlohnung aufbringen wollt und lasst uns die Arbeit erledigen«, fügen sie hinzu und sind so plötzlich und unerwartet verschwunden, wie sie zuvor aufgetaucht sind.

Das Ohr des Königs, das auch sein Auge ist

Den jungen Kerl da, den kennt er noch nicht. Der ist neu in der Stadt, den hat er hier zuvor noch nie gesehen. Jaja, einen Ruf, der ihm vorauseilt, den hat er wohl, die Spione anderer Reiche haben ihm da die eine oder andere unschöne Geschichte über diesen Kerl gezwitschert, als er sich nach ihm erkundigt hat. Die Spione sind gut miteinander vernetzt in diesem Teil der Welt, sofern sich ihre Reiche einigermaßen gut vertragen und ihre Vögel einigermaßen schnell fliegen. Er wird ihn gut im Auge behalten müssen. Die Lage ist so schon brenzlig genug, noch einen Störenfried kann er gerade wirklich nicht gebrauchen. Besser früher als später sollte ein Mitarbeiter vom Amt für grobe Angelegenheiten diesen Kerl um seinen Kopf erleichtern und diesen dann unauffällig im Wald verschwinden lassen. Aber den älteren der beiden, den wird er sich selbst so schnell wie möglich schnappen, da wird er sich nicht mit Verschiebungen auf später und unnützen Beobachtungen aufhalten. Den älteren Kerl, den kennt er nämlich, er kennt ihn nur zu gut und schon sehr lange. Und wie blöd ist der denn, dass er immer wieder hierher zurückkommt? Ist er denn lebensmüde? Beim ersten Mal war's ja noch verständlich. Die Liebe, Sie wissen schon. Aber seine Liebe ist nun alt und verdorrt und von dem Kind, das er mit dieser Liebe damals gezeugt hat, kann der Kerl selbst eigentlich nichts wissen, dafür hatte er ihn früh genug aus der Stadt entfernt. Und dass die beiden in irgendeiner Form in Verbindung geblieben wären, ist ihm auch nicht bekannt. Er hätte ihn damals, beim letzten Mal, als er hier gewesen war, schon exekutieren sollen, anstatt ihn einfach nur in eines der nordländischen Bergwerke zu schicken. Wie er die Tortur dort hatte überleben können, ist ihm ebenso schleierhaft wie die Tatsache, dass er tatsächlich dumm genug war, erneut zurückzukommen. Ja, er wird ihn töten müssen und das so schnell wie möglich. Wer weiß schon, was der wieder für gefährlichen Blödsinn ausheckt.

Der ostländische Reisende

Die Stimmung in der Stadt ist nunmehr aufgeheizt und aggressiv. Nun sind plötzlich wieder viele Menschen auf den Straßen unterwegs. Aber statt voller Vorfreude und Spannung auf das Turnier, so wie er das eben kennt, sind sie aggressiv und wütend.

»Stürzt den König«, hört er sie rufen. »Das Böse muss sterben, damit wir leben können!«

Seltsam war es auch schon gewesen, als er vorhin durch das Stadttor geritten ist. Normalerweise stehen da zwei Wachmänner. Diesen steckte er gewöhnlich ein paar der Goldmünzen zu, die ihm sein Vater, einst ein mächtiger, hochangesehener Mann in den Ostlanden, bei ihrem bislang letzten Treffen unerwartet geschenkt hatte. Nach dieser kurzen und wenig Aufsehen erregenden Transaktion hatten sie, die dazu angehalten waren, niemanden durchzulassen, ihn ohne weiteres passieren lassen. Doch dieses Mal haben keine Wachen gestanden. Anwesend sind sie zwar gewesen, allerdings lagen sie, anstatt ihrer Aufgabe nachzugehen, lieber auf dem Boden herum. Haben sie geschlafen oder sind sie gar tot? Die Blutlachen, die ihre Körper umgeben, lassen auf Zweiteres schließen. Wäre er gewissenlos, würde er sich freuen, Gold gespart zu haben. So aber plagt ihn das ungute Gefühl, dass hier etwas ganz und gar nicht stimmt.

Nun reitet er also durch die Stadt und nimmt die aufgeheizte Stimmung wahr. Er näherte sich dem Markt, wo ein Tumult herrscht. Zwei grobschlächtige dreckige Kerle scheinen einer jungen Frau ihren Einkaufskorb entreißen zu wollen. Er reitet näher heran, das muss er sich ansehen, da muss er eingreifen.

Der verarmte Bauer

Er war einmal ein wichtiger Mann, ein großer Bauer gewesen. Der mit den dicksten Kartoffeln und den prallsten Kürbissen. Nun ist er aber gar nix mehr. Die Ernte ist weg, der Hof ist weg, die Frau ist weg, alles ist und alle sind weg. Nur noch er und sein Bruder sind übriggeblieben. Sie sind frustriert, wütend und hungrig. Und genau deswegen brüllen sie auch mit. Und weil alle wütend sind und alle brüllen. Sie schlagen um sich, weil alle um sich schlagen. In besseren Tagen hätten sie das Mädchen mit dem Korb dort in Ruhe gelassen, hätten sie das Mädchen auch im hungrigen Zustand ihr rechtmäßig erworbenes Brot selbstverständlich mit nachhause nehmen lassen. Doch die Umstände sind eben, wie sie sind, und er ist leider nicht mehr der nette, sympathische Kerl, der er vielleicht früher einmal war. Und wenn all das stimmt, was auf irgendwelchen Plakaten geschrieben steht, die er aber ohnehin nicht lesen kann und sich von der Schrift kundigen Mitstreitern vorlesen lassen muss, und was auch in all den Reden zu hören ist, ist die Wut ja wohl berechtigt. Und wenn dieses Mädchen hier Brot hat, dann sicher nur deshalb, weil sie mit dem König unter einer Decke steckt, ist doch klar, anders geht das doch gar nicht, kann ja nicht sein. Jaja, die stecken alle mit dem König unter einer Decke, dieses Mädchen sowieso, sonst könnte es kein Brot haben. Und viel zu sauber und gepflegt sieht sie auch aus. Die hat doch sicherlich mit dieser bösartigen Verschwörung des Königs zu tun, die da gerade am Laufen ist, gegen ihn, den Bauern, im Speziellen, und gegen das Volk da draußen im Allgemeinen. Die hängt da doch mit drin. Das sieht er sofort. Und dann stürmt er auch schon los, um sich dieses Brot zu holen.

Der ostländische Reisende

Die Männer sind zu zweit, die junge Frau, ist allein. Auffällig ist, dass sie Mund und Nase mit einem Tuch bedeckt. Das hatte er in den letzten Tagen öfter hier in der Stadt gesehen. Angeblich schützen diese Tücher gegen die Zauber dieses Hexenmeisters, der hier sein Unwesen treiben soll. Die beiden Männer hingegen tragen so ein Tuch nicht.
»Lasst sie los«, sagt er zu den Männern. »Was willst du denn, du ostländischer Aussätziger?«, fragt der ältere der Männer, ein unfrisierter Kerl mit Fünftagebart. Ein schmutziger Geselle, von seinem Geruch ganz zu schweigen. »Du bist der Nächste, den wir uns vorknöpfen«, sagt der zweite, der nur unwesentlich jünger ist. Er sieht dem anderen ähnlich, Brüder wahrscheinlich.
»Mutters Brot, sie wollen mir Mutters Brot stehlen, sagen sie, den letzten Laib, den ich auf dem Markt ergattern konnte.«
»Schweig, Weib«, sagt der Ältere und schweigt dann selbst, weil ein Fuß in seinem Gesicht ihn zu Boden streckt. Der Jüngere zückt ein Messer, das er fallen lässt, bevor er selbst auf der staubigen Straße landet.
Ja, wenn der Reisende etwas beherrschte, dann ist es die gute, alte, ostländische Kampfkunst.

Der Prinz

»Du, der du dich **Das Böse** nennst«, ruft der Sohn des Königs. Seit Tagen streift er nun schon durch die Straßen und Gassen dieser Stadt, das Schwert hat er immer griffbereit. Anfangs war er noch davon überzeugt gewesen, seinem Vater den Kopf des Hexenmeisters zu bringen und diesen damit zu veranlassen, die Schänken wieder zu öffnen und vor allem aber die Absage des Turniers rückgängig zu machen. Doch langsam glaubt er selbst gar nicht mehr an dessen Existenz. Das ist doch alles erstunken und erlogen, sagt er sich mittlerweile, es ist alles nur ein dummer Vorwand, um sein geliebtes Turnier absagen zu können. Außerdem ist er lange nicht mehr der Einzige, der den Hexenmeister, wenn es ihn den nun wirklich gibt, tot sehen will. Auch den König wollen viele kopflos sehen. Gut, dass er einen guten Schminkmeister in seinen Diensten stehen hat, würde ihn hier jemand als den erkennen, der er ist, dann

wäre es sein eigener Kopf, den die Wutbürger hier über den Platz rollen würden.
»Du, der du dich das Böse nennst«, ruft er trotz allem dennoch immerfort, »Zeige dich.«
»Wie du willst, Prinz«, sagt dieser plötzlich.

Die weise Frau

Da sind sie also. Da sind sie also alle. Das ganze Volk. Die weiße Hexe zaubert und sie, die weise Frau, kann plötzlich fliegen. Sie fliegt über die aufgebrachte Menge und streut über diese ihr Zauberpulver. Plötzlich sieht sie den Prinzen. Er zieht sein Schwert. »Stirb!«, brüllt er. »Du auch!«, sagt der, der sich Das Böse nennt, und niest ihm ins Gesicht.
Dieses Mal kommt die weise Frau zu spät. Der Sack, in dem sie das Pulver aufbewahrt, fällt ihr aus den Händen, fällt irgendwohin. Der Prinz geht hustend zu Boden. Blut tritt aus seinem Mund. Er röchelt. Er erstickt. Er ist tot, bevor sie nur irgendwie darauf reagieren kann. Und kaum, dass er tot ist, verschwindet all die sorgsam aufgetragene Schminke wie durch Zauberhand aus des Prinzens Gesicht. Denn wenn der Prinz schon tot ist, dann sollen das wohl auch alle sehen.

Der, der sich Das Böse nennt

Der Prinz ist tot. Das reicht ihm fürs Erste. »Der Prinz ist tot, der Prinz ist tot«, rufen sie alle ganz aufgeregt. Ein Tumult bricht aus. Die Leute trampeln sich gegenseitig zu Brei. Ach, er mag das. Für Unruhe zu sorgen. Es macht ihn glücklich und zufrieden, wenn alles aus dem Ruder läuft. Das macht auch die ärgerliche Sache mit dem Ostländer zumindest vorübergehend vergessen. Aber die weise Frau, die da oben herum fliegt, als wäre sie eine Hexe, glaubt die etwa, dass er blöd ist? Glaubt sie wirklich, dass er sie nicht sieht? Glaubt die, er hat nicht bemerkt, dass sie die Menschen unten in der Menge mit Pulver bestreut. Mit diesem Pulver in einem Sack nämlich, den er jetzt in Händen hält und ganz schnell ganz weit hinaus ins Meer wirft.

Das aufgeregte Mädchen

»Mutter, Mutter, es war furchtbar«, ruft das Mädchen so aufgeregt, wie es immer ist. »So viele Leute waren auf dem Markt und ich konnte gerade noch das letzte Brot ergattern. Aber viel zu teuer war es, viel zu teuer. Meine letzten Münzen habe ich dafür hergeben müssen. ›Weizen ist knapp‹, haben sie gesagt, ›wer nicht hungern will, muss zahlen‹, haben sie auch gesagt.« Das Mädchen stellt vor Erschöpfung schnaufend den Einkaufskorb auf den Boden, in dem sich lediglich dieser eine Laib Brot befindet. »Und dann wollten mir auch noch diese zwei Rüpel, wilde, stinkende Kerle waren das, wie die schon ausgesehen haben, ganz böse und gemein haben die ausgesehen, die Kerle, den Korb stehlen. ›Gib das Brot her‹, haben sie gesagt. ›Das hast du doch gar nicht verdient, du königstreue Verräterin‹, haben sie gesagt. Und dann wollten sie mir einfach so das Brot wegnehmen.«
Die Mutter liegt im Bett, fiebernd, schwitzend, erschöpft von ihrer Krankheit. Sie hört sich an, was die Tochter zu erzählen hat, sagt selbst aber wie immer nichts. »Zum Glück war er da und machte den beiden den Garaus«, sagt hingegen das Mädchen und zeigt auf ihren Retter, den ostländischen Reisenden, der da in der geöffneten Tür steht und sich vor der so schweigenden wie schwitzenden und wahrscheinlich sterbenden Mutter verbeugt.

Der ostländische Reisende

Der Reisende holt das Brot aus dem Korb und legt es auf den Stubentisch. Er nimmt den Korb an sich, nickt dem Mädchen und der alten Frau im Bett zu und verlässt eilig das Haus. Schnellen Schrittes durchquert er die Stadt, die immer aggressiver werdende Stimmung, die immer mehr und immer lauter werdenden Menschen, nimmt er kaum wahr. Vielleicht ruft ihm jemand etwas nach, er jedenfalls hört es nicht. Eilig durchschreitet er das Stadttor, ob die toten Wachen immer noch hier liegen oder nun wieder neue an ihrem Platz sind, vermag er nicht zu sagen. Sein Ziel ist der Wald. Auf nichts anderes als diesen Wald und all das, was darin wächst, ist er fokussiert. Schnell wie der Wind durchquert er ihn, kaum dass er den Wald erreicht hat, pflückt dieses Kraut und jenen Pilz, holt

dort Moos und da Baumrinde, legt all dies eilig in den Korb und läuft, so schnell er dies zustande bringen kann, wie auf dem Hinweg alles andere - etwaige Torwachen, aggressive Menschen - völlig ausblendend, zurück in die Stadt, zurück zum Haus des Mädchens und der ziemlich sicher sterbenden Mutter.
Dort legt er seine Gaben sorgfältig auf den Tisch, zerreibt und zerstampft diese zu einer so breiigen wie gelben Masse, die er schließlich großflächig auf die Stirn der fiebernden Mutter aufträgt. Stunden vergehen, nichts passiert, doch dann lässt das Fieber nach. Die Nacht zieht heran und wird zum Morgen. Und kaum ist dieser angebrochen und die Sonne über dem Meer aufgegangen, sind das Zittern und auch das Schwitzen verschwunden.
Die Mutter öffnete die Augen, sieht ihn an, sieht die mit offenem Mund staunend dasitzende Tochter an. »Danke, dass du ihn hergebracht hast«, spricht sie an die Tochter gerichtet mit noch schwacher Stimme die ersten Worte seit vielen Monaten. Der ostländische Reisende hingegen verbeugt sich vor der Mutter und küsst die Hand der Tochter.
Und die weise Frau, die all dies in ihrer Hütte sitzend durch ihre Kugel beobachtet hat, ist wahrhaft beeindruckt.

Der graue König

»Sobald Ihr das Schloss verlasst, wird das Volk Euch in Stücke reißen«, gemahnen die Berater des Königs den aufgebrachten Herrscher.
»Das Böse oder halt der, der sich so nennt«, brüllt dieser, »hat meinen Sohn getötet, meinen einzigen Sohn, ich werde seinen Kopf an den Zinnen zur Schau stellen und seine Eingeweide den Ratten zum Fraße vorwerfen.«
»Ihr wolltet diesen Sohn doch gar nie haben«, ist der Schatzmeister versucht zu sagen, da ihm sein Kopf aber dort, wo er sich gerade befindet, auf seinen Schultern nämlich, am besten gefällt, sagt er stattdessen: »Das Volk ist in Aufruhr, Hoheit, Eure Maßnahmen zu seinem Schutze haben es erzürnt, man will Euch tot sehen.«
»Und ich«, brüllte der König mit hochrotem Kopf, »will diesen Hexenmeister, diesen Zauberer, diesen unsäglichen Bösewicht tot sehen, toter als tot.« Er tobt und kreischt »tot, tot, tot«, und

weiß dabei selbst genau, dass es ihm weniger um den Sohn geht, der jetzt tot und der ihm eigentlich komplett egal ist, als viel mehr darum, dass ihm etwas genommen wurde, was ihm gehört. Und so schreit und kreischt und tobt er immer weiter und weiter und bemerkt vorerst nicht den Schmerz im linken Arm und das Stechen in seiner Brust.
»Vater«, mischt sich nun des Königs Tochter und dessen letztes noch lebendes Kind ein. »Ich habe meine Mutter schon verloren, bevor ich sie überhaupt erst kennenlernen durfte, und gerade erst musste ich vom Tod meines Bruders durch das Werk eines Zauberers erfahren, ich möchte nun nicht auch noch meinen Vater durch die Hände des wütenden Volkes sterben sehen. Bitte Vater, geht nicht da hinaus und bitte Vater, sterbt nicht.«

Die weisse Hexe

»Bald«, sagt sie, die weiße Hexe. Bislang hat sie in dieser Geschichte eher im Hintergrund agiert und auch nun zeigt sie sich nicht offen. Aber es ist dieser Moment, auf den sie lange hingearbeitet, den sie jahrelang sorgsam vorbereitet hat. Dieser sich soeben vollendende Machtwechsel im Königreich ist alleine ihr Verdienst, oder na ja, ihre Schwester hatte durchaus auch ihr Quäntchen dazu beigetragen, das muss sie schon zugeben. Aber dieser Moment jetzt, der gehört ihr alleine und deshalb will sie ihn auch genießen. Deshalb lässt sie den alten König nicht sofort abtreten und dessen Tochter, die ja auch IHRE Tochter ist, auch wenn sie, die Tochter, nichts davon weiß, den Thron übernehmen. Langsam, schön langsam lässt sie ihn sterben, lässt sie ihn sein armseliges Leben aushauchen.

Die Tochter des sterbenden Königs

Der König sieht ihr, seiner Tochter, in ihre traurigen Augen. Er würde ihr zwar das Versprechen, nicht hinaus in die Stadt zu gehen, geben können, nicht aber jenes nicht am heutigen Tage zu sterben, diese Gewissheit überkommt sie jetzt. Er würde nicht länger hierbleiben und ein Vater für sie sein, auch wenn er, wenn sie ehrlich zu sich ist, nie wirklich ein Vater für sie gewesen war. Er würde auch kein König für sein Volk mehr sein und auch da muss sie ehrlich zu sich sein, ein König für sein Volk war er ebenso nie gewesen. Er wird nun also nicht draußen vor den Toren des Schlosses sterben, durch die Hand des Volkes, das seinen Tod nur allzu gerne verantwortet hätte. Nein, er wird nun direkt hier im Schloss seine letzten Atemzüge tun. Nicht die Wut, die Waffen und die Hände der wütenden Bürger würden seinen Tod erwirken, sondern sein Herz, das in Kürze die Arbeit einstellen und sich zur Ruhe setzen und ihn hier vor den Augen seiner Berater und ihr, seiner Tochter sterben lassen wird. »Tochter, gehe hinaus bekämpfe und besiege alle bösen Mächte, die diesem Königreich Schaden zuführen wollen und regiere es dann besser und engagierter, als ich es je zuwege bringen konnte«, sagt er mit letzter Kraft, bevor sein kaltes Herz in tausend Teile zerspringt.

Der Schatzmeister des Königs

Er sieht dem König beim Sterben zu und ist überrascht, mit welcher Präzision das Gift, welches er vor Jahren schon hatte verabreichen lassen, nun zum gewünschten Zeitpunkt seine Wirkung entfaltet. Er hatte es ja beinahe vergessen gehabt, das Gift, aber jetzt erinnert er sich wieder. Er wird einen Boten mit einer Belohnung schicken müssen.

Die weise Frau

»Ich werde Euch dabei behilflich sein, all dem ein Ende zu bereiten und den, der sich Das Böse nennt, binnen eines Tages vernichten«, sagt die weise Frau, die da so plötzlich wie unerwartet im Raum steht, zur Tochter des soeben verstorbenen Königs. »Ich verlange nur eine klitzekleine Gegenleistung, KÖNIGIN«, fährt sie fort. »Regiert dieses Reich besser als Euer Vater dies getan hat und sein Vater und dessen Vater und all die unfähigen Männerkönige davor.«
»So soll es sein«, antwortet die offiziell noch ungekrönte Königin, wohl wissend, dass die Macht der weisen Frau in Wahrheit weitreichender ist, als die ihre es je sein kann. »Wenn der Zauberer besiegt ist, wird dann Ruhe und Frieden einkehren?«, fragt sie, die nächste Königin, nun die weise Frau. »Nein, meine

Königin«, antwortet diese, »eine weitaus größere Gefahr hat bereits die Ostlande in Aufruhr gebracht und die Menschen dort, zumindest jene, die überleben konnten, in die Flucht getrieben. Und nicht nur diese Menschen sind, so sagt es meine Kugel neuerdings, auf dem Weg hierher, auch diese gefährliche Macht nähert sich Euren Grenzen. Aber seid unbesorgt, Königin, eine meiner geschätzten Nichten hat eine furchtlose Armee um sich geschart und wird sich dieser Gefahr alsbald stellen.«

Der Schatzmeister des Königs

»Euer Vater wusste bereits von den Fliehenden. Und er wusste ebenso, dass sie hierher in unser Königreich kommen und Schutz suchen werden«, wendet sich der Schatzmeister, kaum dass die weise Frau aus dem Raum ist, an die neue Königin. »Und was hatte er gedacht, für sie zu tun?«, fragt darauf hin die Tochter. »Nun ja, für sie eher nichts, eher hatte er daran gedacht, etwas gegen sie zu tun, er wollte sie in eigens errichteten Lagern an den Grenzen verwahren. Großherzigkeit war, wie Ihr wisst, nie seine Stärke gewesen«, antwortet er wahrheitsgemäß der Königin, die er jetzt schon um einiges mehr zu schätzen weiß, als all ihre Vorgänger, die er zuvor hatte ertragen müssen.

Der aufgebrachte Wirt

In der Stadt ist Chaos ausgebrochen. Der König ist tot. Etwaige böse Zauberer sind vergessen, der Tod des Königs steht über allem. Jedem zweiten umgeworfenen Markttisch, jeder dritten eingetretenen Tür und jedem vierten brennenden Haus, geht ein gebrülltes »Der König ist tot« voraus. Der aufgebrachte Wirt unterdessen, jener Wirt, dessen Wut und Frustration all das Gemetzel da draußen erst ins Rollen gebracht hatten, musste vor wenigen Momenten erst seinen gerade einmal vierzehnjährigen Sohn unter den Trümmern einer eingestürzten Hauswand hervorziehen. So zertrümmert wie das Haus selbst sind auch die Knochen des Sohnes. »Es tut mir …«, sagt er, der Sohn, der dem Vater in die Augen sieht und dann ist es vorbei. Er will diesen Kampf hier nicht mehr. Er will einfach nur seinen toten

Sohn nachhause bringen. Er hält ihn in den Armen, den Sohn, weint um ihn. Er sitzt einfach nur da, in den Trümmern der brennenden Stadt. Irgendwann öffnet er die Augen und sieht nicht weit von ihm entfernt einen kleinen hässlichen Mann kämpfen. Der Mann hält ein Schwert in Händen, mit welchem er Männer der Stadtwache niedermetzelt. Er kennt diesen Mann, zwar ist er ihm erst einmal begegnet, er weiß aber, dass genau dieser Mann, einst seine Schwester geliebt hatte, dass eben jener Mann der Vater seiner Nichte ist. Er überlegt noch, ob er sich ihm zu erkennen geben, ihn herwinken und ihn zu seiner todkranken Schwester schicken soll. Da rast in Windeseile ein Schwert auf ihn zu, wer es führt, erkennt er nicht. Und bevor er noch irgendeinen klaren Gedanken fassen kann, hat auch er, hier im von ihm selbst verursachten Chaos, sein Leben ausgehaucht.

Das Ohr des Königs, das auch sein Auge ist

Nein, das hätte nicht passieren dürfen. Ja, er ist sich der Tatsache bewusst, dass er soeben seine Deckung aufgegeben und damit die Sache des Königs gefährdet hat. Aber als er dort den Urheber all dieses Elends, des ganzen Desasters, der ganzen Revolution in den Trümmern auf dem Boden liegen gesehen hatte, da konnte er nicht anders als hinzulaufen, alle Vorsicht fallen zu lassen und ihn persönlich für all das Leid, das er dieser Stadt angetan hatte, bezahlen zu lassen. Ja, und nun ist der Wirt so tot wie der Sohn in seinen Armen und er, das sonst stets unsichtbare Ohr des Königs, das auch sein Auge ist, steht für alle frei sichtbar da und gibt ein leichtes Ziel ab. Aber dafür interessiert sich ohnehin niemand, alle, die noch am Leben sind, sind damit beschäftigt zu plündern und zu brandschatzen und während er sein blutiges Schwert aus dem toten Gastwirt und Unruhestifter zieht, sieht er, was für ein makabrer Zufall, den Mann, der mit der Schwester des Toten vor Jahren ein Kind gezeugt hatte. Jenen Mann also, der ihm schon lange ein Dorn im Auge ist und den persönlich zu töten er sich bekanntlich vorgenommen hatte. Daher ist es ihm noch egaler als zuvor, dass er eigentlich ein unscheinbarer, unauffälliger Spion, einer der Besten in seinem Geschäft, und kein blutrünstiger Mörder sein soll. Er hebt sein bluttriefendes Schwert und stürmt schreiend auf ihn zu.

Der ältere Schurke

Wo sein jünger Gefährte ist, weiß er nicht, wahrscheinlich ist er tot. Es ist ihm auch egal. So ein guter Freund, dass er sich nun irgendwelche Gedanken um ihn machen würde, ist er dann doch nicht. Er, der ältere Schurke, ist schließlich auch nicht zurück in die Stadt gekommen, um mit dem anderen, dem jüngeren Schurken gemeinsam irgendwelche Zauberer zu töten, sondern, um seine einstige Liebe zu suchen. Das war nicht einfach gewesen, doch er hatte ihre Spur aufnehmen können und weiß nun, wo sie ist. Damit sein junger Gefährte ihn auf der Reise und in der Stadt treu unterstützt, hatte er ihm erzählt, sie würden diese Frau suchen, da sie ihm Goldmünzen schulden würde. Und damit er sich nicht hintergangen und ausgenutzt fühlt, hat er sich, um den Schein zu wahren, nebenbei an der Jagd auf den Zauberer und an der Revolution beteiligt. Doch nun ist sein Gefährte wahrscheinlich tot und die Revolution kommt auch ohne ihn gut zurecht. Gerade will er zu der Hütte reiten, in der sie nun mit ihrer (seiner?) Tochter leben soll, da stürmt dieser unauffällige, blasse Kerl mit einem blutigen Schwert in der Hand auf ihn zu. Er brüllt irgendetwas von Rache und töten und in der Hölle schmoren und von Köpfen, die nun durch die Luft fliegen würden. Dafür hat er nun aber wirklich keine Zeit und auch keine Lust, daher befreit er diesen, ihm eher lästig als gefährlich scheinenden Mann mit nur einem Schlag von seinem eigenen Kopf.

Der jüngere Schurke

Wo früher sein Gesicht war, ist jetzt nur noch eine rote blutige Masse. Wahrscheinlich müsste es unfassbar schmerzen, aber er für seinen Teil spürt gar nichts mehr. Was passiert war, weiß er nicht mehr genau. Er hatte das Chaos ausnutzen und eine Bank plündern wollen, ein Kinderspiel, hatte er sich gedacht und das Bankgebäude eiligen Schrittes gestürmt. Dann war irgendetwas explodiert und er davon geschleudert worden. Mehr vermag er nicht mehr zu sagen. Nun liegt er hier in irgendwelchen

Trümmern in seinem eigenen Blut und wünscht sich, kurz bevor alles zu Ende geht, er wäre, wie es seine Schwester ihm immer geraten hatte, doch Priester geworden.

Das aufgeregte Mädchen

»Mutter, Mutter, ›Der König ist tot‹, haben sie gesagt«, ruft das aufgeregte Mädchen, als es einmal mehr aus der Stadt nachhause kommt. »›Der König ist tot, hoch lebe die Königin‹, haben sie gesagt. ›Jetzt wird alles wieder gut‹, haben sie gesagt. Alles wird so wie früher. Und ›Dieser Hexenmeister, der sich Das Böse nennt, wird auch bald besiegt sein‹, haben sie gesagt.«
Dass den guten Nachrichten mit der neuen Königin und dem Allesgutwerden Blut, Mord und Brand vorausgegangen waren, erzählt das Mädchen der Mutter lieber nicht. Sie will die gerade erst wieder gesund werdende Mutter und ihre gebeutelten Nerven noch etwas schonen.
»Jaja«, antwortet die immer noch recht schwache Mutter mit erschöpfter Stimme. »Und wo ist nun dein ostländischer Freund, der mir das Leben gerettet hat?«, fragt sie so leise, dass es kaum hörbar ist, da ihr noch die Kraft fehlt, lauter zu sprechen.
»Der hilft der weisen Frau dabei, diesen Zauberer, von dem ich gerade gesprochen habe, zu besiegen, haben sie gesagt«, antwortet das Mädchen.

Die doch nicht sterbende Frau

Sie ist beeindruckt von den Fähigkeiten des jungen Reisenden, in dieser Geschwindigkeit die richtigen Kräuter zu sammeln und damit die erwünschte Wirkung zu erlangen. Mit solch einer Präzession aber auch Leichtigkeit hatte er dies zustande gebracht. So wie sie es früher immer getan hatte. Nur war ihr Ziel hinter all der Pflanzen- und Wurzelsammlerei gewesen, mit dem Endergebnis andere zu töten, anstatt sie von Krankheiten zu heilen.
Gerade ist sie wieder dabei, in fieberhaften Träumen an längst vergangene Zeiten zu denken, da steht er, diese fleischgewordene Erinnerung aus diesen vergangenen Tagen, plötzlich an ihrem Bett. Sie hatte ihn lange nicht mehr gesehen, doch

erinnert sich sofort an ihn. Lange Nase, kein Haar, eher klein. Er reicht ihr die Hand, sie nimmt sie, so fest, wie es ihr möglich ist. »Schön, dass du endlich da bist«, sagt sie. »Wo warst du all die Jahre?«, fragt sie. »Das ist eine lange Geschichte«, erwidert er, »ich erzähle sie dir, wenn du wieder bei Kräften bist, doch zuvor soll ich dir das überreichen, ein Bote hat es mir draußen überreicht«, sagt er und drückt ihr eine Goldmünze in die Hand.

Die unbekannte Wanderin

Es war ein langer, beschwerlicher Weg, doch nun ist sie angekommen. Blaue Berge hatte sie erklommen, rote Täler durchquert. Gegessen hatte sie, was sie unterwegs so gefunden, gejagt oder gefangen hatte. Ihre Füße sind blutig nun und voller Blasen, sie ist ausgehungert und verdreckt und nein, sie ist nicht mehr der Mensch, der sie vor wenigen Monaten noch gewesen war, diese gänzlich andere Person, mit gänzlich anderen Werten, Wünschen und Vorstellungen. Doch was sie erlebt hatte, hatte erleben müssen, prägt einen Menschen, oh ja und wie es diesen Menschen prägt.
Nun durchschreitet sie die Stadt, die sie sich, wenn sie ehrlich mit sich selbst ist, auch etwas anders vorgestellt hatte. Sollte nicht gerade das Turnier stattfinden? Stattdessen scheint hier eine Schlacht getobt zu haben. Überall liegen tote Menschen, Trümmer zerstörter Häuser, dort und da steht ein Gebäude in Flammen. Menschen sieht sie kaum auf der Straße. Wachen, die sie aufhalten würden, ebenso wenig. Die Grenzen waren stark bewacht gewesen, stärker bewacht als sonst wahrscheinlich. Und überall standen Reihe an Reihe - noch - leere Zelte. Anscheinend wurde man vorgewarnt. Den Wachen allerorts hatte sie ihr Siegel gezeigt. Wer zuerst noch angewidert ob ihres Anblickes die Mundwinkel verzogen hatte, glitt dann ehrfürchtig auf die Knie. Man hatte ihr Speis und Trank gegeben und ihr Geleitschutz angeboten, den sie aber ausschlagen hatte, da sie nicht hatte auffallen wollen.
Unauffällig schreitet sie nun also mit letzter Kraft durch die Stadt. Als sie dann endlich das Königsschloss erreicht, stehen da doch einige schwer bewaffnete Männer. »Was wollt Ihr, Weib«, fragen diese unwirsch. Sie zeigt ihr Siegel, sie sinken auf die Knie. »Ich muss zum König, in den Ostlanden ist

Schreckliches geschehen, viele Menschen werden bald hierher kommen und nach Hilfe fragen.« »Der König ist tot«, sagt plötzlich eine Stimme, die Stimme einer jungen Frau, die nun auf einem Balkon über ihr steht und auf sie herabblickt. »Ich aber bin die Königin und heiße Euch willkommen, wir haben Euch bereits erwartet.«

Die weise Frau

Die weise Frau ist beeindruckt. Fasziniert. So etwas hat selbst sie noch nie erlebt. Mit welcher Schnelligkeit und Präzision er zu agieren weiß. Wahnsinn. Nahezu unmenschlich. Als ob er ein Nachfahre ihrer Schwester, der weißen Hexe wäre. Doch das kann nicht sein, die Nachfahren der weißen Hexe sind immer Frauen. Er springt von Baum zu Baum, wühlt in der Erde, pflückt Blumen, zupft Wurzeln, schabt mit dem Zähnen Rinde von den Bäumen. Und all das wirft der ostländische Reisende in den dampfenden Kochtopf der weisen Frau. »Wird es wirken?«, fragte sie skeptisch. »Es wird«, antwortete er in der Sprache des Westens und nickt dabei leicht mit dem Kopf.

Die Königin

»Alles wird gut werden«, teilt die Königin ihrem Volk mit. Sie steht da in ihrem schlichten Kleid in der Mitte des zentralen Platzes auf einem Podest und spricht zu den Menschen, die da um sie herum stehen. So nah und ungeschützt hatte ihr Vater sich nie gezeigt. Und dessen Vater und dessen Vater und all die Väterkönige und Königsväter davor auch nicht.
»Wir haben Hass erlebt, Gewalt, Tod, Blut und Verderben auf unseren eigenen Straßen. Nun soll wieder Frieden einkehren. Und diesen Frieden werden wir nutzen, um jenen zu helfen, die es nun nötig haben. Bald werden Tausende von Menschen aus den fernen Ostlanden zu uns kommen. Ihnen ist noch Schlimmeres als euch allen widerfahren und wir alle werden ihnen Schutz geben und Hilfe anbieten. Doch zuvor gilt es noch, einen anderen Feind zu besiegen.« Sie hält inne, blickt ins Volk, dass da steht und zu ihr aufsieht.

»Lang lebe die Königin!«, rufen manche. »Bald sterbe das Böse!«, rufen andere. »Oder halt, der der sich so nennt«, fügen wieder andere hinzu.
»Du, der du dich Das Böse nennst«, fordert hingegen die Königin, »komm' und zeige dich, Feigling, zeige dich jetzt.«

Der, der sich Das Böse nennt

»Ohoho, Eure Majestät fordert mich heraus«, antwortet also der, der sich Das Böse nennt, der da plötzlich vor der Königin steht. Eigentlich war er ohnehin die ganze Zeit schon da, nur hat die Königin ihn halt nicht gesehen. Schließlich ist er ja nicht dumm und weiß sich durch geschickt angewandte Zauberei zu verbergen. »Da seid Ihr ja«, scheint die Königin sich zu freuen. »Wie schön. Wenn Ihr in zwei Minuten noch am Leben seid, gehört das Reich euch«, sagt sie überheblich und grinst ihn an. »Herausforderung angenommen«, raunt er siegessicher, was will die ihm denn tun, dieses junge, unerfahrene Ding? War ihr Bruder schon so dermaßen leichte Beute gewesen, da wird es doch eine kleine Fingerübung, sie zu bezwingen und das Volk für sich zu gewinnen. Er setzt also an, um zu niesen, will ihr die finalen Spucketröpfchen in das königliche Gesicht jagen, um diese Schlacht, nein den ganzen verdammten Krieg für sich zu entscheiden.

Die Königin

Die Königin ist schneller. Sie nimmt einen kleinen Schluck von einer glasklaren Flüssigkeit, die da in einem gläsernen Kelch angerichtet ist und spuckt ihm diese ins Gesicht. Der Zauberer lacht und lacht und lacht und dann löst er sich einfach so und für ihn völlig unerwartet in Luft auf und ist verschwunden. »Er ist besiegt«, sagt die Königin ruhig zu ihrem Volk. Und das Volk jubelt.

Die weise Frau

»Seht ihr«, flüstert hingegen zufrieden die weise Frau, die ganz hinten mit dem ostländischen Reisenden, dem Mädchen, dessen frisch gesundeter Mutter und einem hässlichen kleinen Mann mit viel zu langer Nase steht. Ah, denkt sie, eine Erinnerung flammt auf, sie würde mit ihrer Schwester später über diesen Mann reden müssen und ob sie eigentlich noch weitere Pläne mit ihm hat. Doch das ist gerade nebensächlich. Wichtiger ist, was hier gerade passiert ist und noch passieren wird. »Ein Schluck unseres Trankes, ein kleines, ein klitzekleines Töpfchen, reicht aus, um ihn zu vernichten, um ihn zu nichts als heißer Luft zu verwandeln.«

Das Mädchen und der Reisende

Was für ein Fest. Menschen tanzen auf den Straßen. Musik, Puppenspiel, Schaukämpfe. Der Schlosskeller wurde geplündert, es wird alles an Speis und Trank aufgeboten, was die Königin vorerst entbehren kann. Die Zeiten sind immer noch hart und das Volk muss ernährt werden, so wie viele andere, die bald eintreffen werden, auch ernährt werden müssen. Doch nun wird erst einmal gefeiert.
Der, der sich Das Böse nennt, ist besiegt, das Chaos beseitigt, die Schänken wieder geöffnet und die Märkte sollen auch bald wieder in altem Ausmaß die Menschen versorgen können. Ach ja, und eine Hochzeit wird auch gefeiert. Die Königin persönlich nimmt die Trauung vor. »Hiermit seid ihr Mann und Frau«, sagt sie. »Ihr dürft die Braut jetzt küssen«, sagt sie auch. Die Mutter weint, die weise Frau nickt zufrieden und der ostländische Reisende küsst das Mädchen. Und wie er es küsst. Denn die Menschen aus den Ostlanden können nicht nur heilen und kämpfen, nein sie beherrschen vor allem auch die Künste des Küssens und des Liebens.
So küssen sie sich also und alle anderen Menschen fassen sich an den Händen und tanzen singend durch die Straßen und die Gassen der Stadt.
Den finster dreinblickenden Zwerg, der da eine riesige Axt in den Händen und eine Heerschar nicht minder grimmig dreinblickender anderer Zwerge im Rücken durch die Tore der Stadt schreitet, sieht - vorerst - niemand.

Ende? Vielleicht. Aber sehen wir uns nun an, was zuvor geschah.

II

Was davor geschah

Jetzt, früher und etwas früher

Der ostländische Reisende (Jetzt)

Langsam erhebt sich die Sonne über dem Ozean, taucht in ihrer ganzen Pracht aus dem türkis schimmernden Wasser auf. Es ist ein atemberaubender Anblick, natürlich ist es das, viele Maler reisen von weit her an, um exakt diesen Anblick aufs Bild zu bannen. Vielleicht wird er irgendwann das Glück haben, am Ende seiner Reise eines dieser Bilder zu Augen zu bekommen, denn real wird er diesen Anblick nie wieder sehen. Er wird nicht zurückkehren, wird sich niemals wieder in dieser Stadt aufhalten, wird nie wieder einen Schritt in dieses Land setzen. Und deswegen wird er auch die Sonne nie wieder über diesem einen bestimmten Stück Meer aufgehen sehen können. Von dieser, eventuell von etwas, das man Schicksal nennen kann, vorherbestimmten Tatsache, dass er niemals wieder zurückkehren wird nämlich, weiß er jetzt aber noch nichts. Er weiß nicht, dass er das Land, in dem er geboren und aufgewachsen war, für alle Zeit hinter sich lassen wird. Mitnehmen wird er lediglich sein Pferd, sein Schwert, ein wenig Kleidung, Pfeil und Bogen, zwei, drei größere und kleinere Messer und ein behelfsmäßiges Zelt, um all die vielen auf ihn zukommenden

Nächte in der Fremde nicht bei jeder Witterung unter freiem Himmel verbringen zu müssen. Außerdem wird er natürlich all die Erinnerungen an sein Leben, seine Vergangenheit hier in dieser Stadt, in diesem Land, an die Kindheit, die Jugend, die frühen Erwachsenenjahre, bei sich tragen. Die guten Erinnerungen und die schlechten. Die schönen, an die er sich klammern wird, die hässlichen, die er gerne von sich stoßen möchte. Die Erinnerungen an den Vater beispielsweise, diesen Vater, der vor vielen Jahren, in einer längst verblassten, lange vergessenen Zeit losgezogen war, um oben in den Gipfeln der blauen Berge dieses Ungeheuer zu jagen, das dort hauste, wie man sich seit jeher erzählte, und auf dessen Ergreifung der alte, mittlerweile längst verstorbene Kaiser zehntausend Taler ausgeschrieben hatte. Zehntausend Taler für den Kopf des Ungeheuers. Zehntausend Taler, die die Familie damals dringend gebraucht hätte. Der Vater kehrte nie zurück, geschweige denn, dass er das Ungeheuer getötet hätte. So wie niemand je von den blauen Bergen und der Jagd auf das angebliche Ungeheuer zurückgekehrt war. Was aus dem Vater geworden war, weiß niemand, höchstwahrscheinlich ist er irgendwo da oben gestorben, verwest und von den Maden der blauen Berge aufgefressen und wieder dem Erdboden überantwortet worden. Was man aber mit Gewissheit sagen konnte und immer noch sagen kann, ist, dass der Vater seine Schulden zurückgelassen hatte, sowie die kranke Mutter und die zehn Geschwister. Jene zehn Geschwister, die er, der älteste Sohn, zu ernähren geschworen hatte, indem er, sobald er alt genug und ausreichend trainiert sei, in der Ferne das Turnier der Turniere gewinnen würde. Das eine wichtige, große, dieses unfassbar hoch dotierte Turnier. Und auf dem Weg dorthin könnte er vielleicht das eine oder andere kleinere, unwichtigere Gerangel für sich entscheiden und mit den dort etwas bescheidener ausfallenden Preisgeldern die Reisekosten decken. Natürlich hatte er in der Vergangenheit durchaus schon an diesem Turnier in jenem Königreich teilgenommen, aber niemals zuvor hatte er sich Siegeschancen ausgerechnet. Nun aber ist dies anders. Das Training ist endgültig abgeschlossen und der Beste persönlich hatte eine Empfehlung an den König des westlichen Reiches geschickt und diesem dargelegt, dass er es hier mit einem potentiellen Anwärter auf den Sieg zu tun bekäme. Kampf- und Turniererfahrung hatte er in den letzten Jahren zuhauf gesammelt und er weiß, er kann und er wird dieses Turnier für sich entscheiden.

Daher wird er nun bald aufbrechen und glaubt derzeit durchaus noch an eine Rückkehr. Warum auch nicht? Warum sollte er nicht zurückkehren? Es ist nicht seine erste Reise in den Westen und würde, so glaubt er, auch nicht die letzte sein. Er weiß, dass er lange weg sein wird. Eine Seereise ist ihm nicht möglich, sein Magen lässt es nicht zu, Schüttelfrost, Erbrechen, es sind viele große und kleine Tode, die er während so einer Schiffsreise zu sterben hat. Natürlich müsste er auch nicht den weiten Weg über die äußeren Meere nehmen, glücklicherweise ist der Weg von Ost nach West dank fortschrittlichen Kanalbaus und den diversen weit ins Landesinnere ragenden Meerengen heutzutage schneller und ungefährlicher zu bewältigen, dennoch Seegang bleibt Seegang und Schiff bleibt Schiff und die Reise auf einem solchen für ihn unmöglich. Daher muss, ob er dies nun will oder nicht, die Anreise auf dem Landweg erfolgen. Es ist ein langer Weg von den Ostlanden in das ferne Königreich, wer weiß, ob seine Mutter noch leben wird, wenn er zurückkehrt, denkt er sich, bevor er sein Pferd besteigt. Seine kranke Mutter, die zu heilen nicht einmal er im Stande ist, dessen Heilungskräfte weit über die Grenzen der Ostlande hinaus bekannt sind, zu sehr wuchert ihre heimtückische Krankheit schon in ihr. Er hatte es mit allem versucht. Feenkraut und Silberperle, Apfelkraut und Drachenzahn, nichts davon hatte sie gesund machen können. Seine Fähigkeiten reichen einfach nicht. So sehr er auch an ihnen arbeitet.

»Soll ich den Weg auf mich nehmen, soll ich meine Mutter wirklich hier sterben lassen?«, hatte er den Priester im Tempel gefragt. »Du sollst nicht, du musst«, hatte dieser geantwortet, »nicht für deine Mutter, nicht für die Geschwister, nicht für dich selbst, du musst es tun, du, der du das Schicksal der Welt, das Schicksal der Menschheit in Händen hältst.« Der Priester, ein kleiner, weißhaariger Mann hatte ihn mit seinen viel zu großen Augen angesehen und ihn auf die Stirn geküsst.

»Das Schicksal der Menschheit«, flüstert er nun selbst immer wieder und weiß nicht, was er davon halten soll, während er ein weiteres Mal seinen Blick über die unendlich scheinenden Weiten des Ozeans schweifen lässt. Wahrscheinlich ist es Blödsinn. Auf die angeblichen Weissagungen dieser Priester, die in seinen Augen nichts als Scharlatane sind, gibt er nicht viel, einzig seiner sterbenden Mutter zuliebe sucht er immer wieder solche Priester auf und fragt sie um Rat. Was er tun soll und warum. Die Mutter wünscht es und der Sohn tut es. Die

Mutter glaubt daran, der Sohn eben nicht. Die Begegnung mit dem Priester ist erst zehn Minuten her. So wenig er glaubt, dass etwas dran ist an dieser Weissagung, so sehr beschäftigt sie ihn. Der Tempel ragt hinter ihm in seiner vollen Pracht in den Himmel und die Eindrücke des Gesprächs arbeiten weiter in seinem Kopf. Das Schicksal der Menschheit. In meiner Hand.

Der ältere Schurke (früher)

Er war ein schwaches, ein kränkliches Kind gewesen. Immerzu lief die Nase, kratzte der Hals, die Arme waren dünn wie Stroh. Schon wenn er wenige Meter lief, war er außer Atem, sein Verdauungsapparat war unter aller Sau, der Darm spuckte nichts weiter als eine dünnflüssige ekelhaft riechende Flüssigkeit aus und seine Körperausdünstungen unterstrichen all dies, so gut sie eben konnten. Optisch konnten diese gesundheitlichen Defizite keineswegs ausgeglichen werden. Die Nase ragte aus dem Gesicht lang und dünn wie eine gen Himmel wachsende Bohnenstange. Wo andere jungen Menschen prächtige Locken oder wallend langes Haar trugen, hatte er bereits im zarten Alter von neun Jahren schon mehr kahle Stellen als so mancher Greis. Man zeigte mit dem Finger auf, man redete über ihn. Die anderen Kinder im Dorf munkelten, die weiße Hexe hätte einen bösen Zauber über ihn gelegt, weil sein Vater die jahrelang bei ihr angehäuften Schulden nicht bezahlen konnte und es ihr nicht ausgereicht hatte, dass er ihr schon das Leben seiner Frau überantwortet hatte. Gleich nach der Geburt hätte die Hexe die Mutter geholt, sagte man im Dorf und sie für ihre Experimente und Forschungen oben auf dem Berg verwendet. Andere erzählten sich, der Vater, dessen Frau unbestreitbar, ob nun mit oder ohne Zutun einer Hexe, unmittelbar nach der Geburt dieses einen kränklichen Kindes von der Welt gegangen war, mit dem Säugling in die Ostlande gereist war, um ihn dem Ungeheuer in den blauen Bergen zum Fraße vorzuwerfen. Doch das Ungeheuer hatte ihn nicht haben wollen, weil er so hässlich und kränklich und übel riechend gewesen war, sprachen die Leute.
Sein Vater scherte sich einen Dreck um das, was die Leute so sagten, und um ihn sowieso. Er ließ ihn bei den Schweinen im Stall schlafen, sich mit diesen in der Jauche wälzen und gab ihm das zu essen, was den Schweinen nicht gut genug war.

Der Vater gab ihm, den Sohn, alleine die Schuld am Tod der Mutter. Das Dorf zeigte mit den Fingern auf den verhexten, kränklichen Schweinejungen, verspottete ihn. Jeder ging ihm aus dem Weg, niemand wollte etwas mit ihm zu tun haben. Er war klug, sehr klug, zweifellos, das zumindest war er. Aber er war wohl doch nicht klug genug, seine Klugheit auf irgendeine für ihn gewinnbringende Weise einzusetzen. Nie wäre ihm in den Sinn gekommen, an der Magier-Fakultät das Zaubern zu erlernen oder sich einem der zahlreichen Hexer-Orden in der Gegend anzuschließen. Es lag ihm fern, an der Universität das Anwaltswesen zu erlernen oder seine Klugheit gewinnbringend in einer Bank oder im Aktienhaus einzusetzen und es ihnen allen heimzuzahlen, indem er ihnen das Geld aus der Tasche zog. Nein, verachtet und geächtet, verstoßen wie verloren, krank und übel riechend, wusste er nichts Besseres zu tun, als sich, kaum dass er dem Vater im Schlafe den Hals durchgeschnitten hatte, der nächsten durch die Lande streunenden Räuberbande anzuschließen und damit sein Schicksal zu besiegeln.

Der Vater des älteren Schurken (Ein bisschen vor früher)

»Töte die Frau und behandle das Kind wie Abschaum«, hatte die weiße Hexe zu ihm gesagt. »Lass sie in ihrem eigenen Blut ersticken und gib später, wenn er alt genug dafür ist, dies zu verstehen, ihm die Schuld am Tod der Mutter, behandle ihn wie Dreck, quäle ihn, lass ihn bei den Schweinen schlafen.« Er tat wie ihm geheißen, er wusste, er hatte keine andere Wahl. Ansonsten würden sie ihm nicht nur das Kind, sondern auch das Leben nehmen. Dann wäre das Kind weg und er tot, was hätte er davon? Was die weiße Hexe damit bezweckte, wusste er nicht. Und warum die Schwester der weißen Hexe, die weise Frau, zuvor ihm und seiner Frau geholfen hatte, überhaupt dieses Kind zu bekommen, wusste er auch nicht.

Das Ungeheuer von den blauen Bergen (Jetzt)

Das Ungeheuer von den blauen Bergen möchte einfach nur seine Ruhe haben. Es möchte hier oben liegen, dort auf dem höchsten Gipfel des höchsten Berges dieses Gebirgszuges, der allgemein die blauen Berge genannt wird, sich die Sonne in eines seiner drei ungeheuerlichen Gesichter scheinen lassen und dösen. Seine fünfzehn Beine hochlagern und die achtzehn Arme verschränken. Etwas anderes möchte es gar nicht. Es will niemanden töten oder fressen oder sonst irgendetwas Böses tun. Das Ungeheuer lebt von Luft und Licht und Liebe und braucht nur seine Ruhe.

»Ich möchte doch einfach nur meine Ruhe haben«, sagt es also zum Zwerg. Der lebt hier mit ihm seit vielen Jahren schon, wie lange genau, vermögen weder der Zwerg noch das Ungeheuer zu sagen. Er war damals nicht gekommen, weil der alte Kaiser damals eine Belohnung von 2.000 Taler ausgesetzt hatte. Die hätte er, der Zwerg, natürlich dringend gebraucht. Suff und Kartenspiel waren seine Laster gewesen und die waren ins Geld gegangen, außerdem hatte er durch so manche harte Schule gehen müssen. Doch er war nicht gekommen, um das Ungeheuer zu holen, er hatte die Wege des Ungeheuers gekreuzt, weil er auf dem Weg in ein neues Leben war und ebenso nur seine Ruhe haben wollte. Und dann war er eben geblieben, um der Leibwächter jenes Ungeheuers zu werden. Alles, was er hier zum Leben benötigt, Nahrung, Kleidung, Geld beschafft ihm das Ungeheuer durch Magie und Zauberei.

»Ich habe gehört«, sagt er, der von Zeit zu Zeit hinunter in die Täler der Ostlande wandert, um auch Suff und Spiel nicht zu kurzkommen zu lassen und sich und das Ungeheuer mit Neuigkeiten zu versorgen, »dass die junge Kaiserin die Belohnung auf 50.0000 Taler erhöht hat.« »Oh, nein!«, seufzt das Ungeheuer und schüttelt jeden seiner drei Köpfe, Tränen rinnen aus den insgesamt neun Augen, »dann kommen noch mehr Menschen und wollen mich jagen und du musst noch mehr Menschen töten.«

»Ich töte niemanden«, sagt der Zwerg mit einem hämischen Grinsen, »das macht die Axt und der Axt ist das egal, die Axt hat kein Gewissen.« Und dann lacht er und lacht und lacht irgendwann nicht mehr. »Und ich habe noch etwas gehört«, fährt er nun ernster fort. »Man erzählt es sich in den dunkelsten

Löchern und hintersten Ecken der Welt«, sagt der Zwerg und hält inne, »in den schmierigsten Spelunken und verruchtesten Kaschemmen. Man sagt, dass es wahr sei und ...« »Nun sag schon«, fauchen drei Münder und sieben Pfoten schlagen ungeduldig auf den Boden, »sag schon, damit ich in Ruhe weiterdösen kann.«
»Das Böse«, flüstert der Zwerg, »das Böse hat die Welt betreten.«

Die junge Kaiserin (Jetzt)

»Nein, nein, nein«, brüllt die junge Kaiserin und schleudert ihre Teetasse in Richtung ihrer Untergebenen. Tee spritzt, Porzellan zerbirst, Untergebene mit verbrühten und von Scherben zerschnittenen Gesichtern buckeln brav. »Der Tee ist zu heiß«, schreit sie mit einer Stimme so bebend wie der einen Meter in die Höhe stehende Dutt auf ihrem Kopf. »Verzeihung, Euer Hochwohlgeboren«, flüstert der Diener und verbeugt sich, während sich fünf Hausmägde daran machen, die Scherben aufzusammeln und der Kaiserin Tee und des Hofstaates Blut wegzuwischen. »Eure Suppe«, sagt der nächste Diener unterwürfig, überreicht ängstlich die Schüssel aus feinstem Porzellan, hergestellt in den besten Manufakturen der äußeren Wüstenlande, handgeformt von dreihändigen Wüstenzwergen, eine vom Aussterben bedrohte Gattung Mensch, die eben nur dort ...
»Zu kalt«, brüllt sie mit einer Stimme so schrill wie die Farben ihres Kleides - Seide aus der abgelegenen Region Kastonien versteht sich, gesponnen von eigens gezüchteten kastonischen Seidenspinnen - und schleudert auch die Schüssel von dannen. Diese landet mit einem Knall auf dem Boden und zerspringt in so viele Teile, wie das Kaiserreich der Ostlande Einwohner hat. Und das Kaiserreich der Ostlande hat viele Einwohner. »Hab ich meinen Vater, den alten Kaiser mit dem Saft der Purpurbeere vergiftet, um kalte Suppe und heißen Tee serviert zu bekommen?«, spricht sie nicht aus, denkt sie sich aber. Eben das, was auch das halbe Kaiserreich denkt und was, einmal zu laut ausgesprochen, einen Mund voller Steine und einen Körper ohne Kopf bedeutet. Sie wirft Blicke, die tödlicher sind als die Axt des kaiserlichen Henkers, und streichelt den neben sich dösenden asketanischen Zwergdrackel, ein

wunderbares Wesen, halb Drache, halb Zwergdackel, so süß wie furchterregend.
»Gibt es Neues von den Jägern?«, fragt sie nun durch die beruhigend wirkende Körperwärme ihres Drackels besänftigt.
»Nein, Euer Hochwohlgeboren«, antwortet nun ihr treuester und ältester Berater, ein kleingewachsener Mann mit langem, gewachsten Bart. »Niemand ist zurückgekehrt, wen auch immer wir aussenden, alle gehen in den blauen Bergen verloren, ohne jegliche Spur von sich oder jenem Ungeheuer.«
»Das kann nicht sein!«, brüllt sie nun wieder und wirft alles, was in ihrer Nähe ist, Puderdosen, Nagelscheren, Haarspangen. »100.000 Taler!«, brüllt sie weiter. »Pro Kopf! 100.000 Taler pro Kopf!«

Der jüngere Schurke (etwas früher)

Er war einer von jenen, die immer all das bekommen, was sie bekommen wollen und in der Regel wollte er viel. Er war zwar mit geringem Verstand gesegnet, dafür aber mit blendendem Aussehen, mehr Charme als Hirn und der Fähigkeit, große Worte zu nutzen, ohne viel damit zu sagen. Schon im Kindesalter wusste er sich das zu Nutze zu machen. Gefielen ihm die Murmeln eines anderen Kindes, strahlte er dieses mit seinen großen blauen Augen an. Brachte dies nicht den gewünschten Erfolg, weil sein Gegenüber sich beispielsweise nicht viel aus blauen Augen machte, redete er einfach so lange auf es ein, bis es sich irgendwann geschlagen gab und die Murmeln den Besitzer beziehungsweise die Besitzerin wechselten.
Seine Eltern, Kaufleute von Rang, zwar ohne Adel, ohne Schloss, ohne prächtiges Familien-Wappen, aber durchaus mit Einfluss, waren Menschen, die ebenso blendend aussahen und mit Worten umgehen konnten und hatten Großes mit ihrem Sohn vor. »Der Junge ist der geborene Kaufmann«, sagte der Vater, »feilschen und manipulieren, das kann er, den Leuten minderwertige Ware für viel Geld andrehen, das liegt ihm im Blut, dafür ist er geboren.« »Besser noch Statthalter oder Landverwalter, ein Mann der Politik, vielleicht sogar ein Berater des Königs«, schwärmte die Mutter hingegen von den Fähigkeiten des Sohnes, »den Leuten zu seinem Nutzen ihren Willen nehmen und ihnen den seinen andrehen, das liegt ihm im

Blut, dafür ist er geboren.« »Oder ein Priester fahrenderweise«, fantasierte die große Schwester, eine kluge schöne Frau, die es selbst gerne weit gebracht hätte im Familiengeschäft, aber leider seit Jahren schon einem Kaufmannssohn aus dem Nachbardorf zur Frau versprochen war, denn so waren sie, die Zeiten, Männer waren für Großes geboren und Frauen bereits irgendjemanden versprochen. »Auch Priester lullen Menschen mit ihren Worten ein«, erläuterte sie weiter, »lullen sie ein und ziehen ihnen das Geld aus der Tasche.« Dass ihm das im Blut läge und er dafür geboren wäre, sparte sie sich zu erwähnen, denn dies lag ja ohnehin auf der Hand.

Feilschen, manipulieren, Menschen einlullen. Das waren seine Stärken. Das lag ihm im Blut. Dafür war er geboren. Doch Händler müssen mit Zahlen umgehen können, Politiker Worte zu Papier bringen, auch das Lesen sollten sie beherrschen und Priester, na ja, die sollten zumindest ein klein wenig Einfühlungsvermögen mitbringen. Und zumindest ein kleines Maß an Glauben an und ein wenig Hintergrundwissen über irgendeinen Gott war in diesem Geschäft auch nie ein allzu großer Fehler. Und das waren eben die Steine, die einer großen Karriere im Weg lagen. Von Zahlen, Worten und Gottheiten hatte er keine Ahnung und ihm fehlte auch jegliches Interesse, auch nur irgendetwas an diesem Zustand zu ändern. Er würde sein Leben auf seine Weise regeln, seinen Weg gehen. Unabhängig von dem, was die Familie so im Sinn hatte.

Deshalb nahm der Kaufmannsjunge, als er alt genug war, auf eigenen Beinen zu stehen, die Ratschläge von Mutter, Vater und Schwester nicht allzu ernst. Stattdessen nahm er, als er in die Welt aufbrach, lediglich sein strahlendes Aussehen, seine Fähigkeit, Menschen einzulullen, und so viele Münzen aus Vaters Kammer, wie er nur tragen konnte. Und seine Bosheit natürlich, die er seit jeher tief in sich versteckt hielt und nun nicht mehr verstecken musste. Diese Bosheit, die er nun so frei laufen lassen konnte, wie der Viehhalter im Sommer sein Vieh auf der Weide. Heimlich verließ er also im Morgengrauen die elterliche Stube und schloss sich der nächstbesten Räuberbande an, die durch sein Dorf zog.

Der ostländische Reisende (Jetzt)

Ein letzter Blick zurück. Die Kuppeln der Tempel, die Spitzen der hoch in den Himmel ragenden Türme. Die Stadt in all ihrer Prächtigkeit. »Das Juwel der Welt«, hatte der alte Kaiser seine Stadt genannt. »Die Offenbarung der Menschheit«, nennt sie seine so hochnäsige wie unberechenbar bösartige Tochter, von welcher gemunkelt wird, sie hätte den so geliebten wie weisen, so gütigen wie nachsichtigen Herrscher dieses Teils der Welt, persönlich aus eben jener Welt in die finstere Welt der Toten befördert. Ja, sie ist prächtig, die Stadt, das sieht auch er so, und sie ist mächtig, die Kaiserin, das kann auch er nicht leugnen. Dennoch ist er froh, Stadt und Kaiserin hinter sich zu lassen, er spürt, unabhängig von irgendwelchen Weissagungen irgendwelcher Priester, dass hier bald Schlimmes passieren wird. Und er ist froh dann, wenn eintrifft, was einzutreffen vorherbestimmt ist, weit weg zu sein. Auch wenn er natürlich Mutter und Schwestern, die schon lange nicht mehr in ihrem geräumigen Stadtturm im Zentrum wohnen, sondern in einer der unzähligen Baracken vor den Toren der Stadtmauer hausen, im Ungewissen zurücklassen muss. An diesen Baracken kommt er nun nicht mehr vorbei, diese liegen dem Ozean zugewandt, sein Weg hingegen führt ihn in die Berge. Auch die blauen Berge wird er kreuzen müssen, ob es ihm nun gefällt oder nicht, es ist der kürzeste und schnellste Weg hinüber in die neue Welt mit all ihren mächtigen Königreichen und prächtigen Fechtturnieren. Sicherer und angenehmer wäre, die blauen Berge und das an sie angrenzende rote Tal mit all seinen bösen Geistern und toten Seelen und was man sich halt ansonsten so darüber erzählt, zu umgehen, und die Südroute durch die große Wüstenebene und den verlassenen Wald, durch die Dörfer der ältesten Menschen und die Stadt der Befreiten zu reiten. Doch dieser Weg ist weit und unberechenbar. Wer weiß schon, auf welche Wesen er in der Wüste oder in diesen Wäldern stoßen würde.

Er wirft also einen letzten Blick auf die Stadt, einen letzten Blick auf das Herrscherschloss, das da in all seiner Prächtigkeit vom kaiserlichen Hügel glänzt, einen letzten Blick auf den Hafen und den Ozean und die Ausläufer der Barackensiedlungen, die er die letzten Jahre seine Heimat genannt hat. Er wirft diese vielen letzten Blicke, murmelt ein tränenersticktes Wort des Abschieds und gibt seinem Pferd die Sporen.

Die weissen Schwestern (Sehr viel früher)

Sie schrie. Hätte man nicht gewusst, dass es ein menschliches Wesen war, das hier schrie, man hätte geglaubt, einer Schweineschlachtung grauenhaften Ausmaßes beizuwohnen. Ein Glück, dass hier weit und breit nicht nur keinerlei Schweine oder anderes Getier, sondern auch keine anderen Menschen anzutreffen waren. Niemand traute sich auch nur in die Nähe dieses Ortes, der gemeinhin als Hexenberg bekannt war. Kaum jemand beritt freiwillig die Wege, die den Berg kreuzten und wenn es doch passierte, dann nur zufällig und niemals wirklich lange, da der schwefelige Geruch und die oft seltsamen Geräusche, die vom Berg herunterdrangen, kein Mensch und auch kein Tier lange auszuhalten vermochte.

Über die Frau, die dort oben lebte, diese weißhaarige Frau mit dem narbigen Gesicht, deren Lebensalter niemand einzuschätzen wusste, die aber älter zu sein schien als die Zeit und die im Rufe stand, eine Hexe zu sein, war nicht viel bekannt. Wer sie war, seit wann sie dort oben ihr Unwesen trieb, was genau sie dort trieb und warum. Niemand wusste es oder wagte, danach zu fragen. Ob sie dort immer alleine war oder manchmal auch Gesellschaft hatte. Seltsame Gesänge waren oft von jenem Berg zu hören, von dem nun eben diese Schreie zu vernehmen gewesen wären, hätte sich jemand in die Nähe getraut. Schwarzer Rauch stieg oft in den Himmel. Schwefelgeruch und grüner Nebel, manchmal auch roter, blauer oder gar gelber, drangen oft hinab in die Täler. Die weiße Hexe nannte man sie, da sie seit Anbeginn ihrer ersten Sichtung, wie lange auch immer diese nun bereits her sein mochte, weißes Haar auf dem Haupte trug.

Und nun schrie sie und schrie, denn sie brachte ein Kind zur Welt. Hätte sich jemand die Mühe gemacht, den so steilen wie steinigen Weg - vorbei an so knorrigen wie schwarzen Baumleichen und knurrenden schwarzen, an Tierleichen nagenden Raubtieren - zu erklimmen und einen Blick hinein in die von allerlei bekannten und unbekannten Kräutern umsäumte Hütte zu werfen, ein männliches Wesen wäre ihr, dort und auf dem Weg dorthin, niemals zu Gesicht gekommen.

Dennoch war sie, wie auch immer dies geschehen hatte können, schwanger geworden, war eine oder waren gar zwei Eizellen befruchtet worden und ein oder gar zwei Kinder in

ihr herangereift. Dennoch presste die weiße Hexe nun unter Schmerzgebrüll epochalen Ausmaßes ein Kind ins Leben. Die Schreie der Hexe verstummten irgendwann, nach Stunden oder Tagen und machten den Schreien des Mädchens Platz, die aber im Gegensatz zu jenen der Mutter nur kurz anhielten. Das Mädchen sah die Mutter an, lächelte so wissend wie weise und wohnte der Geburt ihrer Schwester bei, die wenig später, abermals von Schmerzensgebrüll begleitet, die Welt erblickte. Ein Mädchen, ein wunderschönes kleines Mädchen mit wunderschönen weißen, hüftlangen Haaren. Auch dieses Kind schrie kurz diese üblichen Schreie, die man von einem Baby so kurz nach der Geburt eben erwartete, betrachtete Mutter und Schwester und lächelte so wissend wie böse.
Die weißen Schwestern waren geboren.

Die junge Frau (früher)

Waren die Zeiten denn früher besser gewesen? Ja, das waren sie. Natürlich waren sie das. Früher war es immer besser gewesen. Die Ernte hatte mehr hergegeben, der Boden war fruchtbarer gewesen, die Witterung dem Wachstum der Pflanzen zuträglicher, es gab also weniger Regen im Herbst und nicht permanent Hitze im Sommer, Schädlinge, die sich noch vor der Ernte an den Pflanzen gütlich taten, waren weniger in diesen Breitengraden verbreitet gewesen. Obendrein hatte der König geringere Pacht für die Felder und der Statthalter weniger Gebühr für den Marktstand verlangt. Städter hatten geringere Kosten für ihren Wohnraum zu tragen und auch die Nahrung war, weil doch auch die Pachten günstiger und die Ernten erträglicher waren, weitaus weniger kostspielig gewesen, als dies nun der Fall war. Auch alle anderen Annehmlichkeiten des städtischen Lebens, der Suff, das Glücksspiel, das Verweilen in den zahlreich aus dem Boden schießenden Freudenhäusern, diesen Tempeln der Lust, die so mancher Stadtbewohner gerne aufsuchte, während die Frau zuhause die Kinder hütete und ihm ein Süppchen kochte, rissen viel kleinere Löcher in die ledernen Geldbeutel, als sie dies nun zu tun pflegten. Die Waren waren früher günstiger und die Löhne höher gewesen. Daher hatten die Leute in der Stadt mehr Geld zur Verfügung gehabt, um die Waren zu kaufen, die Mutter und Vater Tag für Tag von den Feldern ernteten, all die Kartoffeln, Rüben,

Salatköpfe und anderes Gemüsezeug, und die sie Tag für Tag auf dem Markt in der Stadt verkaufen sollte.
Ja, die Zeiten waren nun schlechtere und der junge König ein so selbstverliebter, eitler und völlig ahnungs- und gewissenloser Drecksack, wie ihr Vater es zu nennen pflegte, wenn er meinte, niemand von der Wacht oder von den geheimen Augen und Ohren des Königs seien in der Nähe. All die hier herumwuselnden Flüsterer und Spione hatten schon so manchen vermeintlichen Aufrührer an den Galgen gebracht. Und ein Aufrührer war man schnell in dieser Stadt zu jener Zeit. Der alte König, der noch nicht allzu lange tot war, aber doch lange genug, um seinen Sohn auf dem Thron selbstsicher und überheblich werden zu lassen, war kein bisschen besser gewesen, pflegte der Vater zu sagen und dessen Vater, also der König davor auch nicht. Ein eitler Drecksack folgte dem nächsten, sagte der Vater immer wieder gerne, vor allem dann, wenn er in einer der Schänken, die er so gerne aufsuchte, wieder allzu gierig am Bierkrug genippt hatte.
Von solch königlichen Drecksacküberlegungen verstand sie nichts, sie hatte den König noch nie zu Gesicht bekommen und sich auch nie Gedanken über diesen angeblich eitlen Drecksack gemacht. Und der eitle Königsdrecksack noch viel weniger über sie, so dachte sie. Denn wer war sie denn schon? Ein so unscheinbares wie unbedeutendes Bauernmädel, deren offensichtliche Aufgabe es war, Tag für Tag in der Stadt am Markt zu stehen und Obst und Gemüse zu verkaufen und sich nicht um die Angelegenheiten der Erwachsen zu kümmern, wie ihr Vater es immer nannte. »Kümmere dich nicht um die Angelegenheiten der Erwachsenen«, sagte er immer. Und daher stand sie eben hier an ihrem Stand, verkaufte die viel zu geringe Ernte für viel zu hohes Geld an Menschen, die eigentlich kaum selbst welches hatten, da der König auch ihnen Steuern abverlangte. Aber ja, auch diese Menschen mussten irgendetwas essen, mussten ihren abgemagerten, ausgehungerten Körpern Nahrung zuführen. Ja, früher war es wirklich besser gewesen. Alles.
»Seid gegrüßt, schöne Frau«, sagte dann plötzlich er. Eine Schönheit war er nicht, dieser Mann, der da auf einmal stand und sie seltsam anstarrte. Es war nicht dieses eigenartige Schielen alleine, etwas anderes lag da in seinem Blick, das sie interessierte. Aber interessant, ja, doch, doch, das war er. Irgendwie. Er schien noch gar nicht so alt zu sein, also nicht so

alt wie beispielsweise ihr Vater, aber dennoch älter als sie selbst natürlich, und ja, auch älter als der König, der ja selbst gerade erst die Pforten zum Erwachsensein durchschritten hatte. Dennoch hatte jener Mann kaum Haare auf dem Kopf und eine, das war dann doch sehr auffällig, ziemlich lange Nase. Nein, schön war er nicht, gar nicht. Zudem war ihm auf dem ersten Blick anzusehen, dass er nicht mit ehrlichen Absichten hier auf dem Markt aufgekreuzt war. Sie hätte nicht sagen können, was es war, das sie dies denken ließ. Vielleicht lag es an der Art, wie er ging oder das Messer, was er nicht so offensichtlich zur Schau stellte, wie es viele anderen Menschen hier in der Stadt zu tun pflegten. Diese galt zwar trotz aller Armut als sicher, denn die Stadtwache griff mit eiserner Hand durch und duldete keinerlei Verbrechen. Messer trugen sie dennoch alle immer und jederzeit, und das auch stets sehr offensichtlich. Die Menschen hatten eben Angst. Angst vor ihren Mitmenschen, Angst vor der Stadtwache, Angst vor dem König. Und weil niemand offen Angst zeigen und angreifbar wirken wollte, trugen sie eben alle ihre Waffen zur Schau. Große Messer, kleine Messer, schmale Klingen, breite Klingen. Stahl, Silber, Blech. Am Gurt, am Stiefel, am Hosenbein. Alle hatten sie ihre Messer und alle anderen konnten diese sehen. Dieser Mann hier trug sein Messer jedenfalls so, dass es nicht auf den ersten Blick zu erkennen, aber auf den zweiten Blick dennoch gut genug sichtbar war, um ihn sofort einschüchternd wirken zu lassen. Denn es war ein gutes Messer, eines wie es hier in der Stadt nicht oft getragen wurde, eines mit scharfer Klinge aus teurem Stahl, ein Messer, das sagte: »Eine falsche Bewegung und dein Hals blutet.«
Nichts dergleichen wurde aber gesagt. »Was soll denn dieser Kürbis kosten?«, fragte er stattdessen die junge Frau. Das Messer brauchte er gerade nicht, jetzt wollte er nicht einschüchternd wirken, sondern versuchte, entgegen seiner Art, charmant zu klingen. Das gelang ihm aber nicht so ganz, da Charme nicht zu seinen Kernkompetenzen zählte, während sie überlegte, ob er sich lediglich mit dem Kürbis davonstehlen oder sie eiskalt überfallen würde und es auf die Geldbüchse unter ihrem Tisch abgesehen hatte. »Fünf Gulden, der Herr«, sagte sie und fasste nach ihrem eigenen Messer, das immer griffbereit gleich neben der Dose lag. »Fünf Gulden soso«, sagte der langnasige Mann, »ein doch sehr stolzer Preis für ein, entschuldigt, doch recht mickriges Stück Gemüse«, fuhr er fort. »Ich wollte nur den

Kürbis kaufen, nicht den Acker«, war er vielleicht versucht zu sagen, ließ es dann aber bleiben, da er sie wahrscheinlich nicht verärgern wollte. Stattdessen hielt er inne, versuchte sich an einem koketten Lächeln, was ihm aber nicht recht gelang und fügte hinzu: »ein sehr schönes Messer haben sie da unter dem Tisch, junge Frau, beeindruckend.« Er versuchte es ein weiteres Mal mit einem Lächeln, versagte abermals und ließ sie unverrichteter Dinge an ihrem Tisch stehen.

Der Ältere Schurke (Früher)

In Diebesbanden nahm ihn niemand je ernst. Stets war er zwar der Schlaueste von allen. Aber niemand hörte auf ihn. Hätte irgendjemand auf das, was er zu sagen gehabt hätte, gehört oder ihn gar jemand zum Anführer jener verlausten Gruppe gemacht, mit der er sich gerade herumtreiben und abgeben musste, hätte die jeweilige Bande Großes bewirken können, die Reichen und Wohlhabenden aller Königreiche im großen Stile um ihr Hab und auch ihr Gut erleichtern können. Die wichtigen Banken zu plündern, die richtigen Postkutschen auszurauben, vielleicht sogar versuchen, an die Gelddepots der Herrscherschlösser heranzukommen, all dies wäre wohl möglich gewesen, hätte auch nur irgendjemand auf ihn, den glatzköpfigen, langnasigen Taugenichts, als den man ihn sah, gehört.
Stattdessen wurden kleine Kaufleute auf ihren wertlosen Kutschen abgeschlachtet, einem Wirt sein letztes Bier weggesoffen, ihm danach die Kehle aufgeschlitzt und seine Leiche im Brunnen vor der Schänke versenkt oder im Freudenhaus, wenn es gut lief, vielleicht hundert Gulden Beute gemacht. Das war die bittere Realität seiner trostlosen Schurkenkarriere, aber nicht der Grund, warum er einst ins Schurkengeschäft eingestiegen war. Daher löste er sich nach einigen Wochen immer wieder von der jeweiligen Bande, mit der er gerade ritt und zog er auf eigene Faust los.
Und nun war er eben in der größten, berühmtesten und wohl wichtigsten aller Städte der westlichen Welt angekommen, der einzig wahren Königsstadt und erwartete ... ja was genau er sich dort erwartete, wusste er leider selbst nicht so genau. Den großen, den ganzen großen Coup, den ultimativen, alles für ihn zum Guten wendenden Coup? Wahrscheinlich. Doch musste der hier wohl ausbleiben, denn die Stadt war

bei näherer Betrachtung gar nicht so mächtig und prächtig wie erwartet, eher heruntergekommen, verwahrlost und verarmt, ein schmuck- wie prunkloses Rattenloch. Die Menschen hatten kein Geld. Der König hingegen schon, der hatte Geld in Hülle und Fülle, er hatte es ja zuvor den Menschen abgenommen. Aber es gab einfach kein Herankommen an den König und seine berühmten Keller voller Gold. In riesigen Kisten und Truhen hortete er, so erzählte man es sich, Goldbarren, Goldmünzen, Gulden, Taler, Kronen, all die Währungen der gesamten bekannten Welt. Unterirdische Gänge bis oben hin mit solchen Truhen vollgestellt. So erzählte man es sich bis weit über die Stadtmauern hinaus. Das brachte ihn aber nicht im Geringsten weiter, denn von all den Wachleuten, die diese Schatzkammern bewachten, den unüberwindbaren Sicherheitssystemen und den unsichtbaren, aber stets präsenten Agenten des Königs erzählte man sich ebenso. Im Endeffekt erbeutete er hier ein paar Groschen in einer Schänke, plünderte da die Taschen feiner Herrschaften im Regierungsviertel und erbeutete dort die eine oder andere Geldkasse am Markt. Er entledigte Marktleute und Schankwirte, die ohnehin nicht allzu viel in ihre Kassen bekamen, nicht gerne ihrer schmalen Einkünfte, doch von irgendetwas musste auch er Brot und Bier bezahlen und die bescheidene Unterkunft in einem verwahrlosten Gasthof, der seine besten Tage längst hinter sich hatte. Und, so betrachtete er es zumindest gerne, wenn er sein Bier bei dem beraubten Wirt und das Brot bei der bestohlenen Marktfrau kaufte, kam das Geld ja wieder dorthin zurück, wo er es herbekommen hatte. Deswegen war er sich nun entgegen aller Skrupel und Vorsätze doch keiner bösen Tat mehr zu schade. Aber dieses Mädchen hier an diesem Stand, dieses Mädchen mit dem seidigen Haar und den sonnengleich strahlenden Augen, das konnte er einfach nicht ausrauben, dazu konnte er sich einfach nicht durchdringen. Und das lag nicht nur an ihrem durchaus beeindruckenden Messer, das sie da unter der Tischdecke zu verstecken versuchte und der offensichtlich nicht vorhandenen Skrupel, es auch zu ziehen.

Der junge König (früher)

»Wirklich?«, fragte der Schatzmeister seinen König, »schon wieder?«

»Natürlich«, sagte dieser kurz angebunden, verstand nicht, was es da schon wieder zu diskutieren gab, warum er sich hier schon wieder rechtfertigen musste, er war der König verdammt, er hatte sich vor nichts und niemanden zu erklären. Wenn er etwas entschied, dann brauchte niemand zu kommen, um das in Frage zu stellen. Die Meinung sogenannter Berater war ihm ziemlich egal. Er nahm angewidert einen Schluck aus seinem Weinkelch, fragte sich, ob er den Weineinkäufer hängen, enthaupten, pfählen oder doch vierteilen sollte, wenn er das nächste Mal solch einen Schund in seine Weinkeller brachte, und schüttelte den Kopf ob dieser Frechheit, die dieser Schatzmeister hier wieder an den Tag legte. »Aber die Steuern, Hoheit, Ihr habt doch eben erst ... Ihr könnt doch dem Volk nicht ...«

»Natürlich kann ich, ich bin der König, verdammt!«, herrschte der König seinen Untertan an, »und wenn dann wieder mehr Geld in meinen Kellern liegt, dann werden hoffentlich bald auch in meinen Weinkellnern edlere Tropfen zu finden sein.« Sagte es, nippte noch einmal an seinem Kelch und schleuderte diesen mit voller Kraft dem Schatzmeister entgegen. Wäre die junge Kaiserin aus den Ostlanden damals schon am Leben gewesen, sie hätten sich sicherlich gut verstanden.

Das unsichtbare Ohr des Königs, das auch sein Auge ist (Früher)

Seit Tagen schon hatte sich das unsichtbare Ohr des Königs, das auch sein Auge ist, an die Spur des langnasigen Schurken geheftet. Es war zwar nicht wirklich unsichtbar, verfügte aber über die Gabe sich so unauffällig, schnell und leise zu bewegen, wie sonst niemand auf dieser Welt. Er konnte allen möglichen Menschen überall hin folgen und niemand merkte dies. Und sollte ihn doch jemand entdecken oder seine Anwesenheit zumindest erahnen, war er längst über alle Berge oder in irgendeiner anderen Gasse, hinter einer Mauer oder unter einem Torbogen verschwunden.

»Beschatte den Kahlkopf«, hatte sein Vorgesetzter, der oberste Spion des Königs gesagt, also beschattete er ihn. Seit Tagen beobachtete er dessen gesamtes Tun, alle Wege, alle Schritte, alle Taten und Schandtaten. Hier eine Geldkasse in einer Schänke, da eine überfallene Kutsche, dort ein ausgeraubter

Herzog. Auffällig und beeindruckend an diesem langnasigen Langfinger war, dass er subtil und mit Köpfchen vorging, er stets alle Spuren verwischte und seine Aktionen im Vorfeld zu planen schien. Er raubte dem Wirt sein Geld und bezahlte nur wenig später völlig ungeniert mit dem vorhin erst gestohlenen Geld sein Bier. Diese so unauffällige wie ungenierte Vorangehensweise imponierte dem Ohr des Königs, das auch sein Auge war.

»Beschatte ihn«, hatte der oberste Spion des Königs gesagt, weil diesem dies wiederum der König persönlich gesagt hatte, also beschattete er ihn. Denn wenn der König etwas sagte, was man zu tun hätte, dann tat man das auch. Schließlich war der König der König und man selbst nur ein untertäniger Knilch, der diesem zu Füßen lag. »Und wenn du genug in Erfahrung bringen konntest, dann bring mir seinen erfahrenen Kopf«, hatte der König auch gesagt, ließ der oberste Spion des Königs ihm ausrichten, den mit ihm selbst sprach der König nie, zu so etwas unter seiner Würde Liegendem ließ er sich nicht herab. Ja, Köpfe hatte er gerne, der König, am liebsten auf irgendwelchen Spießen und Speeren an den Mauern und vor den Toren seines Schloss stecken, damit er und alle anderen sie auch immer gut betrachten konnten.

Beschatten und Kopf bringen lautete also der Befehl des Königs, überbracht vom obersten Spion. Und ja, beschatten, das tat er und das wollte er auch, dafür war er ja da, um andere Menschen zu beschatten, das war schließlich sein Beruf. Dafür hatte er viele Jahre auf der Schule für Spione und Flüsterer verbracht und sich mit einem mehr als sehr guten Abschlusszeugnis schließlich in die Dienste des Königs gestellt. Wohlgemerkt des alten Königs. Diesem war er verpflichtet. Diesem war er einst untertänigst zu Füßen gelegen. Der neue, der junge König hingegen, der konnte ihn ... Unterschiedlichstes an unterschiedlichen Körperstellen. Lecken und runterrutschen, zum Beispiel. Und ja, er konnte ihn natürlich beauftragen, irgendjemandem nachzustellen. Einen Kopf würde er ihm aber nicht bringen. Und schon gar nicht diesen Kopf. Mit diesem hatte er anderes im Sinne, diesen Kopf wollte er selbst. Und die geschickten Finger des Mannes, dem der Kopf gehörte, die wollte er auch. Er brauchte aber den Kopf auf dem Körper. Er brauchte den ganzen Mann. Er wollte dessen Fähigkeit, Beutezüge auszuhecken und seinen großen und lange gehegten

Wunsch, endlich den richtig großen Coup zu landen, für sich nutzen, für seinen eigenen großen Coup.
Denn der König gab immerfort Aufträge und wollte immerfort Köpfe haben, gutes Geld zahlen wollte er, im Gegensatz zum toten Königsvater, aber nie. Und darum brauchte er nun eben Langnase. Lebend und mit Kopf auf seinen Schultern. Um schlussendlich doch noch an des Königs Geld und des Königs Gold und alles andere, was da in des Königs Kellern sonst noch so schlummerte, zu kommen.

Der oberste Spion des Königs (früher)

»Kann ich?« »Nein.« »Ist der?« »Nein.« »Wo ist?« »Darf ich euch nicht sagen.« »Wann wird er?« »Kann ich euch nicht sagen.« »Was soll ich?« »Einen Kopf bringen.« »Wessen?« »Egal.« »Egal?« »Sucht euch jemanden aus.« »Warum eigentlich?« »Damit der König ihn herzeigen kann und das Volk nicht auf dumme Gedanken kommt.«
Einen Kopf also sollte er bringen. Schon wieder. Der neue König hatte eine gewisse Vorliebe für Köpfe. Sein Vater, der alte König, die Götter haben ihn selig, wollte auch manchmal Köpfe. Aber nur die Köpfe jener, die das Reich bedrohten. Außerdem hatte sein Vater ihn stets persönlich empfangen, ihn den Obersten der Spione. Ihn, der seit dreißig Jahren für die Sicherheit innerhalb des Königreichs sorgte. Ihn, der er über eine Armee von Augen und Ohren des Königs das Kommando innehielt, die er einsetzen konnte, wie es ihm beliebte, wie er es für nötig empfand. Aber der König war tot, warum überhaupt und woran er denn gestorben war, wusste niemand so genau, beziehungsweise doch, er wusste es schon und der Schatzmeister wusste es auch und natürlich wusste es auch der König selbst, aber wehe jemand würde es laut aussprechen, denn dann wäre es dessen Kopf, der dem König zu Füßen gelegt würde.
Daher schlurfte er einmal mehr von dannen, einmal mehr ohne konkreten Auftrag. Einmal mehr würde er sich irgendeinen Schurken aussuchen müssen und gegenüber einem der ihm unterstellten behaupten, der König persönlich würde großen Wert darauf legen, seinen Kopf auf einem Silbertablet serviert zu bekommen.

Der Ältere Schurke (Früher)

»Was soll denn diese Rose kosten?«, fragte er und kratzte sich so nervös wie der sechsjährige Knabe, bevor er das erste Mal mit zur Rübenernte gehen durfte, an der langen Nase. Der Schweiß sammelte sich im Nacken, stand an der hohen Stirn, ließ die letzten verbliebenen Haare ganz klebrig werden. Das hier war Neuland für ihn, absolutes Neuland, eine ganz und gar außerhalb seiner üblichen Verhaltensweisen liegende Handlung. Einem Bankier mit dem Schwert das Gesicht spalten? Kein Problem. Der Baronin die Juwelenhalskette aus dem Familienbesitz abnehmen und dem Baron selbst die Familienjuwelen? Kinderspiel. Dem Kutscher den Hals aufschlitzen und seinem Pferd den Bauch? Gebt ihm zwei Minuten. Aber einem Mädchen Blumen besorgen? Da wurde er nervös, da schwitzten die Hände, da zitterten die Unterarme. »Für Euch nur acht Gulden, der Herr«, antwortet die Blumenfrau und versuchte sich an einem einigermaßen netten Lächeln in ihrem faltigen, von langem, bitterem Leben gezeichneten Gesicht. »Acht Gulden, Ihr spinnt doch, Weib, Ihr tickt doch nicht richtig, Ihr habt doch nicht alle Tassen im Schrank«, sagte er. »Ich wollte die Rose kaufen und nicht den ganzen Acker«, fügte er hinzu und verließ den Marktstand wieder. Was die alte Frau hinter jenem Stand über die harten Zeiten und viel zu hohen Pachten und Steuern zu sagen hatte, hörte er sich gar nicht mehr an. Wie sie sich über die Zustände im Königreich und der Stadt beklagte und ihm darlegte, wie kostspielig und mühsam es war, solcherlei prächtige Rosen zu züchten. Und wie stolz er sich hätte schätzen dürfen, eine solche Rose selbst zu besitzen und sie gar seiner Angetrauten überreichen zu dürfen. Wie besagte rote Rose nun genau in seine Hand gekommen war, ohne dass die Blumenfrau oder irgendjemand anders diesen Vorgang bemerkt hätte, wusste nur er allein. Das war Berufsgeheimnis, das würde er niemanden verraten.

»Eine Rose?«, fragte wenig später das Gemüsemädchen an ihrem eigenen Stand auf der anderen Seite des Marktes. »Für Euch, Schönste, nur das Beste«, sagte er und verbeugte sich höflich vor seiner Angebeteten. Dabei hoffte er von ganzem Herzen, dass das Mädchen nicht hörte und erkannte, wie nervös seine Stimme dabei zitterte.

Die weisen Schwestern (Sehr viel früher)

»Ich werde bald sterben«, sagte die weiße Hexe zu ihren mittlerweile gut herangewachsenen Töchtern. Sie konnten zwar keinesfalls älter als vier, fünf Jahre alt sein, waren aber dennoch beinahe zu erwachsenen Frauen herangewachsen und bereits weißhaarig. Die eine groß und stolz, die andere eher klein und auch schon buckelig. Die eine stets böse und über allem stehend vor sich hin grinsend, die andere weise und bedächtig in den Tag und auch die Zukunft blickend. »Ich weiß, Mutter«, sagte schließlich die zweite, die buckelige Schwester. »Ich habe es in der Kugel gesehen, die Ihr mir geschenkt habt, Mutter«, fuhr sie fort und ergänzte: »Meine Schwester wird Euch in wenigen Monden in das immer brennende Feuer vor unserer Hütte stoßen und Ihr werdet unter größten Qualen verenden.«

»So ist es«, erwiderte die ursprüngliche weiße Hexe. »So ist es vorherbestimmt und so wird es auch kommen, aber bis es so weit ist, müsst ihr beide noch sehr vieles lernen, um meine würdige Nachfolge anzutreten. Ich teile all meine Fähigkeiten und Eigenschaften gleichermaßen auf euch beide auf, die besten wie auch die schlechtesten. Die eine so böse wie machtgierig durch das Leben schreitend, die andere weise und vorausschauend, so werdet ihr gegeneinander wirken und miteinander viel erreichen können in dieser großen, kranken Welt. Ihr werdet mit all den Fähigkeiten und Zaubersprüchen, mit Intrigen und vorgeblichen Dienstleistungen die Geschicke dieser Welt lenken und niemand wird je merken, wird je erahnen können, dass alleine ihr beide hinter all dem steht, dass alleine ihr beide die Welt kontrolliert.«

Der ostländische Reisende (Jetzt)

Die so berühmten wie berüchtigten blauen Berge waren einen Dreitagesritt von der Stadt entfernt. Bei gutem Wetter zumindest, also bei wolkenlosem Himmel, so wie er in den letzten Wochen stets vorherrschend war. Auch von der Stadt aus am Horizont zu erkennen, liegen sie da, diese Berge, die seinem Vater, so wie vielen anderen auch, einst wohl das Leben gekostet hatten. Und nun ist er schon mitten drinnen in diesem unübersichtlichen bergigen Labyrinth. Vor ihm Berg, hinter ihm Berg, links Berg, rechts Berg. Oben Berg, unten Berg, überall nur Berg. Berg soweit das Auge reicht. Dazwischen tiefe Schluchten, steile wie schroffe Felswände. Viele Wege unterschiedlichster Breite, die immer wieder von der Passstraße abgehen oder diese dann und wann kreuzen, diese Passstraße, die zu verlassen er unter allen Umständen vermeiden soll. So wurde es ihm von den weisen Priestern des Tempels geraten, als er ihnen von seinem Vorhaben erzählte, über eben jene blauen Berge zu reisen. Wenn er die Überquerung des blauen Passes überleben wolle, so durfte er sie niemals - »hörst du, Sohn, NIEMALS!« - verlassen. Die Gefahren, die hier tatsächlich lauern, könne niemand so recht benennen, da seit vielen, vielen Jahren niemand mehr lebend von dort zurückgekommen war, sagten sie. Die Gefahren könne man nur erahnen, aber das Sicherste sei, nicht vom Wege abzuweichen und sich nirgends zu lange aufzuhalten. Er solle nur bei äußerster Erschöpfung von Pferd und Reiter rasten, möglich vor und nach dem Aufstieg schlafen, essen oder Wasser lassen. Er solle einfach nur reiten und reiten und reiten und den Pass und die Berge so schnell wie möglich hinter sich bringen. So wurde es ihm geraten, und so will er es auch machen. Der Aufstieg die Passstraße hinauf verläuft müheloser, als er es erwartet hätte. Dafür, dass sie kaum, also genau genommen gar nicht mehr benutzt wird, ist sie in besserem Zustand, als er gedacht hätte. Die Berge selbst erscheinen ihm freundlich, nahezu idyllisch. Das soll also dieser monströse Todesberg sein, von dem sich die Kinder in den Straßen der Stadt und auf den Höfen der Schulen stets mit zittrigen und ehrfürchtigen Stimmen Horrorgeschichten erzählen? Das wirkt ja alles durch und durch harmlos hier, erst dichte Wälder, Bäume so weit das Auge reichte, nach der Baumgrenze so weite wie prächtige Wiesen, beeindruckende Hochebenen, Gebirgsseen und viele größere und kleinere Gebirgsbäche. Es ist nun bereits sein dritter Tag des Aufstieges und ja, auch wenn ihm die Priester der Ostlande von Pausen abrieten, sein Pferd braucht Pausen, es braucht Nahrung und Wasser und ja, er braucht dies alles auch. Platz für das Nachtlager gibt es zu genüge, Trinkstellen ebenso. Und Gefahren kann er nirgendwo erblicken. Deshalb würde er nun bald eine Rast einlegen, da vorne auf dieser idyllischen Wiese nämlich. In dem kleinen Bach dort würde er hoffentlich einen Fisch erbeuten, den er auf einem schnell arrangierten

Feuerchen braten könnte. Feuerholz hatte er zuvor in den Wäldern noch gesammelt und mitgenommen. Nach Verzehr dieses Mals würde er, der er keine Zeit zu verschenken hatte, alsbald weiterreisen, der Abstieg sollte nun schnell vonstattengehen, bis zum Aufschlagen des Nachtlagers würde er, wenn es denn keine Zwischenfälle gab, das rote Tal bereits erreicht haben. Denn auch, wenn hier und jetzt gerade keinerlei Gefahr zu lauern schien, wollte er sein Glück dennoch nicht unnötig auf die Probe stellen.

»Bleibt stehen«, hört er nun auch schon so plötzlich wie unerwartet eine so laute wie tiefe Stimme sagen. Mit Menschen hätte er hier nicht gerechnet und nein, er hat auch niemanden kommen sehen. Der, der nun vor ihm steht und so plötzlich wie aus dem Nichts erschienen ist, ist aber auch nicht wirklich ein Mensch. Oder vielleicht ist er schon ein Mensch, das ist Definitionssache, das steht in manchen Büchern so, in anderen eben anders. Manche Wissenschaftler sagen: »Ja, natürlich sind das auch Menschen, aber halt sehr kleine.« Andere beharren auf: »Nein, keinesfalls sind diese Wesen Menschen.« Für ihn, den Reisenden, ist der, der hier nun vor ihm steht aber durchaus ein Mensch, wenn auch ein äußerst zwergenhafter. »Haltet an und steigt vom Pferd, Fremder«, sagt nun der andere, dieser Zwerg eben, mit drohender Stimme, die Axt, die er mühelos in Händen hält, überragt ihn, den Zwerg, um zwei Köpfe. Mit den niedlichen weißbärtigen Zipfelmützenzwergen, die er, der Reisende, aus Kindermärchen kannte, hat dieses Exemplar hier aber rein gar nichts zu tun. Sein rabenschwarzer Bart hängt zu drei Zöpfen geflochten hinab bis zu den Hüften, das nicht minder schwarze Haar zu vielen dünnen Würsten gedreht zumindest zu den Schultern. Nase und Ohren sind mit Ringen durchlöchert, seine Kleidung ist schlicht gehalten, schwarzes Oberteil ohne Ärmel, schwarze Hose aus wahrscheinlich Leinen, seine Arme mit seltsam anmutenden Zeichen tätowiert. Alles in allem ist er eine furchteinflößende Gestalt und seine gigantische Axt kann diesen Eindruck nur bestärken. »Steigt ab, Fremder«, stößt er noch einmal mit heißerer, aber bestimmter Stimme hervor. Der Reisende tut wie ihm geheißen, versucht, sich keine Furcht anmerken zu lassen und dem durchdringenden Blick des Zwerges standzuhalten. »Wohin des Weges, Fremder?«, fragt der Zwerg ruhig aber bedrohlich und versucht, so gut es aufgrund der geringen Körpergröße möglich ist, den Augenkontakt zu dem Reisenden zu halten. Und ja,

die Augen des Zwerges sind böse funkelnde, schwarze Knöpfe, die alle furchteinflößenden Worte und Drohungen eigentlich unnötig machen.
»Ich reite über die blauen Berge und das rote Tal in die Königreiche des Westens«, antwortet der Reisende wahrheitsgemäß. »Westen, aha«, murrt der Zwerg abfällig. »Und das soll ich Euch glauben, Fremder, Ihr haltet mich wohl für blöd, was?«, fragt er und fährt sogleich fort: »Ihr haltet mich für einen dummen kleinen Zwerg, hä, kleiner Körper, kleines Hirn, dem kann ich alles erzählen, dem dämlichen Zwerg, so denkt Ihr Euch das, nicht wahr? Wird er mir schon glauben, der dümmliche Knilch. Dem kann ich doch alles erzählen, dem schwachsinnigen Winzling. Aber mein fremder, reisender Freund, lasst Euch eines gesagt sein, Reisende, die in den Westen wollen, nehmen niemals diesen Weg. Die blauen Berge und das rote Tal werden von Reisenden gemieden wie die Pest. So reist niemand, keine Menschenseele nimmt diesen Weg. Seit vielen, vielen Jahren schon ist das so und dies aus gutem Grunde. Das solltet Ihr doch wissen, Fremder. Oder nicht? Wisst Ihr das nicht? Seid Ihr gar selbst so dumm, seid Ihr wirklich so blöde, wie ich dachte, dass Ihr es von mir denkt?« Er hält inne, wirft dem Reisenden einen Blick zu, der ihm das Blut in den Adern gefrieren lässt. »Die Reisenden von heute, jene Reisenden, die tatsächlich etwas vom Reisen verstehen und etwas auf den Fortbestand ihrer so kleinen wie mickrigen Leben halten, nehmen den Seeweg oder reiten rundherum um die Berge. Ihr wisst schon, das Dorf der ersten Menschen, die Stadt der Befreiten, all diese Orte, Ihr kennt sie doch sicher alle, Ihr habt doch sicherlich tage-, ja wochenlang Landkarten über Landkarten studiert.« Ja und dann ist er endlich fertig mit seinem Vortrag der Zwerg, und wartet gespannt auf das, was der Reisende dazu wohl zu sagen hat. »Na ja, mein Magen, ich habe es mit dem Magen«, sagt dieser. »Ich kann nicht mit Schiffen fahren, mein Magen hält dies nicht aus, bin ich auf See, müsst Ihr wissen, edler Herr, bin ich tagein, tagaus nur am Kotzen, ständig am Reihern«, fährt der Reisende wahrheitsgemäß fort, nachdem er allen Mut zusammen genommen und die nötige Überwindung gefunden hat, dem Zwerg zu antworten. Er ist mutig und beherrscht, doch dieser Zwerg hier macht es ihm nicht leicht, Mut und Beherrschung zu bewahren. »Und der Weg drum herum, von dem Ihr vorhin gesprochen habt, edler Herr, der dauert doch viel länger. Um ihn zurückzulegen, benötigt man so viel mehr Zeit, als

mir momentan zur Verfügung steht«, ergänzt er, der Reisende. »Ich habe es eilig, edler Herr, ich will, ich muss so schnell wie möglich den Westen erreichen.«
»Ich verstehe«, antwortet nun der Zwerg, dieser sehr bedrohlich aussehende und auch recht übel riechende Zeitgenosse, Körperpflege, ist wohl nicht so seine Sache. »Edler Herr, hö hö«, raunzt der. »Aber in den Westen?«, fragt er. »Was will denn einer wie Ihr im Westen? Leute aus dem Osten sind nicht so gerne gesehen im Westen. Das waren sie noch nie, werden sie auch nie sein und unter den gerade herrschenden Königen ist die Abneigung gegen den Osten größer denn je, habe ich mir sagen lassen. Denn Ihr müsst wissen, ich bin vielleicht klein von Statur, aber nicht klein von Verstand. Und ich lebe vielleicht fern aller Städte und menschlicher Zivilisationen, bin aber dennoch stets gut informiert über den Lauf der Welt. Warum also solltet gerade Ihr da hin- oder Euch irgendjemand dort haben wollen? Nein, nein, bleibt doch ehrlich, Fremder, lügt mich ja nicht an. Ich mag keine Lügner. Und meine Axt, die mag auch keine Lügner. Ich glaube doch viel mehr, Ihr seid einer von jenen wagemutigen Jägern, wie die Ostlande sie seit Generationen oft hervorbringen. Ich sehe doch Eure Waffen, jaja, glaubt bloß nicht, dass ich nur, weil ich nicht so groß gewachsen bin wie Ihr, auch schlechtere Augen habe als Ihr. Nein, nein, meine Augen sehen hervorragend, ich sehe so scharf, wie Eure Waffen scharf sind. Erzählt mir nicht, Ihr wäret kein Jäger, keiner von jenen, denen die Kaiserin diese Flausen in den Kopf gesetzt hat. Von irgendwelchen Ungeheuern, die hier in den Bergen hausen würden und Köpfen, die sie haben wolle und den Talern, die sie für diese Köpfe bezahlen möchte. Na, Fremder, wie viele Taler will sie Euch denn geben, die werte Kaiserin? Wie hoch ist zurzeit der Preis, was ist das Leben dieses angeblichen Ungeheuers, das es gewiss gar nicht wirklich gibt, derzeit denn wert? Nun sagt doch schon, seid doch ehrlich.« Während er spricht und spricht, streicht und streicht er immer wieder und wieder über seine Axt. Ob sein Vater damals wohl auch diesem Zwerg begegnet war, fragt sich der Reisende. Ob er auch diesen Weg entlang gekommen war, ganz sicher war er das, ganz sicher war auch ihm davor abgeraten worden, die Passstraße vorzeitig zu verlassen, und sich auf die schmalen Wege und Pfade zu begeben. Ob er sich dem Kampf gestellt und verloren hatte? Gewiss. Er hingegen würde dies nicht tun. Er würde sich hier ihn nichts verstricken und

schon gar nicht sein Leben auf diesem Berg lassen. Er würde keinesfalls einen Kampf mit diesem Zwerg riskieren. »Ich weiß nicht, wovon Ihr sprecht, edler Herr«, sagt er daher und bleibt zumindest zum Teil bei der Wahrheit, denn die Höhe der Belohnung, die die Kaiserin aktuell für die Ergreifung dieses angeblichen Ungeheuers ausgeschrieben hat, ist ihm tatsächlich nicht bekannt. »Ich habe nicht den leisesten Hauch einer Ahnung von irgendwelchen Talern und Köpfen und all das ist mir auch egal«, ergänzt er und deutet mit dem eigenen Kopf hinunter ins Tal. »In den Westen reiten will ich, nichts anderes habe ich im Sinn. Geld verdienen, ja, das möchte ich durchaus. Aber es sind nicht die Taler des Ostens, auf die ich es absehe, es sind die Gulden des Westens. Ihr wisst doch, all die Turniere, diese Schwertkämpfe, die dort derzeit stattfinden, da will ich hin, da will ich siegreich sein, dort möchte ich mir die Münzen holen, die mir und meinen Liebsten die nächsten Jahre verschönern sollen«, fährt er fort und streicht nun für seinen Teil über das in der Scheide steckende Schwert, das er immer kampfbereit auf seinem Rücken trägt. »Die Köpfe, die da rollen und die Gulden, die es da zu gewinnen gibt, die interessieren mich, Euer Ungeheuer, wenn es dies denn überhaupt gibt, ist mir gleich«, bekräftigt er das vorhin Gesagte und ist erstaunt darüber, wie sicher und wortgewandt er diesem mörderisch anmutenden Zwerg entgegentritt. »Turnier, Ihr, ha, was wollt Ihr Knilch denn bei einem Turnier«, blafft nun der Zwerg herablassend und kriegt sich gar nicht mehr ein vor Lachen. Der Reisende für seinen Teil findet es etwas anmaßend, dass ausgerechnet ein Zwerg ihn als Knilch bezeichnen will. »Ich, mein großer Freund«, wird der Reisende nun übermütig und provokant in seiner Wortwahl, »habe mein Leben lang den Schwertkampf geübt, trainiert bis mir die Finger bluteten und der Körper ganzheitlich schmerzte. Habe Holzstöcke und Übungsschwerter und ja natürlich auch die scharfen Eisen geschwungen, bis die Knochen krachten. Ausdauer, Konzentration wurden geschult, das Fokussieren auf den Gegner, das Kennenlernen seiner Stärken und Schwächen, die Suche nach dem einen wunden Punkt, den es zu suchen gilt. Treffer landen, Schläge und Stöße abwehren, den finalen, tödlichen Stoß setzen. Ich habe vom Besten gelernt, mein riesiger Zeitgenosse.«
»Ah«, sagt nun der Zwerg und wirkt nun anders als zuvor auf den Reisenden, die Körperhaltung verändert sich, sein

Gesichtsausdruck auch, zwar nur um feine, kaum erkennbare Nuancen, aber immerhin. Auch die Stimmfarbe weist gewisse Veränderungen auf. Ja, der Zwerg wirkt tatsächlich überzeugt. »Vom Besten also, vom Besten, aha«, sagt er, »vom Besten habe ich bereits gehört. Und von der Fähigkeit seiner Schüler.« Er hält inne, sieht den Reisenden durchdringend, irgendwie auch nachdenklich an. »Hmm, ich will Euch glauben«, sagt er leise. »Also reitet weiter, mein reisender Kamerad, aber ich will Euch geraten haben, reitet ohne weitere Rast den Berg hinab, bleibt stets auf diesem Weg, blickt nicht nach rechts und nicht nach links, wagt es keinesfalls, den Weg zu verlassen, denn solltet Ihr diese meine Warnung missachten und auf die Idee kommen, doch noch die verschlungenen Wege dieses Gebirges zu erkunden, um irgendwelche nicht existierende Ungeheuer zu suchen, dann braucht Ihr gar nicht mehr versuchen, bis drei zu zählen, denn spätestens bei zwei wird Euer süßes Kämpferköpfchen Euren Hals verlassen haben, mein lieber fremder Freund, so viel sei Euch versprochen.«

Der Beste (Jetzt)

Der Beste sitzt vor seiner Hütte. Über ihm scheint die Sonne, vor ihm brechen sich die Wellen am Strand und verschwinden große wie kleine Boote und Schiffe hinter dem Horizont. Hinter ihm hingegen stehen all seine Schwerter, poliert und geschliffen, aufgereiht in ihrem stählernen Ständer. Er hat die Augen geschlossen, versucht, an nichts zu denken, versucht, sich auf das Hier und Jetzt zu fokussieren und sich von nichts und niemanden ablenken zu lassen. Dieser Moment soll ihm und nur ihm alleine gehören. Bald werden sie kommen, all die Schüler, und er, der Beste, wird wieder für sie und nur für sie da sein müssen. Er wird versuchen, sie nach seinem eigenen Abbild zu formen, ihnen sein Handwerk näher zu bringen, sein Können, seine Gabe auf sie zu übertragen. Er wird alles geben, um sie besser zu machen. Besser im Kämpfen im Speziellen, besser als Menschen im Allgemeinen. Warum? Weil das zum einen sein Anspruch an sich selbst ist, weil das zum anderen genau das ist, was alle Welt von ihm erwartet. Es kann schließlich nur einen Besten geben und das ist nun einmal er. Außerdem zahlen die Eltern all dieser Kinder ja auch dafür. All diese eingebildeten Bürger bezahlen ihn, damit er ihren nichtsnutzigen, oft talentfreien Bälgern etwas beibringt. Über das Kämpfen, über das Leben. Dafür zahlen sie gutes Geld, auf das er mittlerweile leider sehr angewiesen ist. Die Zeiten sind schwer geworden und werden so schnell gewiss nicht leichter. Noch nicht einmal für ihn, den Besten. Für ihn, der er all die wichtigen Turniere gewonnen hat, die diese mit Bergen, Flüssen, Städten und Ozeanen vollgestopfte Scheibe, die man wohl Erde nennt, zu bieten hat, für ihn, der er in allen wichtigen Schlachten der jüngeren Zeit an vorderster Front für dieses mit Bergen, Flüssen und Städten vollgestopfte Reich, das man wohl die Ostlande nennt, sein Leben auf das Spiel gesetzt hat. Überall auf dieser Welt. Von West nach Ost, von Süd nach Nord. Und dabei so manchen wichtigen Sieg nahezu im Alleingang errungen hat. Die Schlacht am gelben Felsen? Der Sieg im Kampf um die goldene Brücke? Der Sturm auf die blutige Lunge? Das war alles sein Verdienst. Sein Schweiß. Sein Werk. Sein Blut nicht. Natürlich floss Blut. Sehr viel Blut floss da aus den unterschiedlichsten menschlichen und ja auch tierischen Körpern. Aber halt niemals aus seinem. Es waren immer das Blut und die Körper der anderen, niedergemetzelt von ihm alleine. Von ihm, den Besten. Und wer hatte es ihm gedankt? Der alte Kaiser? Ja, der vielleicht ein wenig. Hier eine Ehrung, da eine Parade, dort ein paar Goldtaler obendrauf. Aber seine Tochter, die junge Kaiserin? Ach, die interessiert sich einen Dreck für ihn und seine vergangenen Heldentaten. Für sie zählen alleine die neueste Mode, die ausgefallensten Kulinaritäten und der schimmerndste Schmuck. Auf ihn den Besten, den Allerbesten, der nun bald wieder verwöhnte Schnösel-Kinder trainieren würde, weil er eben muss, gab sie einen Scheiß. Denn ja, da war doch was, sie kommen ja bald, die Kinder, denkt er sich, er, der Beste, der wohl doch nicht nur auf sich und seinen Körper fokussiert, der nun wohl doch mit seinen Gedanken etwas abgeschweift ist. Ja, sie kommen, die Kinder und er wird ihnen etwas beibringen, für das Leben und das Kämpfen. Und ja, auch etwas anderes wird bald kommen. Etwas, dem er nichts beibringen kann, das ihn aber, soviel weiß er gewiss, umbringen wird. Was oder vielleicht auch wer genau das sein wird, vermag er nicht zu sagen. Er ist kein Hellseher, kein Priester und auch keine dieser Hexen aus dem Westen. Er spürt es lediglich tief in sich drinnen, dort wo wahrscheinlich das sitzt, was man Seele nennt, dass etwas kommen, und dass dieses Etwas sein Tod und auch unabhängig davon gewiss nichts Gutes sein wird. Doch all das ist jetzt in diesem einen Moment, wo er mit der Sonne im Gesicht vor seiner Hütte sitzt, noch Zukunftsmusik. All diese düsteren, blutigen Ereignisse liegen jetzt noch in weiter Ferne. Denn jetzt kommen erst einmal die Kinder.

Der jüngere Schurke (etwas früher)

Sein gutes Aussehen, sein dadurch ausgeprägtes Selbstbewusstsein und auch der dadurch sicherlich vorhandene Charme, jaja, charmant war er damals schon, da können Sie fragen, wen Sie möchten, waren durchaus praktisch und hilfreich. Zumindest, um bei all den amtlichen Besäufnissen in irgendeiner schäbigen Spelunke in irgendeiner heruntergekommen Kleinstadt oder irgendeinem so trostlosen wie schäbigen Bauerndorf das eine oder andere Freigetränk für sich und die jeweilige Bande, mit der er sich gerade herumzutreiben pflegte, abzustauben. Denn, wie gesagt, Leute einlullen, das konnte er, das war sein Geschäft. Und beim anderen Geschlecht punkten, jaja, das konnte er natürlich auch, da waren gutes Aussehen, Selbstbewusstsein und Charme auch sehr nützliche Werkzeuge.
Solche schäbigen Spelunken-Besäufnisse hielten sie oft ab, er und seine lustigen Diebesbandenfreunde. Immer dann nämlich, wann der Coup gelandet und die Beute eingesackt war. Für die Coups selbst war sein Aussehen egal, denn erstens trugen sie da immer ihre Halstücher vorm Gesicht, dass nur die Augen zu sehen waren. Zweitens spielten Explosionen, Rauch und Lärm eine immer größere Rolle in diesem schmutzigen Geschäft. Dieses Schwarzpulver, das in den Ostlanden neuerdings der heiße Scheiß war, war eine tolle Sache, eine fabelhafte neue Errungenschaft eines fabelhaften neuen Zeitalters, auf das sie gerade zusteuerten. Wer wollte schon mit Schwertern und Messern alleine eine Bank ausrauben oder eine Postkutsche überfallen? Lieber sprengten er und seine Jungs den jeweiligen Safe der gerade auszuraubenden Bank auf oder ließen das Pferd der gerade zu überfallenden Postkutsche in eine wunderbare Sprengfalle tappen.
Explosionen, Überraschungsmoment und blanke Gewalt, jaja das Schwert kam schon noch zu seinem Einsatz, da müssen

Sie sich keine Sorgen machen. Ohne Schwerter gibt es keine blutenden Bauch- und Brustwunden oder gar säuberlich abgetrennte Gliedmaßen. Das waren und sind die Eckpunkte, die sein Leben, seine Profession ausmachten. Sein Schwert also musste er weiterhin immer schnell zur Hand haben, sein gutes Aussehen allerdings benötigte er für all dies nicht. Wenn es ihm daran gelegen wäre, nur sein herausragendes Äußeres zur Schau zu stellen, dann hätte er doch lieber Schauspieler oder Barde werden sollen. Oder meinetwegen vielleicht auch König.

Das unsichtbare Ohr des Königs, das auch sein Auge ist (Früher)

Rose? Hatte der langnasige Kahlkopf wirklich gerade eine Rose gestohlen? Sachen geschahen hier, die konnte sich niemand ausdenken. Das unsichtbare Ohr des Königs, das auch sein Auge ist, glaubte, nicht richtig gesehen zu haben. Hatte er diesen Mann und seine Kaltblütigkeit etwa doch komplett überschätzt? Hatte er es hier etwa gar mit einem Romantiker zu tun? Einem, der Rosen verschenkte und schöne Augen machte, anstatt ein Messer in diese Augen zu rammen? Die Raffinesse und die Unscheinbarkeit, mit der er der alten Frau am Stand die Blume abgeluchst hatte, waren natürlich nicht zu verachten. Er heftete sich also weiterhin an die Fersen des Langnasigen und staunte nicht schlecht, als dieser plötzlich am Gemüsestand des Mädchens Halt machte und diesem Mädchen mit einer dermaßen übertriebenen Kavaliersgeste, die er diesem hässlichen Knilch so niemals zugetraut hätte, die Rose überreichte. An ihm musste er auf jeden Fall dranbleiben. Dieser Kerl trug eventuell mehr Gesichter, als er ihm zugetraut hätte. Auch dem Mädchen war vieles zuzutrauen. Hier an ihrem Marktstand mimte sie Tag für Tag die Süße, die Unscheinbare. Das schüchterne Bauerstöchterlein aus dem kleinen Dorf vor den hohen Mauern. Doch er ließ sich von schüchternen Blicken und unbeholfenen Gesten nicht täuschen. Er kannte ihre Familie, hatte diese schon lange im Blick, schon seit Jahren. Der Vater war ein Verräter vor dem Herrn, zumindest dann, wenn es darum ging, betrunken die Klappe aufzureißen und loszupoltern. In Aktion zu treten, dafür schien er nicht geschaffen, Reden zu schwingen war eher das seine. Der jüngere Sohn war von ähnlichem Kaliber, großes Maul nix dahinter, auf jeden

Fall ein Dampfplauderer mit Potential zum Aufrührer. Der ältere Sohn war vor einigen Jahren schon an der Pest verendet und die Mutter seitdem ein Schatten ihrer selbst. Er, das unsichtbare Ohr des Königs, das auch sein Auge ist, wusste derlei Dinge. Es war schließlich sein Beruf, solcherlei zu wissen. Und wenn er etwas selbst nicht in Erfahrung bringen konnte – tja, die Zeiten waren hart und er hatte viel zu tun, um alles konnte auch er sich nicht zu selben Zeit kümmern – war da immer ein Nachbar schnell gefunden, der sich gerne den einen oder andren Kupferling dazuverdienen wollte. Nachbarn erzählten vieles, wenn der Preis stimmte oder wenn man ein Geheimnis über sie im Ärmel hatte, das man jederzeit herausziehen und gegen sie verwenden konnte.
Und dann war da - um auf jene Bauernfamilie zurückzukommen - natürlich auch sie, das kleine, liebe Töchterlein. Das unschuldige Ding vom Markt, nicht die Hübscheste zwar, äußerst schüchtern, aber mit einem entwaffnenden, durchaus auch hinterhältigen Lächeln gesegnet. Und obendrein war sie eine äußerst talentierte Giftmischerin. Was sie so im Keller trieb mit all den Pflänzchen, die sie stets mit großer Hingabe im Wald sammelte, war ebenso wenig zu verachten, wie ihre Unscheinbarkeit. Ja, vielleicht könnte auch sie von Nutzen sein. Je länger er darüber nachdachte, um so sicherer war er sich, dass sie ihm tatsächlich von sehr großem Nutzen sein könnte.

Der ostländische Reisende (jetzt)

Er reitet und reitet. Er will diesen seltsamen Zwerg hinter sich lassen, von dem er sich mittlerweile sicher ist, dass er der einzig wahre Grund ist, warum wohl alle Menschen, die der Kaiserin einen Kopf des Ungeheuers bringen wollen, ihren eigenen Kopf verlieren. Er hatte zwar bestimmt, doch durchaus freundlich mit ihm gesprochen, aber die Augen hatten etwas anderes gesagt. Die Augen hatten eine Sprache gesprochen, die mit Freundlichkeit etwa soviel gemein hat, wie der Fleischer unten am Viehmarkt mit der Blumenaufzucht draußen im Dorf. Diese Augen hatten gewarnt und von Blut und Mord gesprochen, sowie es die Augen des Fleischers auch dem todgeweihten Rind erzählen. Ja, man erzählt sich unten in der großen Stadt durchaus Geschichten über diesen seltsam anmutenden Zwerg von den blauen Bergen, der sich, so heißt

es zumindest, alle paar Monate auch in eben jener Stadt blicken lässt, der sich in den Schänken und Bordellen herumtreibt und überall dort Fragen stellt. Fragen über die Kaiserin, Fragen über etwaige Jäger, die in die Berge ziehen wollen. Ganz allgemeine Fragen über das Weltgeschehen. Er schleicht durch die Gassen, späht in die Tempel und belauscht die Weissagungen der Seher. Der Zwerg von den blauen Bergen, ja es gibt ihn wirklich. Der Reisende hat ihn tatsächlich getroffen. Natürlich hatte er irgendwie auch damit gerechnet, auf ihn zu stoßen, dennoch hatte diese Begegnung etwas Verstörendes an sich. Etwas, das tief in seinem Inneren etwas ausgelöst hatte, dass er noch nicht zu benennen vermag.
Jetzt aber hatte er Berg und Zwerg hinter sich gelassen. Reitet und reitet, so schnell er zu reiten vermag. Immer weg vom Berg, immer weg vom Zwerg. Doch egal wie weit er in Richtung des Tales vordringt und den Berg immer weiter hinter sich lässt, er spürt die Präsenz der Berge noch deutlich. Und er spürt den Zwerg. Er spürt ihn, als wäre er noch immer bei ihm. Seinen todbringenden Blick, seine geheimnisvolle, düstere Aura. »Reitet, Fremder, reitet«, flüstert er, der Zwerg, dem Reisenden ins Ohr. »Reitet oder Ihr werdet tot sein.« Und er reitet. Er reitet um sein Leben.

Der Zwerg von den blauen Bergen (Irgendwann zwischen viel früher und jetzt)

Ganz oben im Norden, am äußersten Ende der uns bekannten Welt, da wo das Meer stets zugefroren ist und es Jahr um Jahr so eisig kalt ist, wie sonst nirgendwo auf der gesamten großen Erdenplatte, dort wo Wesen leben, die niemand je gesehen hat, dreiköpfige, achtbeinige, siebenzüngige Echsen, Schlangen, groß wie Ziegen, Drachen, so klein wie Fliegen, elefantenähnliche Kreaturen, raubkatzenverwandte Bestien, Flugratten, deren Flügelspannweite drei Meter misst, achtköpfige Schneeschaben. Und genau dort oben, da wo der nördlichste Rand der Welt vermutet wird und wahrscheinlich auch ist, nur wenige Kilometer von dem Punkt entfernt, wo das Eis aufhören und sich ein unendlicher dunkler Abgrund auftun soll – so erzählt man es sich zumindest, denn niemand ist je vom Ende der Welt zurückgekehrt – ziemlich genau dort jedenfalls und nirgendwo sonst liegt das Dorf der Zwerge, ein sehr großes Dorf für sehr kleine Wesen, was viel mehr eine Stadt ist, in seiner Weitläufigkeit, mit all den Plätzen und Straßenzügen und den vielen, vielen Häusern für viele, viele Einwohner.

Lustige Zipfelmützen, bunte Röcke, flauschig weiße Zottelbärte, lustige Sprüche und allerlei fröhliche Lieder werden Sie hier allerdings nicht finden. Wenn Sie so etwas bevorzugen, nun denn, dann lesen Sie doch bitte Ihren Grimm ... oder diesen anderen HC ... diesen Andersen oder, noch besser, suchen Sie sich die passende Walt-Disney-Verfilmung mit fröhlichem Singsang und Herumgespringe. Hier hingegen herrscht Brutalität, Gewalt, Verbitterung und eine damit verbundene, eigenartige Tristesse. Das harte Leben am äußersten Rand der Welt. Hier wird literweise Schnaps gesoffen und literweise Blut aus Säufernasen geprügelt. Knochen brechen, Körperflüssigkeiten spritzen munter aus geschundenen Körpern. Saufen, prügeln, Karten spielen. Fluchen, huren, Nasen brechen. Würgen, kotzen, weitersaufen. Raue Sitten herrschen hier und ja, die sieben Zwerge, hinter den sieben Bergen, diese Zipfelmützenmännchen aus dem Märchen, die arbeiten bekanntlich im Bergwerk und natürlich, viele der siebenhunderttausend Zwerge hier tun das auch. Es ist harte schmutzige Arbeit, das wertvolle Gestein aus den Bergen zu schlagen und zu sprengen und das gelbe und das weiße Metall dann herauszuschmelzen, aus dem schlussendlich all die Kaiserinnen und Könige dieser Welt ihre Taler, Gulden, Groschen oder wie auch immer sie ihre Geldstücke eben nennen mögen in ihrem Teil der Welt, prägen lassen, um das Volk schließlich zwar von der Existenz all dieser Taler, Gulden und Groschen wissen zu lassen, ihm, dem Volk aber nur äußerst wenig davon zu geben, gerade so viel, um dieses aus Herrschersicht völlig unnütze und unerwünschte Volk zumindest ein wenig bei Laune zu halten. Und all die anderen Edelleute, die Fürsten, Herzoginnen, Barone auf der ganzen Erdenplatte, die brauchen ja auch ihre Ringe und Krönchen und Broschen und Kettchen, ohne die sie keine Edelleute sind. Und wer besorgt es ihnen? Wer holt es aus dem Berg? Der Zwerg. Wer denn auch sonst? Und wer dankt es ihm? Niemand.

So ist das mit diesen Zwergen und ihrer Arbeit in den Bergen. Vergessen vom Rest der Welt, verdrängt aus der Wahrnehmung der Menschen, leben sie ein Leben am Limit in einer Gegend, in der nichts wächst, nichts gedeiht und in der an jeder Ecke Gefahr lauert. Wie oft schon war einer der Dorfbewohner ausgezogen, um ein großes Loch in die Eisdecke zu schlagen, da es dort stets große, saftige Fische zu fangen gibt, und ist schließlich nie wieder zurückgekehrt? Denn dort, wo es saftige Fische gibt, da gibt es – so ist das leider meist, Sie haben sicher schon davon gehört, ganz dumm und unbelesen sind Sie ja auch nicht – auch riesige Wasserungeheuer mit radgroßen Augen und Zähnen so lang und so spitz wie die Speere, mit denen die Zwergenjäger – also nicht jene, die Jagd auf Zwerge machen, sondern die Jäger unter den Zwergen – auf Jagd nach Erdrandbären und Eisfüchsen gehen. In einer Gegend, in der von Pflanzenwuchs keine Rede sein kann, sind diese Tiere, neben Fischen und Erdendvogelwesen, die einzige Nahrungsquelle. Und während fünf Zwerge wochenlang von einem Riesenfisch essen können, kann ein Riesenwassermonstrum sich für ein paar Stunden an fünf Zwergen sattessen. Gefährlich ist die Nahrungssuche und gefährlich ist es in den Bergwerken. Auch wird dort mit diesen neuartigen Sprengpulvern, die irgendwo in den hintersten und verborgensten Winkel der östlichsten Ostlande hergestellt werden, gearbeitet und experimentiert. Da werden auch gerne einmal Gliedmaßen abgetrennt, Arme, Beine, oder Köpfe. Vom Sprengpulver selbst oder von ungewollt losegesprengten Felsteilen. Witwenpulver nennen die Zwerge dieses Pulver auch. Weil es Witwen macht. Aber dennoch erleichtert es eine anstrengende Arbeit, wenn Sie schon einmal mit einer Spitzhacke versucht haben, kleine Steine aus Fels zu brechen, werden Sie das verstehen. Daher wird dieses Witwenpulver in großen Mengen herangekarrt. Von Wander- und Transportzwergen über Wander- und Transportwege mit Schlitten und Pferdekutschen aus den östlichsten Ostlanden ins Zwergendorf am nördlichsten Rande der Welt.

Einer dieser Wander- und Transportzwerge war in einer früheren Phase seines nun doch schon recht langen Lebens – Sie müssen wissen, dass die Zwerge des Nordens sehr alt werden können, viel älter, als wir normalsterblichen Menschen uns dies ausmalen mögen – auch der Zwerg von den blauen Bergen. Auch dieser kam ursprünglich natürlich aus jenem Dorf, von dem hier die Rede ist. Der Vater schuftete oben als Felsenweichklopfer in den Bergwerken und die Mutter als Fischtotklopferin hinten am alten Eishafen. Er besuchte, wie alle anderen Kinder auch, die Zwergenschule und war durchaus beliebt bei den Lehrern und den anderen Schülern. Wie sonst aber die wenigsten, hatte er schon immer mit dem Gedanken gespielt, eines Tages fortzugehen. Hier in diesem Dorf, das eigentlich ja gar keines war, sein Leben zu verbringen, für immer hierzubleiben, eine nette Zwergenfrau zu heiraten, niedliche Zwergenkinder zu zeugen und irgendwann als erkaltete Leiche in einem eisigen Loch versenkt zu werden, das war niemals eine Option für ihn gewesen. Das Dorf der Zwerge hinter sich zu lassen und die Weite der Welt zu erkunden, den Westen, den Osten, die sandigen Ebenen des Südens, das hingegen hatte er sich immer erträumt und ausgemalt. Dass Zwerge im Rest der Welt eher unbeliebte Gesellen waren, ausgelacht und verspottet wurden, wusste er nicht, woher auch, es gab ja auch kaum Kontakt zur Außenwelt. Die Wander- und Transportzwerge, die Waren her- und wieder fortbrachten, sprachen nicht mit ihnen. Das waren verschlossene, grimmige Gesellen, die die Welt gesehen hatten und mit dem Dorf der Zwerge nichts mehr zu tun haben wollten. Es wäre ihm aber auch egal gewesen, hätte er es gewusst, er hätte trotzdem hinausgewollt in die Welt. Und so wurde er eben, kaum, dass er die Zwergenschule überaus erfolgreich abgeschlossen und damit das Privileg hatte, sich selbst den für ihn passenden Beruf auszusuchen, Wander- und Transportzwerg. Das Leben oben im Norden ödete ihn an, diese Eiseskälte und das raue Leben machten ihn krank. Daher nutzte er gleich die erste Sprengpulver-Abhol-Expedition in die Ostlande, um sich während einer Sauferei in der Hauptstadt vom restlichen Trupp abzuseilen und einfach dazubleiben. Und von da an seinen eigenen Weg zu gehen. Seine Heimat und seine Eltern sollte er niemals wiedersehen. Dass das Leben fernab des rauen Nordens nicht minder hart und rau sein würde, konnte er zu jenem Zeitpunkt noch nicht wissen.

Die junge Frau (früher)

»Mutter, Mutter, ein edler Herr hat mir heute eine Rose geschenkt«, rief die eigentlich selbstbewusste, junge Frau, die, sobald sie durch die elterlichen Pforten getreten war, dazu neigte, wieder zu einem unterwürfigen, farblosen Mädchen zu werden. So war es auch jetzt, als es mit magerer finanzieller Ausbeute und vielen halbverdorrten Gemüseresten vom Markt zurückkehrte und dennoch freudestrahlend in die Stube schritt. »Ja, Mutter«, wiederholte sie, obwohl die Mutter doch gar nicht darum gebeten hatte, »ein edler Herr hat mir heute auf dem Markt eine Rose geschenkt.« Dass der Herr so edel gar nicht war, sondern eher ein Schurke der schlimmeren Sorte, tat einerseits überhaupt nichts zur Sache, andererseits wusste das die junge Frau zu jenem Zeitpunkt natürlich auch noch gar nicht so genau.

»Soso, ein edler Herr hat dir also eine Rose geschenkt?«, fragte die Mutter so ungläubig wie herablassend. Eine große, grobschlächtige Bauersfrau war sie, die Mutter. Wettergegerbte Haut, sonnengebleichtes, dünnes Haar, große schwielige Hände. Nach außen zwar meist stark und dominant wirkend und diejenige im Haus, die das Sagen hatte. Innerlich aber war sie gebrochen, ein klägliches Häufchen Restmensch, auch wenn sie das niemals nach außen hätte durchdringen lassen. Der Pesttod ihres Ältesten – ein klägliches Häufchen Pestmensch quasi - war ein Schock, von dem sie sich nie erholt hatte, ein bestiefelter Tritt ins Gesäß. »Warum er?«, fragte sie sich auch heute viele Jahre danach noch oft. Warum hatte Gevatter Tod nicht eines der anderen Kinder oder den nutzlosen Gatten geholt? Jetzt hingegen fragte sie ein weiteres Mal: »Eine Rose? Ein edler Herr? Was will eine wie du denn mit einem edlen Herren?« Sprach es weniger aus, als dass sie es auskotzte wie der Säufer morgens um drei seinen Mageninhalt, nachdem der Wirt ihn auf die Straße gesetzt hatte, und ließ demonstrativ den Blick durch die karge, ärmlich eingerichtete, staubige wie übel riechende Stube gleiten. »Ein edler Herr also«, wiederholte sie etwas weniger ätzend, »hat er etwas gekauft, der ach so edle Herr?« »Nein, Mutter, gekauft hat er leider nichts«, sagte sie leise und ergeben und war noch gar nicht richtig zur Tür hereingetreten. »Hast du heute denn irgendetwas verkauft?«, fragte die Mutter. Die Stimme klang zu diesem Zeitpunkt hart, aber beherrscht. Sobald die Tochter aber nicht mehr hinsah, würde die Fassade bröckeln und eine Seite der Mutter zum Vorschein kommen, die niemals jemand zu sehen bekam. Außer dem unsichtbaren Ohr des Königs, das auch sein Auge war, aber das wusste sie, die Mutter, ja nicht.

»Nein, Mutter, seid mir bitte nicht böse«, antwortete die Tochter und machte sich auf die übliche Schelte und die damit verbundene Ohrfeige gefasst, zuckte innerlich wie äußerlich zusammen. Doch statt Schelten und Ohrfeigen auszuteilen, holte die Bauersfrau ein Blatt Papier aus ihrer Schürzentasche.

Alle paar Wochen tat sie das. Diese Blätter brachte stets ein Bote, ein fein aussehender Reiter, in edelsten Zwirn gehüllt, den Schnurrbart akkurat frisiert, den Degen stattlich um die Hüfte geschnallt. Wer ihn schickte, wusste die Mutter wohl, verriet dies aber nicht der Tochter. Sie brauche nicht alles zu wissen, solle die Klappe halten und tun, was man ihr auftrug, sagte die Mutter stets, wenn die Tochter wieder einmal danach fragte. Da waren jedenfalls diese Blätter in Mutters Schürze, die alle paar Wochen wiederkamen. Und auf diesen standen bloß einige wenige Worte, die gewünschte Todesart und der anvisierte Zeitpunkt, niemals aber der Name der betroffenen Person, die Mutter konnte dies freilich nicht lesen, weil sie ja nicht lesen konnte. Die Tochter aber wurde seit einigen Jahren schon regelmäßig von einem fahrenden Lehrer besucht, auch wieder so ein Herr im feinen Zwirn, der damals, als sie noch jünger gewesen war, gelegentlich den Hof besucht hatte, um ihr das Lesen und das Schreiben beizubringen. Wem daran gelegen war, dass sie dies konnte, den Eltern selbst wohl eher nicht, den Eltern schien das ziemlich egal zu sein, ob sie, die nichtsnutzige Tochter das Alphabet beherrschte, wer den Lehrer schickte und bezahlte, wusste wohl die Mutter, diese verriet es aber nicht der Tochter. Sie solle keine blöden Fragen stellen und lieber lesen, was auf den Blättern stand. Was sie nun auch tat.
»Soll es wieder wie eine Lebensmittelvergiftung aussehen?«, fragte die Mutter. »Verdorbener Fisch vielleicht?«, fragte sie auch. Die Tochter nickte seufzend. Die Mutter nickte wissend. »Mach dich an die Arbeit«, sagte sie zur Tochter und diese schluchzte. Dann heulte sie plötzlich bitterlich. Vergrub ihr tränennasses Gesicht in ihren zarten Händen. »Ich will nicht mehr …«, wimmerte sie. »Warum muss ich …«, stöhnte sie verzweifelt. Und platsch. Da war sie, die Ohrfeige. Kam sie also doch noch. Wenn auf etwas Verlass war, dann auf die Ohrfeige. Irgendwann kam sie immer, die Ohrfeige. »Weil du nie etwas verkaufst, Tochter«, fauchte die Mutter. »Und weil uns deine einzigartige Gabe versichert, dass wir den Hof nicht verlieren, das Ackerland, die drei Ziegen und den Ochsen.« Sie hielt inne. Schwieg. »Mehr musst du nicht wissen«, herrschte sie die Tochter an. »Und nun, Kind, geh' in den Wald und tu dort, was du tun musst.«

Die weissen Schwestern (Sehr viel früher)

Und dann stieß sie die Mutter in die Flammen. Diese schrie nicht. Kein bisschen. Gab keinen Laut von sich. Ließ es einfach über sich ergehen. Ging unter bestialischen Schmerzen, aber mit Würde von dieser Welt. So wie sie es sich selbst vorausgesagt und das Schicksal es für sie vorherbestimmt hatte. Zurück ließ sie zwei Töchter, die sich fortan um die Geschicke der Welt kümmern sollten.

Der ostländische Reisende (Jetzt)

Die blauen Berge heißen nicht nur so. Sie sind tatsächlich blau. Die unterschiedlichsten Blautöne sind dort zu finden, hellblau, dunkelblau, irgendeindazwischenblau. Alles an diesen Bergen ist blau, darum heißen sie ja so. Der Fels ist blau und auch das Gras, das zuweilen darauf wächst. Die Blätter der Bäume sind blau, die Büsche, die dann und wann an dunkelblau schimmernden Bächen stehen. Die Wiesen erstrahlen in sattesten Blaustufen, selbst die darauf grasenden Kühe und Schafe sind blau. Im Winter, wenn es schneit – hier schneit es durchaus häufig, denn entgegen der ansonsten eher tropischwarmen Ostlande, neigen die blauen Berge sehr zu nordischkühlen Anwandlungen – ist selbst der Schnee blau. Warum das so ist, vermag niemand zu sagen. Zauber, sagen die einen. Ein Jahrtausende alter Fluch, die anderen. Eine Laune der Natur, die einen Forscher, giftige Quellen, die da tief unter den Felsen schlummern, andere. Gar nicht wenige hatten sich bereits auf den Weg gemacht, um dem auf den Grund zu gehen und waren dorthin gereist, ganz ohne böse Absicht, ohne irgendeinen kaiserlichen Auftrag oder finanziellen Hintergedanken, einfach der Forschung und der menschlichen Neugier wegen. Unnötig zu erwähnen, dass keiner von ihnen zurückgekehrt war. Nur wenige behaupten hingegen, was eigentlich das Naheliegendste ist: Das Ungeheuer von den blauen Bergen liebt die Farbe Blau und hat daher die Berge blau gefärbt. Es ist befugt dies zu tun, muss niemanden um Erlaubnis bitte. Es ist hier das alleinig herrschende Wesen. Sein Geschlecht ist nicht näher definiert und für den weiteren Verlauf und den Ausgang dieser Geschichte auch nicht von Belang. So egal, wie die

Antwort auf die Frage, warum diese Berge denn nun wirklich blau sind.
Das rote Tal hingegen ist nicht rot. Kein bisschen. Dort wohnt aber auch kein Ungeheuer, das die Farbe Rot so sehr liebt, dass es alles rund um sich rot einfärben müsste. Nein, das rote Tal ist von saftig grünen Wiesen gesäumt und gigantisch hohen Bäumen mit ebenso grünen Kronen, die im Frühjahr und im Sommer Blüten tragen, die so bunt sind wie die Blumen, die auf vorhin erwähnten Wiesen wachsen. Das rote Tal also ist kein bisschen rot, heißt aber eben rotes Tal, da dort vor vielen, vielen Jahren die Mutter aller Schlachten ausgetragen worden war. Wie lange dies nun schon her ist, wann genau diese Mutter aller Schlachten tatsächlich stattgefunden hatte, vermag heute niemand mehr genau zu sagen, es ist gleichermaßen ein Rätsel der Geschichte, der Wissenschaft wie auch der Religion. Die Mutter aller Schlachten ist jene Schlacht, die die Welt so gemacht hatte, wie sie heute ist. All diese König- und Kaiserreiche, die kleinen Fürsten- und etwas größeren Herzogtümer, dieses ganze Gerede von Ost und West, Nord und Süd, diese leidige Aufteilung in Sprachen und Völker, unterschiedliche Kulturen und ja, auch Religionen mit allen ihrem Streit, mit den Konflikten und vielen weiteren Kriegen, denen weitere Rache- und Eroberungszüge und Gegenschläge folgten und all der Mord- und Totschlag, der da noch kommen wird, all dies hatte sich in der Mutter aller Schlachten entschieden. Zuvor waren alle eins und ein Mensch lediglich ein Mensch gewesen, ganz egal wo und wie er oder sie gelebt hatte. Und niemand hatte sie oder ihn regieren müssen. Es hatte keine Grenzen und keine Länder gegeben und wenn ein Mensch eine andere Haut- oder Haarfarbe gehabt hatte, als ein anderer, dann war das eben so gewesen. Scheißegal. Niemand hatte sich je um solche Nebensächlichkeiten gekümmert. Der Mensch hatte keine Unterscheidungen und keine Grenzen gebraucht. Keine Krone, keine Obrigkeit, kein Gesetz. Kein Geld, kein Gold, kein Silber. Kein Gott, kein Staat, kein Attentat. Was er selbst gehabt hatte, hatte er, der Mensch, mit den anderen geteilt und dafür bekommen, was er oder sie gerade selbst gebraucht hatte. Eigentum hatte es nicht gegeben, wozu auch? Die Welt hatte allen gehört und das zu gleichen Teilen. Doch schlussendlich war es so gekommen, wie es leider immer kommt, wie es wohl stets kommen muss, wenn alles perfekt scheint. Irgendwann hatte all dies nicht mehr ausgereicht. Streit war aufgekommen.

Hass war gesät worden und Neid. Plötzlich waren Herkunft wichtig, Aussehen und Sprache relevant geworden. Man hatte sich allerlei Götter erfunden und Religionen erschaffen, und damit immer mehr Gründe erzeugt, um Streit, Hass und Gewalt zu säen. Wer den einen Gott angebetet hatte, hatte plötzlich gedroht Andersgläubige zu ermorden, wer den anderen Gott angebetet hatte oder vielleicht auch gleich mehrere, hatte seinen Kopf verloren oder war an irgendeinem Holzgestell verblutet. So wie es heute eben üblich ist, Sie kennen das. All diese Unwichtigkeiten, Nichtigkeiten und Unsinnigkeiten, die Jahrtausende lang niemanden gekümmert, keine Menschenseele auch nur im Geringsten interessiert hatten, führten schließlich und endlich also zur Mutter aller Schlachten. Als irgendjemand im Osten geschrien hatte: »Ich bin der Kaiser.« Im Süden hatte sich jemand zum Pharao oder Scheich ausgerufen, im Westen hatte es plötzlich gleich mehrere Könige gegeben. Und da ein Fürst, hier eine Herzogin, dort ein Graf, hier eine Baronin. Alle hatten sie das Land, das zuvor noch allen gehört hatte oder eben niemanden, wie man es nun betrachten mag, für sich beansprucht. Die schön glitzernden und funkelnden Steine, die in den Bergen gefunden worden waren, hatten plötzlich an Wert gewonnen, und so hatte man, nach den Göttern und der Blutrache, dann das Geld erfunden, was wiederum dazu führte, dass nicht nur die Dinge, die man benötigte und auf die zuvor alle hatten zugreifen können, nun plötzlich bezahlt werden mussten. Nein, von jeher führt die Erfindung des Geldes dazu, dass hernach alles seinen Preis hat.
All diese Ereignisse und Geschehnisse überall auf dieser Welt hatten jedenfalls zu dieser Schlacht in diesem damals noch namenlosen Tal geführt, wie und wann genau, vermag heute niemand mehr zu sagen. Was man sich hinterher so weitererzählt hatte, war oft wohl hanebüchener Blödsinn gewesen.
Dieses Tal, das da irgendwo zwischen Ost und West, Nord und Süd liegt, das vielleicht sogar die Mitte der bekannten Welt darstellt, war jedenfalls der Ort gewesen, an dem sich alle getroffen hatten, um sich gegenseitig die Schädel einzuschlagen, und an dem sich das weitere Geschick der Welt entscheiden sollte. Die Schlacht war brutal gewesen. Hatte Ihresgleichen gesucht. Köpfe waren durch die Luft geflogen, so sagt man, Pferde mitten im Galopp gestorben, heißt es. Lanzen hatten Leiber hoffnungsvoller junger Menschen durchbohrt, erzählt man sich. Ja, Menschen waren dort viele gestorben, Menschen, die selbst

vielleicht gar nicht wussten, um was, für wen und warum sie eigentlich gekämpft hatten. Wer auf der vermeintlich falschen Seite gestanden hatte, war abgeschlachtet, aufgespießt und niedergemetzelt worden. Blut war geflossen. Literweise Blut. Hektoliterweise Blut. Sturzbäche von Blut, die das gesamte Tal rotgefärbt und ihm so seinen Namen gegeben hatten.
Der Reisende kennt die Geschichten von der Mutter aller Schlachten, allerdings eben jene, die man sich in den Ostlanden so erzählt, wie man sie in den Ostlanden in der Schule lernt. Und natürlich sind in jenen Erzählungen stets die Ostländer die Guten. Begonnen hatten diese Schlacht natürlich die anderen und Schuld an all dem Blut und all dem Sterben hatten diese natürlich auch. Er kann sich schon denken, dass der Hergang der Mutter aller Schlachten in anderen Teilen dieser Welt wahrscheinlich anders erzählt wird, dass da andere die Bösen und andere die Helden sind. Ihn selbst kümmern diese alten Geschichten zurzeit wenig. Er durchreitet diese geschichtsträchtigen, weltverändernden Stätten aus reiner Zweckmäßigkeit, einfach deshalb, weil es eben der kürzeste wie auch der schnellste Weg ist.

Der Ältere Schurke (Früher)

Er lächelte. Ja, er lächelte fast ein bisschen verliebt. Die Liebe, diese viel zitierte, gern von Barden besungene und von den Dichtern mit langen, ausschweifenden Versen bedachte Liebe, hatte es bisher nicht allzu gut mit ihm gemeint. In dieser Welt, in der seit langem schon kaum mehr als das Aussehen zählte, brachte er es in Liebesdingen nicht unbedingt weit mit seiner hohen Stirn, der großen Nase und den haarigen Ohren. Und nein, Banditen, Mörder und Betrüger waren nicht unbedingt jene Stände, welche die jungen Damen dieser Welt besonders zu schätzen wussten, die zarte Mädchenherzen zum Schmelzen zu bringen vermochte. Seit seiner letzten Liebelei waren nun auch schon einige Jahre vergangen und viel Wasser durch die großen Flüsse des Königreiches geflossen und sie hatte auch nur jene zwei Nächte angedauert, die er mit jener jungen Dame gemeinsam im Kerker gesessen hatte. Sie, schuldig des Mordes oder der Hexerei oder wahrscheinlich beides, so genau wusste er das heute auch nicht mehr, war schließlich am Galgen gelandet oder auf dem Scheiterhaufen, auch da war die Erinnerung bereits verblasst. Er selbst, ja er wurde freigekauft von seinen Mitstreitern, die an jenem Überfall beteiligt gewesen waren, der ihm die Nächte im Kerker eingebracht hatte. Wachmänner königlicher Kerker waren schon immer ein korruptes Völkchen gewesen. Fand die Münze ihren Weg in des Wachmanns Tasche, so fand des Wachmanns Schlüssel seinen Weg in des Kerkers Schloss. Hätten er und seine Mitstreiter ein, zwei Münzen mehr in besagte Tasche springen lassen, hätte der Schlüssel vielleicht länger im Schloss verweilen können und auch jener jungen Dame den Weg in die Freiheit ermöglichen können, welcher er sich zwei Tage und zwei Nächte lang zwar nicht mit dem Herzen, schon aber mit dem Körper hingegeben hatte. So sollte es aber nicht sein und er fand den Weg nach draußen und sie eben den in den Tod, so war es halt, nicht aber ohne ihn zuvor mit Flüchen und Zaubersprüchen einzudecken. Unglück und qualvollen Tod wünschte sie ihm und konnte es sein, dass sein Mundgeruch seither noch penetranter und unangenehmer war? Die Liebe jedenfalls, nein, sie war ihm nicht gnädig. Nein, das war sie wirklich nicht, und ja, dieses Mädchen gefiel ihm, all dem Ungemach zum Trotz. Er würde um sie werben. Verdammt noch einmal und wie er um sie werben würde. Die Rose hatte wohl Eindruck gemacht. Ein bisschen verwirrt hatte sie dreingeblickt, irritiert aber erfreut, mit ihren vor Verlegenheit rotgewordenen Backen. Große Worte hatte er sich gespart, wahrscheinlich auch, weil er gar keine Worte hervorgebracht hätte vor lauter Aufregung. Aber was brauchte es schon an Worten? Viel zu viel Worte waren schon gesprochen worden in dieser Menschheitsgeschichte und selten hatten sie etwas Gutes zustande gebracht. Eine Rose aber, ein Zeichen der Zuneigung, das konnte den Lauf der Welt verändern und diese Rose tat es gewissermaßen auch, aber anders, als er es im Sinn gehabt hatte. Eine Rose und ein vielsagender Blick und dann, ja dann hatte er sich umgedreht und war von dannen geschritten. Jetzt ging er immer noch so dahin, streifte ziellos durch die Stadt, pfiff und grinste und überlegte seinen nächsten Schritt in Bezug auf das Mädchen, wie er weiter agieren sollte, wie er sie und ihr Herz für sich gewinnen konnte und er überlegte auch, ob er sich nun zur Feier des Tages einen Humpen Bier oder doch lieber einen Becher Wein gönnen sollte. Sein Geld war knapp in diesen Tagen, so wie das Geld aller knapp war. Essen und Unterkunft waren kostspielige Angelegenheiten in dieser Stadt. Aus diesen Gründen musste es wohlüberlegt sein, wo er sich welchen Trank würde gönnen können. Ehe er sich aber für eine seinen finanziellen Möglichkeiten entsprechende Schänke entscheiden konnte, stand da plötzlich ein recht unauffällig gekleideter, schlanker, nicht allzu großer Mann vor ihm. Wo der auf einmal herkam, vermochte er nicht zu sagen, denn dieser Mann war so plötzlich wie unerwartet aufgetaucht. Der Mann verschwendete jedenfalls keine Zeit an Erklärungen. »Wir müssen reden«, sagte er, »ich will Euch einen Humpen ausgeben.«

Der junge König (früher)

»Ein Turnier«, rief der König und sprang vor kindlicher Aufregung auf seinen Thron. Es war einer jener zwar seltenen, aber dennoch immer wiederkehrenden Momente, in denen er, der junge König, durchblicken ließ wie kindlich, wie naiv er tatsächlich noch war. »Ein Turnier«, rief er erneut, »ein Turnier, wir veranstalten ein Turnier.«
»Ein Turnier?«, fragte der Schatzmeister verwundert und wunderte sich einmal mehr darüber, dass er sich über diesen König und seine Eigenarten immer noch wundern konnte.
»Ja, ein Turnier«, strahlte der König mit den funkelnden Diamanten auf seiner Krone und dem glänzenden Gold der Ringe an seinen Fingern um die Wette. »Ein Turnier, das traditionelle, alljährlich stattfindende, weltberühmte große Turnier unseres, ach was sage ich denn da, MEINES Königreiches«, rief er und versuchte, dabei die Stimme fest klingen zu lassen, unangebrachte Pieps- und Quietschtöne zu vermeiden und nicht mehr kindliche Freude als einem König angemessen durchklingen zu lassen. »Es gab bisher kein Turnier, also kann es auch nicht traditionell sein, Euer Turnier«, erwiderte der Schatzmeister, der schon etwas älter und erfahrener als der König war, in der Hierarchie aber natürlich einige Stufen unter diesem stand. »Daher kann auch von alljährlich keine Rede sein und von weltberühmt natürlich schon gar nicht«, versuchte er, der Schatzmeister, das Gesagte zu untermauern. »Aber nun gibt es dieses Turnier, und zwar ab sofort jedes einzelne, verdammte Jahr«, hielt der König fest dagegen. »Außerdem, Herr Schatzmeister, bin ICH der König und wenn ICH es ›traditionell‹ nenne, dann nennt das Volk es auch so, und Ihr, mein werter Herr Schatzmeister, auch Ihr nennt es so. Und wenn ICH, der

KÖNIG, sage, dass es weltberühmt ist, dann ist es weltberühmt und Ihr, mein Schatzmeister, habt nicht das geringste Recht, meinem traditionellen, alljährlichen Turnier seine sagenhafte Weltberühmtheit abzusprechen.«

»Wie soll es denn nun aussehen, das Turnier?«, seufzte der Schatzmeister resigniert, dabei keines Falls versuchend, seinen Widerwillen und seine Genervtheit zu verbergen. Er hatte keinen Respekt vor diesem König und das zeigte er ihm auch. Er, der auch schon unter des Königs Vater gedient hatte und vor dem er den nötigen Respekt hatte aufbringen können, hatte keine Angst vor diesem nutzlosen Knilch.

»Groß«, schwärmte der König, mittlerweile vor seinem Thron auf- und ablaufend, mit den Armen große Gesten machend. »Riesengroß, einem GROSSEN König angemessen groß. Wir bauen eine gigantische, eine unfassbar gigantische, eine einem GIGANTISCHEN König angemessen gigantische Arena. Wir laden die besten, die allerbesten Schwertkämpfer der ganzen Erdenplatte ein. In den Ostlanden beispielsweise soll es meisterliche Kämpfer geben, ich will sie alle hierhaben. Die will ich hier in meinem Reich kämpfen sehen. Und gerne auch ein paar der Arenakämpfer des Südens, die sollen ja besonders brutal kämpfen, und den einen oder anderen dieser blutrünstigen Kampfzwerge aus dem Norden. Der Sieger jedenfalls soll reich, unermesslich reich, dem Sieger eines Königs angemessen reich beschenkt werden.« »Und wer soll all dies bezahlen, mein großer König?«, fragte der Schatzmeister, der innerlich erwog, den König ein paar Tropfen aus der Kellerküche der bäuerlichen Giftmischerin, die, ohne dass sie es selbst wusste, schon seit einiger Zeit in seinen Diensten stand, kosten zu lassen. Schnell verwarf er den Gedanken, es ziemte sich nicht, so zu denken, wenn man im Dienste eines Königs stand, mochte er noch so ein Dummbeutel sein. »Also, wer soll dies bezahlen? Ihr selbst, mein König?«, fragte er, der sich zwingen musste, sich wieder auf dieses Gespräch zu konzentrieren. »Vielleicht gar aus dem Vermögen, das in Euren prallgefüllten Kellern lagert?« »Aber, nein, mein törichter Herr Schatzmeister«, der König lachte und lachte, er kriegte sich kaum ein vor Lachen, etwas Lustigeres hatte er schon lange nicht mehr gehört. »Das Volk soll und wird das natürlich bezahlen, was seid Ihr dumm, Herr Schatzmeister, alles muss man Euch ansagen, auf nichts kommt Ihr von selbst, warum selbst bezahlen, wenn das Volk das genauso gut tun kann, also, flott, flott, mein langsamer

Herr Schatzmeister, erhebt eine Turniersteuer, schnell, schnell.« »Aber, mein König!«, wollte der Schatzmeister unterbrechen. »Das Volk, das ohnehin kaum mehr Geld sein Eigen nennt, wird dies nicht mit sich machen lassen«, wollte er berechtigterweise einwerfen, kam aber nicht mehr dazu, denn plötzlich rief die Kammerzofe der Königin: »Ein Sohn, mein König, Euch wurde ein Sohn geboren!« »Habt Ihr um Audienz gebeten?«, fragte der König kürzer angebunden, als es der gerade erfolgten Geburt eines Sohnes, seines Thronfolgers angemessen wäre. »Nein, aber, ein Sohn, Ihr habt einen …«

»Jaja«, winkte der König ab, »vereinbare eine Audienz, Weib«, er nahm einen Schluck aus seinem Kelch, »und dann kommt gerne wieder. Wo waren wir, Herr Schatzmeister, ach ja, ein Turnier. Ich lasse ein Turnier stattfinden, ein Turnier so gigantisch, so prächtig, so einzigartig, wie es das auf dieser Welt noch nicht gegeben hat, und Ihr, mein Schatzmeister, Ihr erhöht die Steuer, aber schnell, schnell.« Er trank und wie er trank. Er war glücklich und wie er glücklich war. Zufrieden war er, überaus zufrieden.

Der Schatzmeister (früher)

»Ein Turnier«, grummelte der Schatzmeister, fassungslos ob der königlichen Ignoranz. »Ein königliches Turnier also, bezahlt vom Volk. Oh, es wird sich freuen, das Volk und wie es sich freuen wird, wahnsinnig wird es sich freuen, das Volk, begeistert wird es sein«, sprach er leise vor sich hin. Dann begann er so plötzlich wie unerwartet so laut wie hysterisch zu lachen. »Freuen«, lachte er, »freuen, freuen, freuen«, lachte und lachte und lachte er plötzlich nicht mehr. »Hassen«, schrie er nun laut und unkontrolliert. »Hassen«, schrie er noch einmal, fand die Kontrolle wieder und zügelte dann die Lautstärke seiner Stimme. »Hassen wird es ihn, das Volk«, flüsterte er. »Noch mehr hassen, ihn, den ohnehin schon so verhassten König.« Er saß in seiner Kammer, ein für einen Hofangestellten seines Rangs und seiner Stellung und seiner an diesem Hofe unerreicht langen Dienstzeit unangemessen kleines, karges, ja nahezu erbärmliches Kämmerchen. Er nahm einen Schluck von seinem Wein, edelste Trauben aus den sonnigen Gefilden des tiefen Südens, nahm einen Zug von seiner Pfeife, beste Kräuter von den saftig-fruchtbaren Bergwiesen der Ostlande.

Zumindest das wurde ihm zugestanden. Dieser kleine Luxus war ihm vergönnt. Das Leben hätte gut sein können, wäre der König nicht so ein unfassbarer Idiot gewesen. Sein Vater war ebenso ein Idiot gewesen und dessen Vater auch und der davor. Eine reine Linie vollkommener Idioten war es, dieses Königshaus. So hatte es ihm sein eigener alter Herr erzählt, sein Vater, der ebenso schon unter zwei Königen als Schatzmeister dieses Reiches gedient hatte. »Alles Vollidioten«, hatte er gesagt, der Vater, und »alles Vollidioten«, sagte nun auch er selbst. Doch er sah ein wenig Licht am Horizont. Ein Sohn war also geboren. Der Sohn würde wahrscheinlich auch ein Idiot werden, ziemlich sicher würde er dies, bei der familiären Veranlagung, aber schlimmer könnte es auch nicht werden. Der Sohn, ja, der könnte ein Ausweg sein, der könnte das Volk, das Land aus der Misere der jetzigen Zeit herausholen und dies besser noch heute als morgen. Allerdings sollte es, bis ein eben erst geborener Sohn regieren konnte, wohl noch ein wenig dauern, und bis es so weit war, konnte vieles passieren mit so einem Neugeborenen, auch wenn man ihm nichts Bösen wünschen würde. Daher durfte man hier nicht zu überstürzt handeln. »Handeln, aber mit Bedacht«, dachte der Schatzmeister. Es gab ja schließlich auch Gifte, die erst ein paar Jahre später wirkten, die ihre Wirkung plötzlich und unerwartet und vor allem längst nicht mehr nachvollziehbar entfalteten. Und sollte der König sich und sein Idiotenwesen, seinen durch und durch verblödeten Charakter doch noch ändern, gäbe es schlussendlich auch noch allerlei Gegengifte, die man im Bedarfsfalle noch einsetzen könnte. »Aber«, dachte er grimmig grinsend, »ein Gegengift wird es in diesem speziellen Falle sicherlich nicht brauchen.«
Er grinste vor sich hin, nahm noch einen Zug, nahm noch einen Schluck, griff zum Füller, griff zum Tintenfass, schrieb die gewünschte Todesart und den anvisierten Zeitpunkt auf ein Blatt Papier. Dann löschte er die Pfeife aus, zog seinen Mantel an und machte sich auf den Weg zu seiner Verbindungsperson, die alsbald den Boten auf den Weg schicken würde.
Den Todeszeitpunkt, das konnte er nicht wissen, hatte er sich gar nicht selbst überlegt, den hatte ihm die weiße Hexe nachts, als er geschlafen hatte, unbemerkt ins Ohr geflüstert.

Die Verbindungsperson (früher)

Sie spülte. Sie spülte und spülte, tagein, tagaus. Spülte, weil das Spülen eben ihre Aufgabe war. Einst war ihre Mutter an den Hof gerufen worden, um des Königs Porzellan und Weinkelche zu spülen, und nun, wo die Mutter einer Lebensmittelvergiftung zum Opfer gefallen war, tat sie dies eben selbst. Als uneheliches Bastardkind einer einfachen Küchenangestellten wäre sie eigentlich schnellstmöglich zum Teufel gejagt, vom Hofe vertrieben worden und zu einem Leben in der Gosse verurteilt gewesen. Doch sie war immerhin das Bastardkind des Schatzmeisters, welcher seit jeher einen ungehinderten Zutritt zu den Küchenräumlichkeiten hatte, wo er sich gerne einmal einen Schenkel aus der Pfanne griff, und der einen guten Stand beim König hatte, beim alten König zumindest. Der Schatzmeister hatte ihrer Mutter, als sie noch keine Mutter war, diese Stellung gegeben und so manche Stellung ausprobiert, um eigene Bastarde entspringen zu lassen. Und dem jungen König, diesem Versager und Taugenichts hatte einfach niemand verraten, wessen Samen sie entsprungen war. Daher spülte sie nun seit einigen Jahren schon des Königs Porzellan und schlief, jetzt wo der alte König tot war, zuweilen mit einem bestimmten der königlichen Boten. Und manchmal, so wie auch jetzt, klopfte der Schatzmeister, der von dieser Liaison wusste und diese vielleicht auch selbst in die Wege geleitet hatte, der intrigante Kerl, an das Küchenfenster und holte sich nicht nur einen Schenkel aus der Pfanne, sondern übergab ihr auch einen Brief für eben jenen Boten. So wie beispielsweise auch jetzt. Da weder sie noch der Bote lesen konnten, was auf dem Briefpapier geschrieben stand, waren des Schatzmeisters Geheimnisse in ihrer beider Hände sicher.

Die Königin (früher)

Sie schrie. Sie schrie, wie sie noch nie zuvor geschrien hatte. Wie lange schon? Wie lange schon schrie sie eigentlich, schrie gegen diesen unfassbaren Schmerz an? Wie lange dauerte dieses Schreien, dauerte dieser Schmerz einer gefühlt niemals enden wollenden Geburt nun schon an? Wie lange war es schon in ihr präsent, dieses unfassbare, unbeschreibliche Gefühl des Zerrissenwerdens? Dieses Gefühl von diesem Ding, was da in ihr seit vielen Monden schon wuchs, in ihr wucherte, zerrissen zu werden? Eine Stunde? Zwei? Zehn? ZEHN STUNDEN. Zehn unendliche Stunden der Qual, des Schmerzes, des Schreiens, des Brüllens. Die Zofen und die Heilerinnen scharwenzelten nervös um sie herum, brachten dies und legten ihr das auf die Stirn, kochten Wasser und legten Wickel auf, während sie schrie und schrie. Schreiend ließ sie nach dem König schicken. Einmal, zehn Mal, hunderte Male. Immer und immer wieder. Sie wollte, ja, sie flehte danach, dass er kam und ihre Hand hielt, dass er dieses eine Mal in ihrer Ehe, in ihrem Leben für sie da war. Wann war er denn je einmal für sie da gewesen? Wann hatte er das letzte Mal ihre Hand gehalten? Das eine Mal damals vor neun Monaten in jener Nacht der Hochzeit. Im Weinrausch war er über sie hergefallen. Weil der Alkohol für ihn sprach und vor allem auch, weil er musste. Weil es Sitte war, der Ehefrau beizuschlafen. Weil die Tradition das so vorsah, weil das Volk es so wollte. Und weil das Thronerbe gesichert sein musste. Ein König brauchte einen Erben, das war so, daran gab es nichts zu rütteln, nichts zu beanstanden, nichts zu diskutieren. Deshalb hatte es sie gegeben, diese EINE Nacht damals vor unendlichen neun Monden. Diesen neun Monden des Schmerzes. Die Schwangerschaft war nicht leicht gewesen. Sie hatte wochenlang schweißgebadet und schmerzerfüllt im Bett gelegen. Hatte er, der König auch nur einmal nach ihr gesehen? Ich bitte Sie, nein, das hat er natürlich nicht. Denn seit jener einen Nacht, seit diesem traditionellen Akt der Ehevollziehung, ignorierte er sie geflissentlich. Er machte keinen Hehl daraus, dass er sie nicht hatte zur Frau nehmen wollen, hatte er nie gemacht, das hatte er nie verschwiegen. Er war zwar ein verlogener Scheißkerl, aber in dieser einen Angelegenheit war er stets ehrlich gewesen, ihr gegenüber zumindest, dem Volk hatte er immer gerne den so stolzen wie verliebten Ehemann vorgespielt. So wie es halt von ihm erwartet wurde. Von Kind an waren sie sich versprochen gewesen, sie die Fürstentochter aus dem nördlichen Süden, er der westliche Königssohn. Gefragt hatte sie beide freilich niemand, Politik war Politik und stand über ihrer beider Interessen. Das Königreich wollte eben das Fürstentum an sich binden und das Fürstentum einen Krieg vermeiden, den es niemals hätte gewinnen können. Und so wurde eben eingeheiratet, was man sich sonst unter großem Blutzoll ohnehin geholt hätte. Gut für die Menschen des Fürstentums. Schlecht für sie. Denn sie hätte sich eigentlich für

einen anderen Mann interessiert, einen der sie wirklich geliebt hatte und der dann auf rätselhafte Weise gestorben war. Und er, der König, interessierte sich ohnehin nur für sich selbst, den König. Er machte sich nichts aus Frauen, aus Männern machte er sich im Übrigen auch nichts. Er interessierte sich nicht für andere Menschen, kein bisschen konnte er sich für irgendjemanden erwärmen. Andere Menschen waren ihm zuwider, er liebte sich selbst und sonst niemanden.
Und sie, die Königin? Sie hielt nun nach Stunden des Schmerzes, des Pressens, des Schreiens endlich dieses blutige Bündel Mensch in Händen. Den nächsten König. Möge er ein besserer König, ein besserer Mensch werden als der jetzige König. Jener König eben, nach dem sie nun abermals schicken ließ. Der aber wieder nicht kam. Der wieder und wieder nicht zu ihr kam. Weil er wahrscheinlich wieder tausend andere Dinge im Kopf hatte, die so rein gar nichts mit ihr oder ihrem gemeinsamen Kind zu tun hatten.

Der ostländische Reisende (Jetzt)

Seit mehreren Tagen reitet er nun schon durch das rote Tal. Tag für Tag reitet er und reitet er. Reitet durch dieses Tal, das nun doch um einiges größer und weitläufiger zu sein scheint, als er dies im Vorfeld erwartet hätte. Wie auch jene Schlacht damals, der es seinen Namen zu verdanken hat, scheint es einfach kein Ende nehmen zu wollen, das Tal. Wie die Schlacht, der es seinen Namen zu verdanken hat, scheint es unendlich zu sein. Ein unendliches Tal, in welchem er keiner Menschenseele begegnet. Wie sollte er auch jemandem begegnen, wo die Menschheit doch seit langem schon das rote Tal meidet, wie sie seit jeher ja auch die blauen Berge meidet. Warum dies eigentlich so ist, mag sich ihm, dem Reisenden, auf den ersten Blick nicht erschließen. In den blauen Bergen gibt es zumindest ein angeblich gefährliches, mörderisches Ungeheuer, auf dessen Köpfe die junge Kaiserin immer höher werdende Beträge ausgesetzt hat. Im roten Tal hingegen gibt es nichts dergleichen. Kein Ungeheuer, keine bösartigen Zauberwesen. Warum sich dort also niemand hinzureisen traut, darüber kann er nur grübeln. Gibt es Geschichten? Natürlich gibt es die. Warum auch nicht? Da den Menschen von den Mächtigen nicht viel erzählt wurde, da die Obrigkeiten die ihnen Untergebenen gerne in

Unwissenheit und Dummheit darben ließen und ihnen keine nennenswerten Informationen zu Geschichte oder Tagespolitik zukommen ließen, musste sich das gemeine Volk halt mit allerlei Geschichten und Legenden bei Laune halten. Glaubt er sie? Als gebildeter, vernunftbegabter Mensch natürlich nicht. Er hört sich an, was ihm erzählt wird, hinterfragt, macht sich sein eigenes Bild. Schließt die Glaubhaftigkeit so manches Schauermärchens daraufhin für sich aus. Gut, die Begegnung mit dem Zwerg hatte schon vermocht, so einiges in seiner Denkweise zu ändern. Aber dennoch, was soll an diesem Tal denn gefährlich und abschreckend sein? Es ist doch alles stimmig hier, wunderschön, nahezu romantisch. Die Landschaft ist malerisch, so weit das Auge reicht, das Wetter ist herrlich, kein einziges Wölkchen ist am Himmel zu sehen. Er kann im Freien schlafen, sich auf weichen Wiesen unter dem Himmelszelt betten und muss sein eigenes Zelt nicht auspacken. Wenn ihn der Hunger plagt, jagt er sich einen Hasen oder schießt einen Vogel. So wie er dies vorhin auch getan hat. Er ist mit Pfeil und Bogen nicht minder geschickt wie im Umgang mit dem Schwert, schließlich hatte er auch die Kunst des Bogenschießens vom Besten erlernt. Und jetzt sitzt er eben da an seinem kleinen Feuerchen, brät sich sein Vögelchen, trinkt das reine, kühle Wasser, das er vorhin aus dem kalten Bach, der sich da friedlich durch grüne Wiesen schlängelt, in seine Flasche hat rinnen lassen und freut sich über die Ruhe des Moments und die bisher - von der unheimlichen Begegnung mit dem angsteinflößenden Zwerg abgesehen - von Zwischenfällen freie Reise. Ein Wein wäre jetzt gut. Ein Wein würde perfekt zum frisch über dem Feuer gebratenen Vogel passen, denkt er sich und will gerade den ersten Schenkel abreißen und mit seinen strahlend weißen Zähnen ins saftig weiße Fleisch beißen, dass das heiße Fett nur so spritzt. Doch soweit kommt es nicht. Zähne und Fleisch müssen dieses erste Aufeinandertreffen vorerst verschieben, denn plötzlich hört er ein Geräusch. Es ist nicht das Plätschern des Baches, nicht das Pfeifen des Windes, kein singender Vogel und kein sich leise vorbeistehlendes Reh. Nein, es ist kein typisches Geräusch einer idyllischen Nacht unter freiem Himmel. Es ist ein gefährlich, ja nahezu bedrohlich anmutendes Geräusch. Es ist direkt hinter ihm. Er hört Stiefel, wie viele vermag er nicht zu sagen. Er hört ein Atmen. Er hört, dass da jemand ist. »Der Zwerg«, denkt er im ersten Moment. Der Zwerg hat mich nun doch eingeholt, ich bin ihm zu langsam, reise in seinen Augen nicht schnell genug von den blauen Bergen weg und nun, ja nun kommt er, um mich zu töten, um mich zu enthaupten und meinen Kopf über meinem Feuer zu braten.

»Hey da«, reißt ihn eine tiefe Stimme aus seinen düsteren Gedanken. Nicht die Stimme des Zwerges zwar, aber dennoch bleiben ein erleichtertes Aufatmen und meterhohe Freudensprünge vorerst aus. »Fremder, steh auf«, fährt diese Stimme fort und er, der Fremde, der er hier in dieser Gegend, in diesem Tal eben ist, steht auf. »Dreh dich um«, lauten die Befehle weiter und er dreht sich um. Dreht sich um, weil er eben muss. Dreht sich um und sieht … niemanden, weil da nämlich niemand ist. Er blickt langsam um sich. Links, rechts, oben, unten. »Wo …?«, will er fragen. »Vor dir«, sagt eine Stimme, eine etwas hellere als die vorherige. »Neben dir«, ergänzt eine weitere. »Und hinter dir«, eine vierte. »Wir sind zu viert«, sagen nun alle vier. Er sieht sie zwar nicht, spürt aber ihre Präsenz. Er hört sie und er riecht ihren Geruch aus kaltem Rauch, altem Schweiß und eingetrocknetem Blut. »Wir sind zu viert«, wiederholen sie, »und du bist alleine. Wir können dich sehen aber du uns nicht.« »Wer seid ihr?«, fragt der Reisende, »und was wollt ihr?« »Die Gefallenen der ersten Schlacht sind wir«, sagt die erste Stimme und die zweite ergänzt: »Also die Gefallenen von dem, was du vielleicht die Mutter aller Schlachten nennst.« Eine Pause. Niemand spricht, niemand bewegt sich, Totenstille. Plötzlich erklingt ein Kichern, allerdings kein sonderlich fröhliches Kichern. Eher das Kichern des irren Söldners, bevor er die feindliche Kompanie niedermetzelt. »Also nicht alle Gefallenen«, sagt die Stimme, die als dritte zum ihm gesprochen hat, immer noch kichernd, »sondern eine kleine handverlesene Auswahl«, fährt die Stimme fort. »Und was wir wollen? Wir wollen, dass du verschwindest. Verlasse unser Tal so schnell wie möglich über denselben Weg, wie du es betreten hast.« »Über die blauen Berge also?«, fragt der Reisende so ruhig und gelassen wie es ihm in Anbetracht der Lage möglich ist. »Über die blauen Berge also«, antworten die Gefallenen. »Oder du kämpfst«, sagt nun der Erste, der gesprochen hatte. »Gegen uns, gegen uns alle«, sagt der Zweite. »Wenn du uns besiegst«, ergänzt der Dritte, »darfst du deiner Wege ziehen und das Tal so verlassen, wann und wie auch immer dir der Sinn danach steht «, endet der Vierte.

»Ob ich hier durch euch sterbe oder auf dem Berg durch die Axt des Zwerges ist eigentlich auch schon einerlei«, antwortet nun der Reisende nach einem kurzen Moment des Innehaltens und des Abwägens seiner Möglichkeiten und Chancen. Gelassener und ruhiger, als er es für möglich und denkbar gehalten hätte, greift er nach seinem Bogen, in dessen Sehne er stets einen Pfeil eingelegt hat. »Nun gut, dann lass uns ...«, beginnt der Erste einen Satz, den er nicht mehr zu beenden in der Lage ist. Mehr als gurgelnde Laute kann er nicht mehr von sich geben, bevor ein kleingewachsener Mann mit so langem wie schmutzig-verfilzten Haar zum Vorschein kommt, der seinen blutenden Hals mit beiden Händen umfasst und sterbend zusammenbricht. Dem Reisenden bleibt gar nicht mehr die Zeit sich zu fragen, ob er sich über den Sieg eines potentiellen Feindes freuen oder er viel mehr den durch seine Hand verursachten Tod betrauern soll, als er hört, wie jemand anders auf ihn zugestürmt kommt. Er, der er immer noch am Lagerfeuer sitzt, zieht sein Schwert, das da ebenso in Griffweite liegt, wie die vernachlässigte Vogelkeule, die er eigentlich nun lieber essen würde, anstatt hier wahllos bereits Gestorbene erneut zu töten. Er sieht zwar nicht das Schwert seines Gegners, spürt aber Stahl auf Stahl schlagen und erinnert sich daran, dass er zwar nicht der Beste ist, da der Beste bekanntlich ja schon jemand anders ist, aber immerhin einer der Besten, weil er eben vom Besten gelernt hat. Sich an das damals Gelernte erinnernd, fokussiert er sich jetzt also auf seinen Gegner und dessen Schwert und wehrt dieses mühelos ab. Er dringt mit seinem eigenen Schwert vor, spürt, dass da nun Stahl auf Fleisch trifft, und bekommt vor sich einen so großen wie schlaksigen Glatzkopf zu sehen, der sich den blutenden Bauch hält und sterbend zusammenbricht. Den Dritten erwischt er sofort. Ein schneller Hieb, eine einzige Bewegung, die nicht allzu große körperliche Anstrengung erfordert und wieder ist ein Feind erledigt, wieder ist ein Leben ausgelöscht. Wider Erwarten ist die sterbende Person eine großgewachsene Frau, deren schmerzverzerrtes Gesicht von zwei strahlenden Augen dominiert wird. Er denkt, sie wäre durchaus eine ernst zu nehmende Gegnerin gewesen, dass er für seinen Teil aber Schnelligkeit und Überraschungsmoment auf seiner Seite hatte. Und dann: nichts. Keine Schritte. Kein Schnauben. Kein Atmen. Irgendwo muss der vierte Gefallene sein, wo genau mag sich der Reisende gar nicht ausdenken. Er konzentriert sich darauf, Geräusche, Bewegungen, ja auch sich verändernde Gerüche in seiner Umgebung wahrzunehmen, da ist aber nichts. In Eile packt er sein

Hab und Gut zusammen, reinigt seine Waffen vom Gröbsten, nimmt noch einen Schluck Wasser, schnappt sich den gebratenen Schenkel, steigt auf sein Pferd, das sich während dieses kurzen, aber heftigen Kampfes ungerührt am saftigen Gras des Tals gütlich getan hatte, und reitet mit dem noch brennenden Feuer im Rücken, hastig an seinem Vogel kauend, durch die Nacht zum Ausgang des Tals.

Der jüngere Bandit (etwas früher)

Er sah sich selbst auf einem Pferd sitzen. Er sah wie er und ein alter Mann mit zu langer Nase und zu wenigen Haaren auf dem Kopf da mit ihren Pferden auf einem Hügel standen und hinunter auf die Stadt blickten. Er sah sich hineinreiten in die Stadt. Sah sich sein Schwert schwingen. Sah, wie sich plötzlich sein ganzer Körper verkrampfte, er vom Pferd fiel und starb. Da war dieser Traum wieder. Er hatte ihn oft gehabt in den letzten Wochen und wusste nicht warum. Er richtete sich auf, wischte mit der Handfläche den Schweiß von der Stirn, zog sein Hemd und seine Hose an und schlüpfte in die Stiefel. Er küsste sie, in deren Bett er lag, sanft auf die Wange, während ihr nackter Brustkorb auf- und niedersank, nahm sein Schwert und ihren Geldbeutel und verließ so leise wie möglich das Haus.

Die junge Kaiserin (jetzt)

In ihrem leichten, schwarzen Mantel gleitet sie unauffällig und leise durch die nächtlichen Gassen der Stadt. Es wirkt auf Außenstehende, so sie sie denn überhaupt wahrnehmen, als wäre sie ganz alleine hier unterwegs, das ist sie aber natürlich nicht. Das würde sie nicht wagen. Sich um diese dunkle Zeit alleine in dieser schmutzigen Gegend, diesem anrüchigen Viertel herumzutreiben, das käme ihr nicht in den Sinn. Sie ist doch nicht dumm, und lebensmüde ist sie schon gar nicht. Sie ist hier, weil sie muss, nicht weil sie so gerne hier sein möchte. Und deswegen scharwenzeln eben all diese Wächter vor, hinter und auch neben ihr herum, so unauffällig und beinahe unsichtbar wie sie es selbst zu sein probiert, aber jederzeit

bereit zu handeln. Heute sind Zwischenfälle bislang ausgeblieben, es sind aber auch ohnehin kaum Leute auf den Straßen unterwegs. Gerüchte machen die Runde, dass in naher Zukunft Schlimmes passieren würde, manche Menschen schenken dem Glauben und bleiben daher lieber zuhause. Das letzte Mal, als sie hier unterwegs gewesen war, hatte sich ihr ein Lüstling in den Weg gestellt und wer weiß was mit ihr anstellen wollen, doch dazu war es nicht gekommen. Ehe er nur ein Wort hätte sagen können, war der vermeintliche Lüstling, von einem leise daher gesurrten Pfeil ins Herz getroffen, tot auf dem Boden gelegen. Vielleicht hatte er sie auch nur um ein paar Taler oder Groschen anbetteln wollen, sie würde es nie erfahren, denn Tote konnten selbst in diesem Teil der Stadt nur sehr selten und sicherlich nicht gänzlich ohne Einwirkung irgendeines obskuren Zaubers sprechen.
Heute jedenfalls ist noch nichts dergleichen vorgefallen, niemand hatte sich ihr bislang genähert, niemand wollte sie ausrauben, entführen, vergewaltigen oder ermorden und damit dies auch so bleibt, läuft sie eben, so schnell und unauffällig es ihr möglich ist, durch die von so dunklen wie schmutzigen Häuserschluchten gesäumten Gassen. Unauffälligkeit ist eigentlich nicht ihr Metier, im Normalfall tut sie alles, um sich hervorzuheben, sich in den Vordergrund zu stellen. Nun aber ist sie zwingend notwendig, diese Unauffälligkeit, daher setzt sie eben auch alles daran, diese zu bewerkstelligen.
Und dann ist sie auch schon angekommen, dann tut es sich auch schon genau vor ihr auf, das Tor. Jenes Tor nämlich, das das Ziel ihres Ausflugs in dieses Viertel darstellt. Sie klopft. Drei Mal. Pause. Vier Mal. Pause. Zwei Mal. Pause. Zehn Mal so schnell wie möglich hintereinander. Pause. Zwei Mal ganz langsam, so langsam, wie es ihr eben möglich ist. Dann heißt es warten. Warten, bis sich das Tor wie von Geisterhand öffnet. Sie befindet sich in einem dunklen Gang, die Wächter müssen draußenbleiben. Zu diesem Ort haben sie keinen Zutritt, hier wird nur sie geduldet, nur sie alleine. Der enge, modrige Gang wird links und rechts von Fackeln an den Wänden gesäumt. Und von Totenschädeln, die sie mit ihren großen, vom Fackelschein erleuchteten Augenhöhlen anstarren und sie mit ihren toten Mündern diabolisch angrinsen. Beim ersten Mal hatte sie das noch geängstigt. Nun, da sie schon einige Male hiergewesen war, weiß sie diese diabolisch grinsenden Schädel zu ignorieren. Am Ende des Ganges beginnt eine lange wie steile

Treppe, die sie nun auch schon einige Male hinabsteigen hatte müssen, auch dies hatte beim ersten Mal noch eine große Überwindung dargestellt. Am Ende der Treppe tut sich auch schon das nächste, für zartbesaitete Gemüter wohl furchteinflößende und für alle anderen, so wie eben auch sie, äußerst gewöhnungsbedürftige Hindernis auf. Dieses mindestens zweieinhalb Meter große, gebückt dastehende, haarlose Ungetüm mit Ringen in den Ohren, in der Nase sowie in den nackten Brustwarzen und mit jeder Menge pechschwarzer Tätowierungen an den Armen und im Gesicht. Der Riese nickt unmerklich und schweigt. Wahrscheinlich kann er nicht mehr sprechen, wahrscheinlich wurde ihm vom Orden die Zunge entfernt, als Strafe oder als Mahnung für was auch immer er irgendwann einmal getan haben mochte, sie wollte es gar nicht so genau wissen. »Er wartet bereits«, krächzt hingegen kaum hörbar der im Vergleich sehr winzig aussehende Mann, der vor dem Riesen steht und wahrscheinlich ein Zwerg ist, eine von diesen Missgestalten aus dem Norden, für die sie nicht allzu viel übrig hat und die sie nur äußerst widerwillig hier dulden muss, weil ihr Vater einst einen Vertrag mit dem König der Zwerge unterschrieben hatte. Er gibt dem Großen ein Zeichen, sie passieren zu lassen. Dieser öffnet ihr eine niedrige Türe, durch die er selbst niemals hindurchpassen würde und durch die sie sich selbst nun buckelnd hindurch zwingen muss, ehe sie sich in einem alten, großen und dunklen Gewölbekeller wiederfindet. In der Mitte des Raumes an einer großen Schale, in deren Mitte wiederum ein grün schimmerndes Feuer entfacht ist, sitzt ein kleiner nackter Mann mit langem weißen Haar und langem Bart. »Seid gegrüßt, Hoheit«, sagt er. »Seid gegrüßt, Ehrenwerter«, antwortet die Kaiserin, wie es niemand je von ihr erwarten würde. Sie verbeugt sich so unterwürfig, wie sie sich nur ihm gegenüber zeigen würde, wie sie es nur ihm gegenüber ist. Denn sie ist natürlich die Kaiserin der Ostlande, sie hat selbstverständlich die absolute Macht und die alleinige Befugnis, über das Reich zu herrschen. Aber nur er alleine verfügt über das endgültige Wissen, nur er alleine verfügt über die grenzenlose Wahrheit. Gerüchte streuen und sich an allerlei haarsträubenden Weissagungen probieren, das können viele, das machen auch all die Scharlatane, die überall in der Stadt in ihren Tempeln hocken und Halbwahrheiten verbreiten. Aber er ist derjenige hier in ihrem Reich, der wirklich sicher weiß, was war, was ist und was sein wird.

»Sagt mir, Ehrenwerter«, sie spricht leise, verbeugt sich ein weiteres Mal, »was sagen Euch die Flammen?«

Der König der Zwerge (Jetzt)

»Soso«, sagt der König der Zwerge und pullt sich mit dem Nagel des Zeigefingers der rechten Hand, den er sich extra zu diesem Zwecke hat lang wachsen lassen, ein Stück Fleisch aus jener Lücke zwischen den Zähnen, die sich da seit einer ausgearteten Spelunkenschlägerei mit seinem jüngeren Bruder breitgemacht hat. Er spuckt den hängengebliebenen Fleischfetzen auf den Boden, wo sich sehr altes, aber nur halb gekautes Fleisch und eingetrockneter Speichel bereits zu einer immens ekelhaft aussehenden und riechenden Fleisch-und-Spucke-Skulptur geformt haben. »Soso«, wiederholt er nun. »Die Kaiserin lässt uns also Vögel schicken«, fügt er abschätzig hinzu. »Vögelchen lässt sie schicken, die feine Frau Kaiserin«, grölt er nun, furzt einmal herzhaft, nimmt einen Schluck von seinem Humpen Bier und rülpst. Er ist zwar auch ein König, der der Zwerge nämlich; fein, manierlich und von Verständnis für Etikette ist er aber deswegen noch lange nicht. Für Feinheiten, Manieren und Etikette ist hier kein Platz. Das prustet er manchmal auch, wenn er sich einmal mehr betrunken in einer Bierlache wälzt und dabei furzt, als hätte er zum Fleisch wieder kiloweise eingelegte Bohnen - seine Leibspeise - gegessen. »Ein Vögelchen also«, wiederholt er und säuft seinen Humpen leer. »Kein kleines weißes Täubchen, wie sie die Könige und Fürstinnen aus dem Westen schicken, wenn sie denn einmal etwas schicken, nein, nein, die unumstrittene Herrscherin des Ostens schickt Falken, schaut, schaut«, brüllt er. »Einen Falken, hohoho«, prustet er. Mit den Herrschern aus dem Westen hat er nicht viel zu tun, sein Vater und dessen Vater und alle Väter davor, hatten diese Westschnösel, wie sie sie gerne nannten, gemieden so weit es ging. Er selbst war vor vielen Jahren, als er noch um einiges jünger und reisefreudiger gewesen war, als er es jetzt ist, auf der Hochzeit eines dieser Könige gewesen. Dort hatte er Spaß gehabt und sich auch mit einigen dieser Herrscher dort angefreundet. Vor allem der Herzog vom Nachbar-Herzogtum, war ein feiner Kerl gewesen. Was aus dem bloß geworden war, er weiß es nicht, wahrscheinlich ist er längst gestorben, war er damals schließlich schon ein alter

Mann gewesen. Von der Kaiserin der Ostlande hingegen hält er gar nichts, daraus macht er kein Geheimnis, das posaunt er bei jeder sich ihm bietenden Gelegenheit heraus. Er kann sie nicht ausstehen diese verwöhnte, selbstverliebte Göre, hasst sie mehr als schales Bier und schlecht gewürzten Braten. Er kann sie auf den Tod nicht ausstehen, diese … Das Wort, das hier nun stehen sollte, kann der König der Zwerge vielleicht zuhause in seinem Königreich sagen, weil es ihn nicht kümmert, was irgendjemand von ihm denkt. Ich kann das hier aber nicht niederschreiben, denn zum einen würde dieses Büchlein dann der Zensur zum Opfer fallen, zum andern soll natürlich auch die schreibende Zunft einen gewissen Anstand bewahren und Respekt gegenüber der herrschenden Klasse zeigen. Er, der König, allerdings wird nicht müde diese, seine Abneigung gegenüber der Kaiserin der Ostlande lauthals kundzutun, wenn er wieder seine berüchtigten Streifzüge durch das Dorf der Zwerge und seine Kontrollgänge durch die Bergwerke macht. Bei diesen Streifzügen ist er stets alleine unterwegs. Eine Eskorte braucht er dazu nicht, er hat seine Axt, das Langschwert und eine ausgefeilte Kampftechnik. Das reicht vollends aus, um sein königliches Leben vor etwaigen Halunken und angehenden Königsmördern zu schützen. Zudem zollt das Zwergenvolk diesem zügellosen, ungehobelten, rülpsenden wie furzenden Haudrauf seit jeher auch so den Respekt, der einem König gebührt. Er trinkt mit dem Volk, er spielt mit dem Volk Karten und er lästert gemeinsam mit dem Volk über die Kaiserin der Ostlande. Weil diese zwar die Steine und Metalle haben will, welche die Zwerge aus der Erde buddeln und sprengen, jedoch nicht bereit ist, den angemessenen Preis dafür zu zahlen. Diese Kaiserin, die ihre zwerglichen Dienste als Boten und Transportknechte nur zu gerne in Anspruch nimmt, aber auch nach Ableistung dieser Dienste mit Dank und Bezahlung äußerst sparsam umgeht. Und die Gnädige, die Hochgeborene, die einzig wahre Herrscherin der Welt, erlässt im Fall der Fälle sogar Asyl in ihrem Reich, großmütig wie sie ist. Sie lässt Zwerge ohne Visum einreisen und, ohne einen Antrag auf dieses großzügige Recht stellen zu müssen, dort in ihren Städten leben. Jaja, die ach so tolle Kaiserin, was für eine großartige, nette Dame. Und er, der so mickrige wie ehrlose Zwergenkönig, soll ihr vor lauter Dankbarkeit in den Arsch kriechen. Warum ist sie so nun eigentlich so großzügig, so nett, so gütig zu ihnen, den unwürdigen Zwergen? Na, weil

ihr Vater, der alte Kaiser, gegen seinen Vater, den alten Zwergen-König, seinerzeit beim Kartenspiel verloren hatte.
Ja, so war das damals, ein simples kleines Kartenspiel. Und jetzt sitzt er, der Zwergenkönig, also auf seinem selbst gezimmerten Holzthron in seiner selbst gezimmerten Holzhütte, die er gerne schallend laut lachend »Königliche Residenz« nennt, besäuft sich mit dem Bier, das die Zwerge seit Hunderten von Jahren aus dem Eiswasser ihrer Seen, dem Getreide aus dem Westen und dem aus dem Süden importierten und natürlich gerecht bezahlten Hopfen brauen. Er kaut an dem zähen Fleisch des Eisrindes, das ihm ein Jäger vor wenigen Tagen vorbeigebracht und seine Frau über dem Feuer, das sie mühsam im alten Steinofen am Brennen hält, gebraten hat. Und während er säuft und Fleischfetzen auf den Boden spuckt, liest er immer und immer wieder den Brief der Kaiserin. Ja, verdammt, natürlich kann er lesen, warum sollte er das auch nicht können? Natürlich, wir alle kennen die Geschichten und Gerüchte vom ungebildeten, dummen, das Schreiben und das Lesen nicht beherrschenden Zwergenkönig. Wer diese Gerüchte nun genau in die Welt gesetzt hat, möchte er selbst gerne wissen. Und jaja, wenn er den erwischt, schlägt er ihm den Kopf ab, diesem undankbaren Nichtsnutz, und dessen Eingeweide brät er über seinem Feuer.
»Soso«, sagt er nun wieder. »Unsere Hilfe braucht sie also, die werte Frau Kaiserin. Unsere Kampfeskraft. Unsere Äxte. Unsere Schwerter.«
Er trinkt den Humpen leer, steht auf, geht hinunter in seinen alten, noch vom Großvater selbst ins Gestein gehauenen Gewölbe-Keller und lässt sich Bier vom Fass in den Humpen laufen. Bedienstete, die das für ihn erledigen, hat er nicht, braucht er nicht, will er auch gar nicht haben. Er kann sich sein Fleisch ja wohl selbst vom Spieß schneiden und auch sein Bier selbst aus dem Keller holen. Und das kleine Brieflein, das er bald dem kleinen Falklein ans kleine Beinchen binden wird, wird er natürlich auch selbst schreiben. »Jaja, Frau Kaiserin«, wird er schreiben. »Sehr gerne schicke ich Euch meine Männer und ihre Äxte zum Kampfe gegen alle Feinde, die Euch da bedrohen mögen, aber …« Ja, ein »Aber« muss sein, die werte Frau Kaiserin kann auch mit ihm nicht herumspringen, wie ihr beliebt, als wäre er einer ihrer ihr höchst untergebenen Untergebenen. »Aber«, wird er jedenfalls schreiben, »das wird Euch einen ganz schönen Batzen Geld kosten, meine Gnädigste.«

Die junge Frau (früher)

»Und noch ein bisschen davon, hmm, zwei Fingerbreit von diesem … und, ach ja, exakt drei Halme hiervon.« Ganz vertieft war sie in ihre Tätigkeit, als sie, wie so oft, durch den Wald streifte, um einzusammeln, was eben einzusammeln war. Papiere mit Notizen, handschriftliche Rezepte, all das brauchte sie schon lange nicht mehr. Sie wusste ganz genau, welche Blüten, Gräser oder Pilze in welcher Menge und in welcher Zusammensetzung welche Wirkung erzielten. In den meisten Fällen natürlich eine tödliche. Einfache Magenverstimmungen oder ein paar Wochen im komatösen Zustand waren eher die Ausnahme, wurden nur selten gewünscht. Manchmal wirkte das von ihr gebraute Mittelchen sofort, gelegentlich nach mehreren Stunden, vereinzelt, so wie auch in diesem speziellen Fall, der trotzdem mit dem Zusatz »Äußerste Priorität« versehen war, erst in vielen Jahren. »Optional mit Gegengift«, war noch hinzugefügt. Gelegentlich stand sie da, diese Option. Aber solche Zusätze waren eher theoretischer Natur, praktisch hatte sie noch nie ein solches Gegenmittel zubereiten müssen. Zubereiten also, das war auch in diesem Fall nun der nächste Schritt. Hinterher, wenn dann alles gesammelt sein würde, würde sie nämlich in ihrem zwar kleinen, aber exquisit ausgestatteten Kellerkämmerchen rühren und kochen, stehen und ziehen lassen und dann ein paar wenige Tropfen von dem Resultat ihrer komplexen Bemühungen in ein kleines Porzellanfläschchen abfüllen. Am nächsten Tag würde zur selben Zeit wie immer dieselbe Frau wie immer bei ihr am Marktstand auftauchen, vortäuschen, Rotkohl oder Weißkraut oder Blauschimmelkäse oder irgendetwas anderes, was sie halt gerade so im Angebot haben würde, kaufen zu wollen und sich schließlich mit dem Fläschchen in ihrem Körbchen davonmachen. Wer den Flascheninhalt bekommen würde, das wusste sie nicht und nein, das wollte sie auch gar nicht wissen. Gewiss war, eine Person würde sterben, würde ihr Leben aushauchen und über die Schwelle nach wohin auch immer treten. Wer dies sein würde und warum das sein musste, wusste sie nicht, aber wahrscheinlich wohl irgendjemand Wichtiges, irgendein Name von Bedeutung, irgendein wichtiger Spieler, eine wichtige Spielerin in jenem Spiel namens Politik, in dem sie hier zweifelsohne mitzumischen gezwungen war. Die unwichtigen Spielfiguren hingegen, ein zu laut schimpfender Bauer, ein pöbelnder Händler, ein den König schlechtmachender Musikant, all diese dem Königreich nicht treu ergebenen Personen ohne Rang und Namen eben, wurden nicht ihrer Fingerfertigkeit, ihrer todbringenden Kunst anvertraut. Nein, die wurden von maskierten Schergen auf offener Straße erstochen oder von nicht minder maskierten Henkern öffentlich aufgehängt.

Der Tod also. Ihr tägliches Geschäft. Ihre Mutter jedenfalls, so sagte diese zumindest immer, glaubte an ein Jenseits, klammerte sich in all ihren Hoffnungen und Wünschen an ein Leben danach. An einen Gott mit weißem Bart und unendlicher Gütigkeit oder eine langhaarige Göttin. Sie selbst nämlich glaubte an nichts dergleichen. An gar nichts. Sie wusste nur, dass diese eine bestimmte Person, der ihr kleines Geschenk galt, daran verenden und dann tot sein würde. Dass jene Person durch ihre Hand sterben würde, ohne dass sie selbst eben wusste, wer diese Person war. Ihre Tätigkeit war eine anonyme, ein Mord ohne Gesicht. Ja, sie tötete Menschen, weil sie jemand dazu zwang, weil jemand ihre Familie damit erpresste, sie alle mit dem Tod bedrohte, wenn sie nicht tat, was ihr geheißen. Aber warum auch immer sie all diese ihr nicht bekannten Menschen nun aus ihren Leben riss, nein, sie sah sie niemals sterben, sie wusste niemals, wer ihr Opfer war. Das machte es ihr leichter. Das machte sie in ihrer Wahrnehmung nicht zur Mörderin. Sie war einfach ein Mädchen, das, eine junge Frau, die, wenn sie nicht auf dem Markt zu stehen hatte, in einem Wald Kräuter, Moos und allerlei anderes Waldzeug sammelte, um aus diesen später ein kleines Süppchen zu kochen. So wie sie es eben auch jetzt tat. Ruhig und gewissenhaft und trotz allem irgendwie auch mit Spaß, Freude und großer Leidenschaft.

»Ah, wir töten wieder?«, riss sie plötzlich eine ihr unbekannte Stimme aus ihrem konzentrierten Tun. Nicht zu klein und nicht zu groß, eher schlank und unbestimmbaren Alters, war die zu jener Stimme gehörende Person. Sie hatte ihr Kommen nicht bemerkt. »Das Geschäft mit dem Tod, wie schön«, sagte er. »Wenn Sie fertig wären mit ihrer Kräutersammelei und, soweit ich kleiner Laie das beurteilen kann, denke ich, das sind Sie nun, wäre es mir eine Ehre wenn Sie mich ein Stück begleiten würden, mein junges Fräulein«, sagte er auch. »Gerne«, antwortete sie, nicht weil sie ihn wirklich begleiten wollte, sondern weil sie wusste, dass eine andere Antwort von diesem rätselhaften Fremden hier nicht akzeptiert werden würde. »Aber zuvor muss ich etwas kochen«, hielt sie ihm dennoch entgegen.

Oberste Priorität war oberste Priorität, da konnte ihr im Wald auflauern, wer wollte.

Der Zwerg von den blauen Bergen (Jetzt)

Er wundert sich. Er wundert sich nicht oft. Wundern liegt nun mal nicht in seiner Natur. Er hat bereits viel zu viel gesehen in seinem langen Zwergenleben. Im Dorf der Zwerge, wo es nichts gibt, was es nicht gibt an menschlichen Verdorbenheiten und der Rauheit des Lebens. Dort, wo er aufwuchs unter dem Patriarchat des prügelnden Säufervaters. Draußen auf dem Eis, wo die Fische gerne einmal drei Köpfe haben und sieben Meter lange Eiswölfe keine Seltenheit sind. Oben im Himmel, wo nordische Riesenadler kreisen, die zwar nur zwei Köpfe aber pro Kopf vier Schnäbel und in manchen Fällen durchaus auch einmal acht Flügel haben. Aber auch unten in der großen Stadt, der Hauptstadt der Ostlande, wo er sich in den schmierigsten Kaschemmen und den aller dunkelsten Gassen herumgetrieben hatte, wo Glücksspiel und Suff finanziert werden mussten durch Aufritte in fragwürdigen Zirkusvorführungen und der einen oder anderen Zusatzvorführung mit einem großen Messer und einem kleinen Lederkostüm in einer dunklen Gasse. Mit neun schwarzen Katzen gleichzeitig jonglieren und dabei Feuer schlucken und auch spucken, war das eine; was manche Leute für Phantasien an mittellosen Zwergen auszuleben gedachten, konnte sich aber niemand im Geringsten vorstellen. Die Jahre auf Wanderschaft zeigten ihm auch die eine oder andere wunderliche, zuweilen grausame Ecke der Welt. In den südlichen Gefilden wurde er mit sieben Meter großen Bären und zehnbeinigen Südwüstentigern in einem Zwinger gehalten, im Westen war er der Hausdiener und zwangsläufig auch Geliebte einer zweihundert Jahre alten Echsenfrau. Dass es ihn schließlich vor vielen Jahren schon in die blauen Berge verschlagen hatte, wo er zum Leibwächter eines mehrköpfigen Ungeheuers wurde, war wohl das Unglaublichste seiner Erlebnisse in seinem nun doch schon sehr langen Zwergenleben. Aber nun, nun muss er sich dennoch wirklich wundern.
Über diesen Reisenden aus den Ostlanden. Über diesen durchaus mutigen jungen Mann, der behauptet hatte, zu einem Turnier in den Westen zu reiten und vom Besten gelernt zu haben.

Der behauptet hatte, nur um an einem solch lächerlichen Turnier teilnehmen zu können, den Weg über die blauen Berge und das rote Tal zu nehmen, diesen Weg, den sonst niemand nahm, weil alle wussten, dass es unmöglich war, diesen Weg lebend hinter sich zu bringen. Noch mehr aber wundert er sich über sich selbst, er wundert sich darüber, dass er den Reisenden verschont und ihn hatte ziehen lassen. Noch nie zuvor hatte er jemanden verschont und ziehen lassen. Warum also jetzt, fragt er sich. Und warum, verdammt, kam ihm dieser junge Mann so bekannt, so verdammt vertraut vor?

Das Ungeheuer von den blauen Bergen (Jetzt)

Auch das Ungeheuer muss sich wundern. Über seinen Leibwächter, den Zwerg. Er sieht irgendwie anders aus als sonst. Irgendwie verstört. Der Zwerg ist sonst nie verstört. Er ist immer voll da, immer fokussiert auf seine Aufgabe. Wenn der Zwerg spürt, dass sich jemand ihrem Versteck hinter dem siebenten der acht blauen Gipfel nähert, wenn seine ihn niemals täuschende Intuition sagt, dass es wieder einmal jemand wagt, die Passstraße hochzureiten oder versucht, über einen der so steilen wie steinigen Pfade in die Berge zu kommen, dann zieht er auf der Stelle los, diskutiert nicht lange, sondern tötet den ungeladenen Gast, ohne mit der Wimper zu zucken. Für ihn ist es unwesentlich, welches Ziel jener Gast verfolgt, ganz egal, ob dies nun ein Jäger ist, der dem Ungeheuer einen Kopf oder mehrere Köpfe abschlagen will, oder sich eine arme Seele einfach nur in diese Gegend verirrt hat. Dem Zwerg ist das egal, der Zwerg tötet alles, was sich ihm und dem Ungeheuer nähert. Das Ungeheuer selbst hatte all diese Eigenschaften sofort gespürt, all diese ihm nützlichen Eigenschaften, die jener Zwerg so mitbrachte, als der eines Morgens im Schein der gerade aufgehenden Sonne so dagestanden war mit seiner Axt, dem Ungeheuer in die vielen Augen geblickt und mit eiserner Stimme gefragt hatte, welchen Kopf er ihm denn zuerst abschlagen solle. »Keinen«, hatte das Ungeheuer geantwortet. »Bleibe bei mir und schlage so viele andere Köpfe ab, wie dir beliebt«, hatte es hinzugefügt. »Die Köpfe jener nämlich, die der Kaiser schickt, um ihm die meinen zu bringen«, hatte es erklärt. »Ganz gleich was er, der Kaiser, dir bietet, wie viele

seiner wertvollen Taler er dir in deinen hungrigen Zwergenrachen zu stopfen gedenkt, ich biete dir das Doppelte pro Kopf, den du mir bringst. Denn ja, Zwerg, du sollst wissen, mein Reichtum ist unermesslich.«
So war das gewesen, damals vor vielen, vielen Jahren und der Kaiser, von dem sie sprachen, war der Urgroßvater der heutigen Kaiserin gewesen und ist schon lange tot. Seit jenen Tagen jedenfalls ist dieser Zwerg der Wächter des Ungeheuers von den blauen Bergen. Sein Diener. Sein Freund. Er ist der, auf den immer Verlass gewesen war, früher und auch jetzt noch. Auf ihn und seine eiskalte Berechenbarkeit. Darum sorgt sich das Ungeheuer nun auch um den Zwerg, der da irgendwie traurig, verstört und verwirrt den Pfad, der da von der Passstraße weg in sein Nest führt, heraufgewandert kommt. »Ich habe jemanden ziehen lassen«, sagt er, der Zwerg. »Ich habe einen Reisenden verschont und weiterziehen lassen«, sagt er und schweigt. Schweigt das Ungeheuer an. Und das Ungeheuer schweigt verblüfft zurück. Denn nein, das ist noch nie vorgekommen. Noch niemals zuvor hatte der Zwerg jemanden verschont.

Die weissen Schwestern (Viel früher)

»Fortan sind wir Rivalinnen«, sagte die eine Schwester. »Du wirst gegen das ankämpfen, was ich erschaffe«, erwiderte die andere. »Wir werden ein Gleichgewicht aus Gut und Böse erschaffen und so die Welt stabilhalten.« »Wenn jemand dieses Gleichgewicht stört, wird die Welt aus den Fugen geraten.« »Das werden wir mit aller Kraft zu vermeiden wissen, meine Rivalin«, sagte die eine, »so soll es sein, meine Verbündete«, die andere. Und damit gingen sie auseinander, ging jede von ihnen ihren eigenen Weg, um fortan, vereint wirkend aber auch gegeneinander kämpfend, dafür zu sorgen, dass die Welt in Einklang blieb.

Die junge Frau (Früher)

Sie wusste nicht, wohin sie gingen und schon gar nicht wusste sie, warum sie dorthin ging. Sie wusste nicht, wer dieser Mann war, der ihr da im Wald aufgelauert hatte und hernach unscheinbar und unauffällig in einer Ecke ihres Kellers sitzend gewartet hatte, bis sie fertig war mit ihrem tödlichen Gekoche. Er wisse sowieso, was sie da treiben würde, weil er alles wisse, was in diesem Königreich getrieben würde, also könne er gleich dableiben und warten, bis sie mit ihrer fröhlichen Giftmischerei fertig sei, hatte er gesagt, der Mann. Jener Mann nämlich, der ihr dort im Wald angeboten hatte, ihr Leben in eine neue Richtung zu lenken, der ihr Reichtum und Unabhängigkeit versprochen, ihr gesagt hatte, sie müsse nie wieder töten, nie wieder Menschen vergiften. Nun gut, hatte er auch gesagt, natürlich müsse sie diesen einen Auftrag, an dem sie gerade arbeitete noch zu Ende bringen, sie könne sich gar nicht vorstellen, wie unfassbar wichtig dieser Auftrag sei, denn er, der ja alles wisse, wisse natürlich auch, wer ihr Opfer sei, er würde sich aber hüten, dies preiszugeben. Und ja natürlich, auch dieses Projekt, das er vor Augen hätte, würde ohne Opfer nicht vonstattengehen, aber es wäre dann wirklich nur noch dieses eine letzte Mal, hatte er gesagt, dieser Mann. Dieser Mann, von dem sie nicht im Geringsten wusste, wer er denn war und woher er von ihr und ihrer Tätigkeit wusste. Dieser Mann, der ihr, kaum, dass sie ihm zögernd und widerwillig zugesagt und ihre Kochtätigkeit im Keller abgeschlossen hatte, eine Augenbinde aufgelegt und sie bei der Hand genommen hatte. Sie wusste nicht, wer dieser Mann war, und wohin er nun mit ihr ging. Auf jeden Fall gingen sie durch den ihr gut bekannten Wald, immer weiter in diesen hinein, immer weiter weg von der großen Stadt, von den kleinen Dörfern. Soviel konnte sie hören, konnte sie riechen, konnte sie fühlen. Sie kannte große Teile des Waldes in- und auswendig. Sie wusste, wie sich die Wege unter ihren Füßen anzufühlen hatten. Sie kannte all die Geräusche dieses Waldes, das Plätschern des kleinen Baches, das Quaken der Frösche auf dem großen Teich, den Widerhall des Windes in der tiefen Schlucht. Und genau da waren sie jetzt auch, in diesem ehemaligen Steinbruch, den man die tiefe Schlucht nannte. Ein düsterer Ort, um den sich viele Gerüchte, Geschichten und Legenden rankten. Es gab ein weitverzweigtes Höhlensystem, das unter dem Steinbruch zum Teil freigelegt worden war. Diese Höhlen und Gänge stammten, so sagten es die Mythen, aus einer lange vergessenen Zeit, als noch Elfen, Gnome und allerlei andere längst ausgerottete Zauberwesen die Erdenplatte bevölkert und sich hier vor den sie dahin mordenden Menschen versteckt hatten. Ob diese Geschichten nun stimmten, und ob es denn tatsächlich einmal Elfen und Gnome gegeben hatte, konnte sie so genau nicht sagen, aber dieser Ort hier fühlte sich danach an. Nach mythischen Fabelwesen. Nach Mord. Nach Blut. Nach Leid und Tod. Sie hörte, roch und fühlte, dass dieser Ort eine magische und zugleich tödliche Vergangenheit hatte. Zudem spürte sie die Dunkelheit, die sie umgab und die Kälte, die in sie hineinkroch, als sie plötzlich eine der Höhlen betraten. Sie gingen immer weiter hinein in den mystischen Berg. Irgendwann – waren es Minuten, waren es Stunden, sie konnte es nicht sagen – wurde sie auf einen Stuhl gesetzt, wurde ihr die Augenbinde abgenommen. Schwacher Fackelschein erhellte einen kleinen Raum, der da einst in den Berg gemeißelt worden war. Ihr gegenüber saß der Unbekannte, neben ihr lag bewusstlos auf dem Boden der glatzköpfige, großnasige Mann, der ihr auf dem Markt eine Rose geschenkt hatte.

Der Ältere Schurke (Früher)

»Ich will dir einen Humpen ausgeben«, hatte der Unbekannte gesagt. »Warum nicht?«, hatte er geantwortet, einen Humpen hatte er schließlich noch nie abgelehnt. Schweigend waren sie also durch die Straßen der Stadt gegangen, was hätten sie auch groß miteinander reden sollen? Der Unbekannte schien bedacht darauf zu sein, dass sie niemand erkannte oder ansprach. An so mancher vielversprechenden Schänke waren sie einfach vorbeigegangen. »Da!«, hatte er gesagt, »Hier!«, hatte er vorgeschlagen, und auf so manches Schild über so mancher Schänkentür hatte er gezeigt. Doch der Unbekannte hatte nichts davon wissen wollen, sondern war einfach nur weitergegangen. Sie hatten sich der Stadtmauer genähert, ein Tor gab es hier nirgendwo, soweit er wusste, und auch sonst war hier nichts Nennenswertes mehr zu sehen. Ein paar Hausruinen standen da verloren in der Gegend herum, der alte Friedhof lag trostlos da. Längst wurden die zahlreichen Verstorbenen auf den Feldern vor der Mauer verscharrt. Eine Schänke hingegen konnte man in dieser letzten Ecke der Stadt lange suchen. »Was wollen wir denn hier?«, hatte er gefragt. »Psst, schweig«, hatte der Unbekannte geantwortet, einen Knüppel aus dem Mantel und ihm diesen über den Schädel gezogen. Das alles war nun wohl schon eine Weile her, der Schlag war fest und die Ohnmacht ausdauernd gewesen. Als er nun die Augen aufmachte jedenfalls, schien er sich in einer Art Höhle zu befinden. Er lag wohl auf dem Boden und an einem kleinen Tisch saß der Unbekannte, der ihn unter Vortäuschung falscher Tatsachen und Anpreisung nicht existenter Humpen ohnmächtig geschlagen und entführt hatte. Und ihm, dem Fremden, gegenüber saß das Mädchen vom Markt. Jenes Mädchen, dem er erst kürzlich eine Rose geschenkt hatte.

Die junge Kaiserin (Jetzt)

»Niemand darf rein und niemand darf raus«, brüllt die junge Kaiserin, »niemand, keine Menschenseele«, brüllt sie weiter, so laut, dass ihr Zwergdrackel sich erschrocken und zitternd vor Angst unter einem Tischchen versteckt. Ihre Stimme überschlägt sich, wie sich die Athletinnen in diesen Zirkusarenen in den Städten des Südens Abend für Abend überschlagen. Sie brüllt, wie sie noch nie zuvor in ihrem Leben gebrüllt hatte. So, in diesem brüllenden, stimmenüberschlagenden Zustand, hatten selbst ihre engsten Vertrauten sie, die junge Kaiserin, noch nie erlebt. Hysterisch ist sie oft und natürlich ist auch Brüllen nichts, was ihr fremd wäre. Natürlich brüllt sie ihre Untergebenen nahezu täglich an und das oftmals dermaßen heftig, dass ihr der tomatenrote Kopf beinahe zu platzen droht. Manche Menschen in diesem Reich nennen sie hinter vorgehaltener Hand auch gerne die rote Kaiserin oder Eure wohlgeborene Tomate. Doch all das hysterische Gebrülle und all die hochroten fast platzenden Tomatenkopfzustände der Vergangenheit hatten nichts mit dem gemein gehabt, was die Kaiserin jetzt in diesem Moment an den Tag legt. Sie brüllt dermaßen laut, dass die Möwen am Hafen auf das offene Meer hinaus flüchten und die Steinböcke von den Bergen sich in die Schluchten stürzen. Und während sie so brüllt und brüllt, die Kaiserin, wirft sie unablässig mit wertvollem Geschirr und Einrichtungsgegenständen um sich. »Schließt sofort die Tore, schließt sofort die Häfen«, sagt sie nun etwas ruhiger, nachdem sie sich ihren guten Roten in den Rachen gegossen und sich das bessere Weiße in die Nase gezogen hat.
»Aber, Euer Hochwohlgeboren«, widerspricht einer ihrer Berater, »die Schiffe aus dem Norden mit den wertvollen Metallen und all den Steinen, die Euch doch so gut gefallen, kommen

bald und jene aus dem Süden mit den Ölen, die Ihr so gerne mögt, sind auf dem Weg und wir schicken dieser Tage Sprengpulver zu den Zwergen hinauf an den Rand der Welt und Wein und Gewürze in den Westen …«

»Schließt die Häfen, sagte ich!« Sie wirft dem widersprechenden Berater die Tonkaraffe auf dem Kopf, aus welcher ihr einer ihrer Diener gerade reinen Wein einschenken wollte. »Kein Schiff darf herein und keines darf hinaus, es ist mir gleich, es ist mir …«, sie pausiert, sie holt Luft und spricht aus, was sie so noch nie ausgesprochen hat und allen Berater und Beraterinnen kurzzeitig die Luft zum Atmen nimmt, » …scheißegal, wer was wo bestellt hat und wer was von wem erwartet, wir haben genug Vorräte für Jahre und der dicke König im Westen wird eine Weile ohne unsere Gewürze und unseren Wein auskommen müssen.«

»Und all die Händler, die vor den Toren stehen mit ihrer Seide und die Bauern mit dem Obst und dem Gemüse und dem Getreide, die auf die Märkte wollen …«, versucht ein anderer Berater vorzubringen und wird jäh unterbrochen, als ihn eine Porzellanschüssel auf dem Kopf trifft, die zuvor noch Weintrauben enthalten hatte. Roter Saft rinnt ihm über das Gesicht, ob es sich um Blut oder Traubensaft handelt, vermag niemand zu sagen, ob er noch lebt oder schon tot ist, ebenso wenig. »Niemand darf rein, sagte ich, seid ihr taub, alle miteinander, seid ihr schwer von Begriff, seid ihr etwa debil, wurdet ihr zu hart auf dem Kopf getroffen, als ihr noch Kinder ward und in Windel schisset?«

»Aber das Volk braucht Nahrung …«, will eine Beraterin einwerfen und geht in Deckung, als schon ein gusseiserner Kerzenständer in ihre Richtung geworfen wird. »Die Keller sind voll«, brüllt die Kaiserin. »Es ist genug für alle da, die Wachen werden Lebensmittel verteilen, niemand soll hungern. Und euch allen, die ihr hier den ganzen Tag nur auf euren fetten Hinterteilen sitzt, auch euch wird es gewiss nicht schaden, ein paar Hühner und zwei, drei Schweine weniger zu fressen.« Sie nippt an dem Wein, der ihr von einem Diener frisch in einem neuen Kelch serviert wird, nachdem der letzte Kelch am letzten Diener zerbrochen ist. »Hat sonst noch jemand etwas dazu sagen?«, fragt sie und sucht ihre nähere Umgebung nach neuem Wurfmaterial ab. »Ja, Euer Hochwohlgeboren«, antwortet nun der Beste. »Viele unserer besten und tapfersten Kämpfer wollen dieser Tage in den Westen aufbrechen, wo einige

große Turniere anstehen, wo das Turnier aller Turniere stattfinden soll. Wir, die Ostlande, MÜSSEN dort vertreten sein. Manche sind natürlich schon aufgebrochen, aber die meisten und auch die besten unserer Kämpfer sind noch hier. Und wenn nun, Eure Majestät, die Ostlande nicht in voller Stärke an diesen Turnieren vertreten sind, schadet dies unserem Ruf als kampferprobte Nation. Wir MÜSSEN unsere Kraft beweisen und bei diesen Turnieren im Westen und vor allem bei DEM Turnier vertreten sein.«
Die Kaiserin sieht dem Besten, der vor ihr auf einem Teppich kniet, in die Augen. »Steht auf«, sagt sie, »steht auf und kommt zu mir.« Und er für seinen Teil steht auf und kommt zu ihr, nicht weil er das unbedingt will, sondern, weil sie, die Kaiserin, es ihm, dem Untertan, befohlen hat. Sie erhebt sich höchstpersönlich vom Thron, geht auf ihn zu. Er, der er eher klein ist, muss zu ihr, die sie eher groß ist, aufsehen. So soll es auch sein, denn schließlich ist sie die Kaiserin. »Die Kämpfer unsere Nation wollen kämpfen, sagt Ihr, Bester?«, fragt sie und legt ihm eine Hand auf die Schulter. »Die Kämpfer werden kämpfen, oh ja, und wie sie kämpfen werden!« Sie macht eine kurze, bedeutungsvolle Pause und sieht ihm tief in die Augen. »Und Ihr, Bester, Ihr werdet sie anführen, Ihr werdet an vorderster Front kämpfen, Ihr Bester, werdet einmal mehr die Ostlande retten, und wenn Ihr dafür Euer Leben lassen müsst, dann soll es eben so sein, dann sterbt Ihr eben, aber Ihr sterbt für Euer Land, für Euer Reich. Ihr sterbt für mich, Eure Euch stets liebende Kaiserin.«

Der ostländische Reisende (Jetzt)

Er reitet und reitet. Er will das Tal hinter sich lassen, das nun eben von ihm neuerlich rotgefärbte Tal mitsamt seiner blutigen Geschichte, der älteren wie der jüngsten, so schnell es ihm möglich ist. Diese drei von ihm Getöteten wurden in der Mutter aller Schlachten bereits einmal getötet, warum sollten sie also ausgerechnet jetzt wirklich und endgültig tot sein? Natürlich, ihre Leichen hatte er da auf dem Boden liegen und ihr Blut spritzen gesehen, aber dennoch traut er dem Gesehenen nicht. Dass seine Angreifer sich einmal mehr aufrappeln und ihm folgen und ihn schließlich auch ohne Vorwarnung von hinten niedermetzeln würden, schließt er nicht aus, das hält er eigentlich sogar für äußerst wahrscheinlich. Zudem waren es ursprünglich ja vier Gefallene gewesen, von denen sich ihm aber nur drei zum Kampfe gestellt hatten. Also ist auch diesbezüglich noch eine Überraschung möglich, kann sich auch der vierte im Bunde ihm noch zeigen und ihm jederzeit und überall den Weg versperren, kann er jederzeit aus irgendeinem Gebüsch springen und ihn niedermetzeln. Daher muss er diesem eventuell auftauchenden und ihm gefährlich werden könnenden Vierten zuvorkommen oder ihm entwischen und daher muss er eben reiten und reiten. Er darf sich und seinem Pferd keine Pause gönnen. Wie weit genau der Weg bis zum Ausgang des Tals noch entfernt ist, weiß er nicht, schließlich war er noch niemals zuvor hier. Landkarten von dieser streng gemiedenen Gegend existieren nicht, da sich niemand die Mühe gemacht hat, eine zu zeichnen. Es könnte sich also noch um wenige Stunden handeln, die er benötigt, um das Tal hinter sich zu lassen, aber genau so gut auch um einen Tagesritt oder zwei oder sogar noch mehr. Er weiß es einfach nicht. Daher muss er schnell reiten. Schlafen ist nicht möglich, kurz Pause machen, um auszutreten, auch nicht, jede Unterbrechung könnte tödlich sein. Er muss also reiten und reiten und sobald das große Gebirge erreicht und das Tal verlassen ist, würden er und sein geschundenes Pferd sich endlich ausruhen können. Irgendwo zwischen dem Talausgang und dem großen Gebirge wird es dann schon eine saftige Wiese zum Grasen und Rasten, einen Teich, See, Bach oder Fluss zum Waschen und Trinken geben, denkt er sich, der Reisende. Nach einer solchen Rast würde es dann jenes große Gebirge zu überqueren gelten und dann das erste Königreich des Westens zu durchreiten. Wären diese beiden Hürden genommen, hätte er es so gut wie geschafft. Im großen Gebirge freilich lauert eine Vielzahl von Gefahren. Wilde, gefährliche Tiere und unberechenbare Bergvölker sind dort anzutreffen. Auch das erste Königreich des Westens steht nicht unbedingt im Ruf, Fremde mit offenen Armen zu empfangen, seit es vor einigen Jahren die Union des Westens verlassen hat. Aber soweit ist er noch nicht, ein großes Gebirge und ein erstes Königreich des Westens liegen für ihn zum gegenwärtigen Zeitpunkt noch in weiter Ferne. Erst einmal muss er dieses Tal hinter sich bringen. Und das so schnell wie möglich. Weshalb er eben reitet und reitet und reitet.

Die junge Frau (früher)

»Zwei Fingerbreit von jenem hier, ein halbes Blatt von diesem da. Ah, ist das da drüben die Spinne, die ich brauche? Vom Grünschimmer her könnte das durchaus passen und die Größe, ja, die Größe, die passt auch. Ich schnapp' dich, Spinne, gleich hab ich dich, gleich hab ich dich.« So plapperte die junge Frau fröhlich wie sinnlos dahin, zupfte hier ein Blatt, fing da ein Insekt, war ganz vertieft in ihren Auftrag, ihre Mission, die sie nun zu erfüllen hatte. Im Grunde tat sie dasselbe wie immer. Robbte auf ihren Knien durch den Wald, sammelte ausgewählte Blüten, Samen, Kleintiere und Wurzeln, um daraus schließlich ein kleines, aber feines Giftlein zu mischen. Es gab allerdings einige nicht ganz unwesentliche Unterschiede, drei Punkte die das, was sie jetzt tat, von dem unterschieden, was sie ansonsten nach Erhalt eines dieser ominösen Papierblätter getan hatte. Erstens: Sie wusste dieses Mal, wer der Auftraggeber war und war viel mehr eine Verbündete, als bloß die Schergin einer für sie unsichtbaren Macht. Zweitens: Die Opfer, ja es würden definitiv mehrere sein, würden im Idealfall nicht sterben, sondern nur für einige Stunden außer Gefecht gesetzt sein. Drittens: Wäre alles ausgeführt und erledigt, wäre sie reich - zumindest für ihre Verhältnisse unermesslich reich. Und gerade der letzte dieser drei Punkte zauberte ihr ein Lächeln ins Gesicht. Ein Lächeln voller Zuversicht, diesem qualvollen Leben unter der Fuchtel ihrer dominanten, alles bestimmenden Mutter und dieses geheimnisvollen Auftraggebers zu entkommen. Die einzige Schwierigkeit war, unbemerkt von ihren Eltern zu agieren, denn vor allem die Mutter sollte nichts von diesem Alleingang mitbekommen. Aber jetzt gerade waren die Eltern auf dem Feld, und dort würden sie auch bis in die späten Abendstunden bleiben und sich nicht darum, was sie aktuell so trieb und warum sie dies trieb, kümmern. Alles war gut, sie konnte werken, wie ihr zu werken aufgetragen worden war. »Und noch ein Häufchen hier von und ein wenig davon«, plapperte sie so weiter und plapperte sie so fort und zupfte ab und riss aus und fing ein und tat, was sie eben tun musste. Sie tat dies in völliger Ruhe und komplett ungestört, zumindest bis plötzlich ihre Mutter, die wohl doch nicht auf dem Feld war, vor ihr stand und sie mit ernster, bestimmter, vorwurfsvoller, fast schon bösartiger Stimme fragte: »Kind, was tust du hier?« Und sie, die brave Tochter, sagte: »Ähm, nichts, Mutter, nichts«, und sah ganz verlegen dabei drein, während sie fieberhaft darüber nachdachte, wie aus dieser verzwickten Situation herauszukommen war, und bemerkte plötzlich das giftgrüne Gebüsch mit den stacheligen Blättern, das da neben ihr in die Höhe wuchs. Und welch glückliche Fügung, welch wunderbarer, rettender Zufall, riss sie ein Blatt davon ab und drückte es so schnell, dass keine Zeit mehr blieb, über mögliche Konsequenzen ihrer spontanen Tat nachzudenken, auf die Stirn der Mutter. Eine ihrer praktischen wie lobenswerten Eigenschaften war nämlich, dass sie nicht nur jedes giftige Gewächs, jedes giftige Tier auf Anhieb als solches erkannte, sondern auch, dass sie selbst gegen jedes pflanzliche oder auch tierische Gift dieser Welt, mochte es auch noch so todbringend sein, immun war. Warum dies so war, wusste sie nicht. Ihre Mutter, ja, die wusste das vielleicht, was ihr in dieser speziellen Situation aber auch nicht weiterhalf. Sie konnte gerade noch »Du gottverdammte, kleine …« sagen, ehe sich ihre Gesichtsmuskeln verkrampften, ihre Haut sich grün verfärbte, die Zunge aus dem Mund trat und sie so tot zusammenbrach, wie die meisten ihrer Opfer wohl ebenso tot zusammenzubrechen pflegten. Es war allerdings das erste Mal, dass sie dieses Totzusammenbrechen leibhaftig miterlebt und die Totzusammenbrechende persönlich gekannt hatte. Erst jetzt wurde dem Mädchen auch bewusst, was es da eigentlich getan hatte, und so rannte es reflexartig, wie es der Mutter das Leben genommen hatte, weg von der Stelle ihrer Tat. Sie rannte und rannte. Dass sie ihren Korb mit all den benötigten Giftzutaten für jenen ach so wichtigen, lebensverändernden Coup im Wald hatte stehen lassen, wurde ihr erst später, viel später bewusst.

Der ältere Bandit (früher)

Er war fasziniert von dieser Höhle, die da irgendwo im Wald versteckt und kaum zu finden war. Wer hätte schon ahnen können, dass dies der Ausgangspunkt eines weitverzweigten, kilometerlangen Tunnelsystems war, das nicht nur Zugang zu den meisten Kellern der Stadt und somit uneingeschränkten Zugang zum Eigentum der meisten Bürger und all der Banken und Schänken bot. Nein, es bot auch Zugang zu den Schatzkellern des königlichen Schlosses, das da hoch oben auf jenem königlichen Hügel thronte. Natürlich war das alles ganz schön verworren und verwinkelt und natürlich wurden die Schatzkeller des Königs von dicken Türen versperrt und stämmigen Wachposten bewacht. Aber der Fremde, der ihn und das Mädchen hierher gelotst hatte, schien, so sonderbar er auch sein mochte, kein Idiot zu sein. Er verfügte über weitreichende Kenntnisse dieser Tunnelsysteme und besaß Karten davon und er hatte auch uneingeschränkten Zugang zu den Lagerhallen am Hafen, in denen dieses neuartige Sprengpulver aufbewahrt wurde, welches die Zwerge oben im Norden in ihren Bergwerken verwendeten und das drüben in den fernen Ostlanden hergestellt wurde. Den Weg zu den königlichen Schatzkammern zu finden und die Türen, die sie hineinführen würden, zu öffnen, sollte also kein Problem sein. Und was die Wachposten betraf, na ja, dieses Mädchen vom Markt, in welches er sich da wohl unversehens verliebt hatte und das er selbst für unscheinbar, nett und naiv gehalten hatte, verfügte anscheinend über die wunderbare Fähigkeit, jeden Menschen, jedes Tier und somit auch die ganze Wächterbande mitsamt ihrer Riesenhunde und Miniaturdrachen mit nur wenigen Handgriffen zu vergiften. Ein idiotensicherer Plan war das, den dieser seltsame Fremde hier ausgeheckt hatte. Und wenn er näher darüber nachdachte, viel zu einfach, als dass er wirklich funktionieren könnte.

Der ostländische Reisende (Jetzt)

Er reitet und reitet, aber das wissen Sie ja nun schon. Zum Glück sieht er da vorne bereits die Berge und muss bald fürs Erste nicht mehr weiterreiten, denn wenn er erst einmal am Fuß dieser Berge ist, sollte er wohl zumindest vorübergehend in Sicherheit sein. Was er ebenso schon sehen kann, ist dieses gigantische Tor, gebaut aus tausenden von Steinen, die in ihren Größen und Formen menschlichen Köpfen ähneln, der Übergang vom roten Tal zu den Königreichen des Westens. Der Legende nach handelt es sich bei diesen Steinen nicht um eine zufällige Ähnlichkeit zu jenem wichtigen menschlichen Körperteil. In den alten Erzählungen heißt es schließlich, die Steine würde nicht nur aussehen wie Köpfe, sondern seien eben auch tatsächlich welche. Die abgeschlagenen Köpfe all der gefallenen Kämpfer dieser sogenannten Mutter aller Schlachten. Die abgeschlagenen Köpfe all jener zufällig in diese Schlacht

geratenen Zivilisten, die mit den Streitigkeiten und Konflikten selbsternannter Herrscherinnen und Herrscher überhaupt nichts zu tun gehabt hatten. Die Köpfe der Menschen, die nur dagewesen waren, um Leichen wegzuräumen, die Köpfe jener, die Verwundete behandelt hatten, die Köpfe dieser Leute, die Nachrichten überbringen oder die kämpfende Masse mit allem hätten versorgen sollen, was sie eben zum Kämpfen und zum Leben im Kampfe so benötigt hatten. Die Köpfe all der Menschen eben, die in dieser sinnlosen Schlacht, diesem nutzlosesten aller Kriege, ihre Leben und wohl auch ihre Köpfe verloren hatten. Sie aufgestapelt und aus ihnen dieses Tor gebaut hatte der Legende nach eine Frau, die schon, so erzählte man es sich zumindest, seit Anbeginn der Zeit am Leben und die gemeinhin als die weiße Hexe bekannt gewesen war.
Der Reisende weiß schon - halten Sie ihn bitte nicht für dumm, er ist gebildeter, als Sie vielleicht meinen - dass unter weißen Hexen in der Regel gutartige Hexen, Kräuterhexen oft, gemeint sind. Was allerdings besagte weiße Hexe nun gewesen war, ob sie eine herzensgute oder doch eine bitterböse Hexe oder irgendetwas dazwischen gewesen war, hatte schon früher niemand zu sagen vermocht und er, der Reisende, kann das auch heute nicht so genau sagen. Tatsache aber ist, dass sie eben dieses Tor aus Schädeln erbaut haben soll, um es schließlich durch ihre Zauberei zu Stein werden zu lassen.
In den Geschichts- und Sagenbüchern gleichermaßen wird dieses Tor, falls Sie sich das nun schon fragen, übrigens das Steinerne Tor genannt. »Ernsthaft? Etwas Besseres ist ihnen nicht eingefallen, den Geschichtsschreibern, den ganzen Wissenschaftsmenschen, all den Mythenforschern und Sagenexperten?«, werden Sie sich jetzt fragen und Sie haben recht. Etwas Besseres ist ihnen allen tatsächlich nicht eingefallen, was soll man schon dagegen tun, die Geschichte der Menschheit ist eben kein facettenreicher Fantasyroman.
»Das Steinerne Tor. Ernsthaft? Etwas Besseres ist ihnen nicht eingefallen?«, denkt sich jetzt also auch der Reisende und reitet mit solch unsinnigen Gedanken im Kopf darauf zu, als ihn plötzlich ein verstörender Anblick zurück in die Realität holt. Denn da vorn ist etwas. Etwas irgendwie menschlich Anmutendes aber doch recht Monströses. Ein Wesen gigantischen Ausmaßes, das auch aus der Ferne betrachtet schon äußerst furchterregend auf ihn wirkt. Dieser erste Eindruck verdichtet sich, je näher er an Tor und Wesen heranreitet. Dieses Wesen,

das in der linken Hand eine riesige Axt und in der rechten ein Langschwert von enormer Größe hält. Je näher er also an Tor und Ungetüm herankommt, umso mehr erkennt er auch, dass hier tatsächlich ein Mensch vor ihm steht. Ein übermäßig großer Mensch. Der größte Mensch, den er je gesehen hat und wahrscheinlich auch der größte Mensch, den er, vorausgesetzt er kommt lebend aus dieser Begegnung heraus, in seinem Leben sehen wird. »Ich bin der Letzte«, sagt er, der größte aller Menschen. »Der Letzte der Gefallenen«, fährt er fort. »Das Letzte würde besser passen«, denkt der Reisende bei sich, nicht ohne dabei massive Furcht zu empfinden, und überlegt in all dieser Furcht mit all dem Angstschweiß auf der Stirn und den Spuren dünnflüssiger Körperausscheidungen unter seiner Hose, wie er dieses Ungetüm denn besiegen könne. Der Beste hatte ihn auf vieles vorbereitet, aber nicht auf so etwas. Die Existenz eines solchen Monsters mit solch gigantischen Waffen hatte ihm der Beste einfach verschwiegen. »Ich bin der Letzte der Gefallenen und ich werde dich jetzt töten«, brüllt der Größte aller Menschen und stürzt auf ihn zu. Die Schnelligkeit und Geschicklichkeit, mit der er dies tut, würde niemand, der ihn hier sähe, je erahnen können. Der Reisende ist selbst überrascht von jener Schnelligkeit und würde er denn an irgendeinen Gott oder irgendeine Göttin glauben, würde er nun sein letztes Gebet sprechen. Unabhängig von der potentiellen Existenz aller Gottheiten schließt er mit seinem Leben ab, weiß er, dass er mit seinen vergleichsweise mickrigen Waffen nicht die geringste Chance hat, da erblickt er ihn, diesen einen letzten, kleinen Grashalm, an den er sich nun metaphorisch und wortwörtlich klammern kann. Für das ungeschulte Auge ist es ein kleines, unscheinbares Gräschen in einem so großen wie weitläufigen, so berühmt-berüchtigten wie blutgefärbten Tal. Er aber, er hat diese Gabe. Diese Gabe, die nicht viele Normalsterbliche haben, es gibt und gab auf der ganzen Weltenplatte nur sehr wenige Menschen, die diese Gabe ihr Eigen nennen können. Die Gabe nämlich, jedes Gras, jedes Blatt, jede Wurzel zu erkennen, ihre Wirkkraft und all die wunderbaren in ihr schlummernden guten wie bösen Kräfte zu erkennen und zu wissen, wie damit umzugehen ist. Und obendrein, als kleine, aber manchmal notwendige Draufgabe, gegen jedes der in solchen Pflanzen und auch Tieren existierende Gift, egal ob es nun Hautausschlag auslösen oder einen Bären töten würde, immun zu sein. Und er hat, dem Besten sei es gedankt, ebenso die Gabe, sehr schnell zu sein. Der Reisende springt also in rasender Geschwindigkeit vom Pferd, läuft hin zu jenem, für seinen Gegner todbringenden, für ihn aber lebensrettenden Grashalm, reißt ihn ab und reibt damit kurz aber effektvoll an seinem Schwert. Für all das braucht er nur eben so lang, wie halt auch das Ungetüm dafür braucht, einen Schritt auf ihn zuzugehen. Und während das Ungetüm Axt und Langschwert mit einer einzigen nicht minder todbringenden, einer voll und ganz vernichtenden Bewegung auf ihn hinab rasseln lassen will, springt er auf ihn zu und macht mit seinem Schwert einen einzigen für das Ungetüm lächerlich anmutenden Hieb, der ein ganz klein wenig das nackte Schienbein des großen Menschen streift. Und dann lacht er, das Ungetüm, lacht und lacht ob dieses armseligen Versuches des so mickrigen Menschleins, ihn zu verwunden, lacht ob des lächerlichen Angriffs, lacht ob des harmlosen kleinen Kratzerchens und vergisst vor lauter Lachen, den Reisenden zu töten. Er hält sich vor lauter Lachen den Bauch und lacht dieses dröhnende Lachen, das durch das ganze Tal schallt, das aber niemand mehr hört, weil ja bekanntlich alle, die es hören könnten, tot sind. Und so lacht er eben und denkt sich, während er so lacht, er hätte alle Zeit der Welt, sein mickriges Opfer umzubringen. Lach ich halt jetzt, so lange ich will, gibt ja selten etwas zu lachen hier, in diesem so menschenleeren wie tristen Tal, töte ich den Wicht halt erst in fünf Minuten, denkt es sich, das lachende Monstrum. Er weiß ja auch nichts vom Gift des Grashalms, das einen Menschen normaler Körperausmaße längst alle Lebenslichter ausgeblasen hätte, und bei ihm, mit seinem doch etwas übernatürlichen Umfang, halt ein klein wenig mehr Zeit für diesen Tötungsvorgang benötigt, was aber nichts daran ändert, dass er, noch ehe er den letzten Lacher ausstoßen und den nächsten Angriff starten kann, tot umgefallen sein wird. Deswegen lacht er jetzt eben immer noch. Er, der er in wenigen Augenblicken tot sein und dann gar nichts mehr können wird, weder lachen noch irgendjemanden töten. Er, der er dann schon wieder gestorben sein wird, er, der Letzte der Gefallenen.

Der Beste (Jetzt)

Da steht er also. Der Beste. Die Zeiten, in denen er sich die Sonne auf das Gesicht scheinen und entspannt aufs Meer hinausblicken, in denen er die Gedanken schweifen lassen und in Erinnerungen schwelgen konnte, sind vorbei. Er muss nun wieder arbeiten. Richtig arbeiten. Er muss nicht mehr irgendwelche Kinder irgendwelcher reicher Schnösel, irgendwelche verwöhnte Fratzen irgendwelcher wohlhabender Scheißkerle auf irgendwelche Turniere in irgendeinem Königreich irgendwo im Westen vorbereiten, wo sie dann mit ihrem von ihm und nur von ihm erlernten Können glänzen und den Ruhm ostländischer Kampfkunst mehren können. Nein, vor ihm stehen keine Kinder, sondern Soldaten. Richtige Soldaten. Gut, ein paar Kinder sind wahrscheinlich auch dabei oder zumindest ein paar gerade erst dem Kindesalter entwachsene junge Bürschchen, denen gerade erst die ersten Haare im Gesicht und zwischen den Beinen gewachsen sind, aber in der Summe sind es eben Soldaten. Soldaten, die er auf einen Krieg vorbereiten soll. Auf einen Krieg gegen eine unbekannte gefährliche Macht. »Es wird Verluste geben«, hatte die Kaiserin gesagt. »Bereitet die Männer darauf vor zu kämpfen und, Bester, bereitet sie ebenso darauf vor zu sterben.«

Was das für eine Macht ist, gegen die es hier zu kämpfen gilt, hatte er wissen wollen, diese Frage hatte ihm aber niemand beantworten können oder wollen. Niemand weiß genau, mit wem oder was sie es hier zu tun haben würden. Sagt die Kaiserin. Es gibt nur schemenhafte Visionen, unklare Bilder. Alles, was DER SEHER in SEINEM FEUER gesehen hatte, waren Tote, viele Tote. Eine tote Stadt. Ein totes Land. Und vor allem: EINE TOTE KAISERIN. Und dem gilt es, sich entgegenzustellen. Denn die Kaiserin will keine tote Stadt, kein totes Land. Und schon gar nicht will sie eine tote Kaiserin sein.

Es nutzt also nichts. Gerne würde er die Augen schließen und daran denken, wie er damals als junger Mann in seine erste Schlacht geritten war. Auf seinem stolzen schwarzen Ross. In der einen Hand den Schild, in der anderen das Schwert. Wie er ritt und ritt und einen Feind nach dem anderen vom Pferd gestoßen hatte. Wie er in vorderster Front den Feind dahingemetzelt hatte, ohne selbst auch nur den kleinsten Kratzer abzubekommen. Wie er sich schon als junger Mann in seiner ersten Schlacht den Namen DER BESTE verdient hatte. Ja, daran hätte er jetzt wirklich gerne gedacht. Aber diese Zeiten sind vorbei, seine Tage sind gezählt. Das weiß er und deswegen nutzt es ihm im Moment gar nichts, nostalgisch in irgendwelchen alten Erinnerungen zu schwelgen. Er muss nun zum einen junge

Männer in den Tod schicken und zum anderen den nächsten, den NEUEN BESTEN aus all diesen kampfbereiten Haudegen, die da jetzt vor ihm stehen, herausfiltern.
»Männer«, sagt er deshalb, obwohl neuerdings auch einige wenige Frauen dabei sind, »bereitet euch auf den Kampf vor, Männer, bereitet euch auf den Tod vor und …«, er macht eine Pause und sieht in hunderte vernarbte, bärtige aber auch bubenhafte Kämpfer- und ja, neuerdings auch Kämpferinnengesichter, »bereitet euch darauf vor, dass einer von euch vielleicht bald der neue Beste ist.« Weil der Beste dann nicht mehr da ist, sagt er nicht. Denkt er nicht. Weiß er aber. Denn die Visionen sahen neben dem toten Land, der toten Stadt und der toten Kaiserin auch einen toten Besten.

Die weisse Hexe (Jetzt)

»Bester«, sagt die weiße Hexe in der Sprache des Ostens, »Ihr werdet sterben.« »Ich weiß«, erwidert er, ohne zu wissen, wer die weiße Hexe ist und wie sie eigentlich in seine Hütte gekommen war. »Ihr müsst einen neuen Besten auswählen und ich werde Euch dabei helfen«, fährt sie fort. »In Ordnung«, antwortet der Beste und wacht auf.

Der Zwerg von den blauen Bergen (Jetzt)

Wieder einmal streift er durch die Stadt, hat er für wenige Tage die blauen Berge, die ihm nun schon lange diese Heimat bieten, die er zuvor nie gekannt hatte, verlassen, um herauszufinden, was es Neues gibt, was die Kaiserin so für Pläne schmiedet, was in den Köpfen der übrigen Stadtmenschen so vor sich geht und ob hier tatsächlich irgendwelche bösartigen Bedrohungen ihr Unwesen treiben. Allerdings ist er nicht ganz bei der Sache. Er ist nicht so auf seine Umgebung fokussiert wie sonst. Der junge Reisende beschäftigt ihn noch immer. Er spukt durch seinen zwergigen Kopf. Warum dieser seine Wege gekreuzt hatte, warum dieser es so eilig gehabt hatte, in den Westen zu kommen, all das fragt er sich hier auf diesem ganz gewöhnlichen Erkundungsbesuch. Irgendetwas an diesem Fremden war ihm seltsam vertraut gewesen. Er kommt einfach nicht

dahinter, es will ihm einfach nicht einfallen und das ärgert ihn. Es ist nicht gut, wenn der Zwerg sich ärgert. Für niemanden. Zum Glück kreuzt aktuell niemand seinen Weg. Hat er ihn vielleicht hier in der Stadt schon einmal gesehen? Er, der Zwerg, ist kein Unbekannter hier. In den dunklen Gassen der schäbigen Vierteln nickt man ihm stets zu, lädt man ihn gerne auf einen Trank oder ein Gespräch ein, erzählt ihm die neuesten Geschichten und Gerüchte. Nicht, weil man ihn so gerne mag, sondern aus Furcht.
Dass er vor vielen Jahren selbst in diesen Gassen gehaust hatte, weiß heute allerdings niemand mehr, die Menschen, die damals diese Viertel bevölkert hatten, sind längst tot. Gestorben, verscharrt, vergessen. Das Ungeheuer aus den blauen Bergen belohnt ihn, den Zwerg für seine treuen Dienste, nicht nur mit Kost, Logis und Reichtum, sondern unter anderem auch mit ewig währender Jugend. Seine Verbindung zum Ungeheuer ist hier auch nicht weiter bekannt. Man erzählt sich zwar von dem Zwerg da oben, diesem menschenmordenden, skrupellosen Wesen, aber niemand weiß, dass er das ist. Zwerge gibt es schließlich wie Sand am Meer. Zudem hatte noch niemand dort oben je eine Begegnung mit ihm überlebt und daher die Möglichkeit gehabt, irgendwelche Informationen über ihn preiszugeben. Außer dieser Reisende eben, den er hatte ziehen lassen. Was, wenn er wider Erwarten eines Tages zurückkehren und von der Schwäche des Zwerges erzählen würde? Wenn er Geschichten erzählen würde von der Weichheit dieses Zwerges, der bloß große Töne spuckt und dann klein beigibt. Was, wenn er ihn lächerlich macht? Das könnte die Menschen nur noch ermutigen, in noch größeren Scharen in die Berge zu ziehen und ihm noch mehr Arbeit und dazu noch mehr Stress zu machen. Morden? Immer gerne. Köpfe abschlagen? Natürlich. Aber alles mit Maß und Ziel. Obendrein wäre sein Ruf ruiniert. Er schätzt diesen Fremden nicht so ein. Als Klatschmaul und Lästerzunge. Aber er kann es sich nicht leisten, es darauf ankommen zu lassen. Nein, er muss herausfinden, wer dieser Fremde, dieser Reisende ist, was er vorhat, wo er ihn findet und ihn gegebenenfalls ausschalten.
So zieht er also weiter durch die Straßen und nimmt in all den Schänken all diese Tränke zu sich, hört sich um, stellt unauffällig Fragen über den Reisenden, kann aber weiter nichts in Erfahrung bringen, erfährt aber, was ihm schon bei seinem letzten Besuch gerüchteweise zu Ohren gekommen ist. Dass

das Böse oder irgendetwas, das sich zumindest so nennt, im Anmarsch ist. Wer oder was auch immer das sein mag. Und obendrein, dass die Kaiserin niemanden in die Stadt hinein oder hinauslässt. Was ihn freilich nicht schert, da er geheime Wege kennt, abseits irgendwelcher Tore, unbemerkt von irgendwelchen Wachen. Er erfährt, dass keine Schiffe den Hafen verlassen oder ansteuern dürfen, dass niemand zu irgendwelchen Turnieren in den Westen reisen darf und der Beste beauftragt wurde, eine Armee kampfbereit zu machen. Nutzen ihm diese Informationen? Bringen sie ihn irgendwie weiter? Ja, sagt er leise zu sich selbst, während er in einem Freudenhaus die Hosen runterlässt, um sich den Freuden käuflicher Zuneigung hinzugeben. Warum auch nicht? Es ist einsam in den Bergen und auch er, der Zwerg, hat gewisse Bedürfnisse. Und er denkt dabei und bei sich: ›Nun, da die Kaiserin nervös ist und die Ankunft eines gänzlich anderen Feindes erwartet, ergibt sich für mich die beste aller Gelegenheiten, sie und ihr überhebliches Reich endlich voll und ganz zu vernichten.‹

Der Reisende (Jetzt)

Das Ungetüm fällt sterbend zu Boden, fällt fast auf ihn, den Reisenden, erschlägt ihn beinahe mit seiner gigantischen Körperfülle. Doch er, der Reisende ist bekanntlich sehr schnell. Und in dieser Schnelligkeit springt er, der Reisende, jetzt auf sein Pferd und reitet weg von der sterbenden Masse, eilt rasant durch das Tor, das hinter ihm in tausend Teile zerfällt und zu einer großen Mauer zwischen ihm und allem anderen wird.

Der Bruder (Früher)

Da saß er also am Esstisch, der Bruder, und wartete. Er wartete auf die Mutter, die endlich zurückkommen und etwas zu essen kochen sollte. Den ganzen Tag war er mit den Eltern auf dem Feld, musste schuften, musste ernten, musste schwere Körbe schleppen. Irgendwann hatte die Mutter gesagt, sie käme gleich wieder. Sie müsse nur kurz weg. Ganz seltsam war sie dabei. Sie hätte Kopfschmerzen, hatte sie gesagt, sie müsse schnell etwas erledigen, hatte sie gemurmelt und dann war sie weg und bis jetzt nicht wiedergekommen. Dabei sollte

doch längst das Essen auf dem Tisch stehen. Der Rübeneintopf, die Kartoffelsuppe, was auch immer sie heute zu kochen gedacht hatte. Er hatte Hunger. Er würde noch kurz warten und wenn sie dann immer noch nicht käme und etwas kochen würde, würde er sich einen Kanten Brot abschneiden und diesen essen, auch wenn dies sicherlich wieder Prügel gäbe, denn ungefragt wurde hier gar nichts irgendwo abgeschnitten. Ungefragt geschah überhaupt nichts in diesem Haus und ganz sicher wurde sich eben nicht selbst das Essen genommen, da dies ohnehin seit jeher knapp bemessen war.
Ja, kurz würde er noch warten, dachte er und wartete noch lange. Wartete und wartete auf Vater, Mutter und Schwester. Niemand von ihnen kam. Irgendwann schlief er ein und träumte schlecht. Er träumte, dass zwei seiner drei Familienmitglieder sterben würden. Dass sich dies noch bewahrheiten würde, bevor er sich das nächste Mal etwas Essbares in seinen Mund stecken würde, konnte er jetzt noch nicht wissen.

Der Vater (früher)

Er rannte. Er rannte in den Wald. Sorgenerfüllt. Vorahnungen in sich tragend. Fast schon panisch. Seine Frau war nicht wiedergekommen. Sie hatten auf dem Feld gearbeitet. Er selbst, die Frau, die immer seltsamer wurde in letzter Zeit, der verbliebene eine Sohn, dieser Nichtsnutz, die Tochter nicht, die trieb sich wieder einmal sonst wo herum. Sie verkaufte kaum mehr etwas in letzter Zeit, aber zog ständig durch die Gegend. Wahrscheinlich vögelte sie diesen schmierigen Kerl, der neuerdings immer vor ihrem Stand herumstreunte und ihr Rosen schenkte, der gierige Wicht. Seine Frau hatte das gesehen. Seine Frau hatte nämlich auch eine Gabe. Denn nicht nur die Tochter war hier mit Gaben gesegnet, die Mutter selbst war das auch. Sie hatte zwar natürlich nicht dieselbe tolle Gabe wie die Tochter, aber irgendwelche Gaben hatten wohl alle Frauen in dieser Familie. Er selbst hatte keine Gabe, er hatte eigentlich gar nichts, keine Lebensfreude, keine Perspektive, er hatte lediglich Hunger und musste die Frau suchen, damit sie ihm etwas kochte. Seine Frau, die Seherin. Die mit Gaben Gesegnete, die einen plötzlichen Migräneanfall bekommen konnte und dann vor sich sah, was gerade so vor sich ging. Die sehen konnte, wer wie was gerade wo tat. Männer mit Rosen, die sich auf dem Markt herumtrieben. Die Tochter im Wald, die Pflanzen sammelte, die sie jetzt eigentlich gar nicht sammeln sollte. »Sie führt etwas im Schilde«, hatte sie ihm ins Ohr geflüstert, »sie heckt etwas aus und das, ohne mich einzuweihen, ohne uns um Erlaubnis zu bitten.« Dann war sie in den Wald gerannt und bisher nicht wiedergekehrt. Und daher musste er nun eben auch in diesen Wald laufen. Die Mutter suchen und die Tochter. Schließlich war er doch hier der Herr im Haus. Und plötzlich stand sie vor ihm. Sah ihn mit verweinten Augen an und sagte: »Ich muss das jetzt tun«, dann legte sie ihm die Hand auf die Stirn und dann sah auch er etwas, er hatte zwar keine Gabe, doch er sah, jetzt, wo er wusste, dass er bald tot sein würde, sein Leben. Er sah sich, wie er als kleiner Junge vom Vater mit den großen Händen geschlagen wurde, weil beim Eieraufsammeln im Stall einige dieser Eier heruntergefallen waren. Er sah die Mutter, die ihm heiße Suppe ins Gesicht schüttete, weil er meinte, die Suppe wäre nicht gut, sie schmecke nach nichts als Rattenpisse. Sie schmeckte zwar nicht, schmerzte aber unbeschreiblich, die heiße Suppe im Gesicht. Noch heute war seine linke Gesichtshälfte rot und entstellt, verbrüht von Mutters Mittagssuppe. Er sah dieses Mädchen, angeblich ein Bastardkind des Königs, ob das stimmte, wusste niemand so genau. Weil er unansehnlich und entstellt war und ohnehin niemanden abkriegen würde und weil der König ihm sonst den Kopf abgehackt hätte, wie sein Vater gesagt hatte, musste er dieses Mädchen heiraten. Er sah, wie immer wieder Abgesandte des Königs auf ihrem Hof geritten kamen und seiner Frau, die angeblich ein Königsbastard war, irgendwelche Briefe gaben, die sie ohnehin nicht lesen konnte, da sich um die Schulbildung von Bastardkindern niemand kümmerte. Er sah sich selbst darüber grübeln, warum der König ausgerechnet eine Affäre mit dieser weißhaarigen Hexe haben und warum gerade er das dabei entstandene Kind ehelichen musste. Warum dieses Kind dann auch noch so schnell alterte und das anfangs so junge Mädchen so wahnsinnig schnell älter und älter wurde und schon jetzt, da er gerade einmal mittleren Alters war, beinahe eine greise, aber dennoch rüstig-agile Frau war. Das alles machte doch überhaupt keinen Sinn und doch erschienen ihm all jene Unsinnigkeiten seines so sinnlosen wie vertanen Lebens in dem Moment vor Augen, als er, von der eigenen Tochter vergiftet, diese Welt für immer verließ.

Die junge Frau (früher)

In dem Moment, in dem sie ihn sah, wusste sie, dass sie ihm unmöglich erklären konnte, was vorhin im Wald geschehen war. Da sie nicht wusste, gar nicht wissen konnte, wie der Wissenstand des Vaters war, ob der Boten und Briefe und giftigen Tätigkeiten, und da der Mord an der eigenen Mutter ohnehin eine Angelegenheit war, die in wenigen Worten so schnell keinesfalls erklärbar war, wusste sie, dass sie aus dieser Sache ungeschoren niemals herauskommen würde. Deswegen wusste sie, sie musste auch ihn töten. Das Blatt, das die Mutter getötet hatte, hielt sie, warum auch immer, noch in Händen und drückte es nun auch ihm auf die Stirn. »Warum?«, fragte er, kurz bevor er krampfend zusammenbrach. Und er meinte damit so vieles, von dem sie gar nichts wissen konnte. Hätte sie irgendetwas von den Dingen, die da im Kopf ihres sterbenden Vaters vorgingen, auch nur geahnt, wer ihre Mutter wirklich war, die Verbindungen zur königlichen Familie, all diese sonderbaren Verirrungen und Verwirrungen, hätte sie, so schnell es ihr möglich gewesen wäre, das Land verlassen. Doch davon ahnte sie nichts. Davon ahnte niemand etwas, denn kaum jemand, der nun noch am Leben war, kannte die Wahrheit. Nicht einmal das Ohr des Königs, das auch sein Auge war und schon gar nicht der amtierende König selbst, wussten etwas vom königlichen Hexenbastard und seinen Gifte brauenden Nachwuchs. Die braute sie ja auch für den Schatzmeister und nicht für den König, der ja bekanntlich nichts von alledem wusste. Der Schatzmeister wusste wiederum nicht, dass er all diese Morde auf Geheiß der weißen Hexe in Auftrag gab, die sie ihm nachts stets ins Ohr flüsterte. Und am allerwenigsten von all dem wusste eben das Mädchen selbst, das nun, kaum, dass sie den Vater im Wald vergraben hatte, zurück in den Wald lief, um auch die Mutter irgendwo unter welken Blättern und morschen Bäumen zu verscharren. Sie rannte dorthin, wo sie, wie ihr jetzt erst einfiel, da der erste Schock über das Geschehene vorüber war, auch den Korb mit den Giftzutaten hatte stehen lassen. So schnell sie konnte, rannte sie dorthin, wo die Mutter liegen und der Korb stehen musste. Doch sowohl die tote Mutter als auch der rote Korb waren nicht mehr da.

Der ostländische Reisende (Jetzt)

Er ist müde. Und hungrig ist er auch. Wann er das letzte Mal in Ruhe und mit Genuss gegessen hatte, das weiß er so genau auch nicht. Wann er das letzte Mal Erholung im Schlaf gefunden hatte, genau so wenig. Bevor er sich an Aufnahme von Nahrung und ein Schließen seiner Augen überhaupt zu denken traut, möchte er allerdings noch einiges an Weg zurücklegen. Das steinerne Tor oder besser gesagt, was von jenem steinernen Tor geblieben ist, nämlich ein Haufen Steine, hat er vor Stunden hinter sich gelassen und damit auch das rote Tal und etwaige letzte Gefallene irgendwelcher längst vergangener Schlachten. Dennoch begleitet ihn das ungute Gefühl, dass es noch nicht vorbei sei mit etwaigen Gefahren, die auf ihn lauern würden. Er hat immer noch das Gefühl, nicht alleine zu sein, hat dieses Gefühl, dass ihm da irgendeine unbekannte Macht folgt. Deswegen reitet und reitet er immer noch weiter. Reitet sich und sein Pferd an die Grenzen ihrer beider Kräfte. Je weiter er reitet, um so mehr verdichtet sich allerdings dieses Gefühl des Nicht-alleine-Seins. Aber er kann nicht mehr. Es geht nicht mehr. Hunger und Müdigkeit fallen über ihn her, wie die blutlüsterne Kriegshorde über das schlecht verteidigte Land. Und der Platz hier sieht allen widrigen Umständen zum Trotz so sicher aus, wie schon seit langem nichts mehr ausgesehen hat. Eine sonnige Waldlichtung hier, ein kleines Bächlein da. Hier auf dem Gras jener Lichtung würde er sein Nachtlager aufschlagen, würde er versuchen, sich ein Kaninchen oder einen Vogel zu schießen, sich das Blut längst Gestorbener von ihm ein zweites Mal ermordeter Kriegsgefallener mit dem Wasser des Bächleins abwaschen, reichlich von diesem Wasser trinken und ja, vielleicht auch ein bisschen schlafen.
Er gönnt also sich und seinem geschundenen Pferd die seit Tagen so dringend benötigte Pause. Er braucht nicht bis zehn zu zählen, da hoppelt schon ein schießenswertes Kaninchen an ihm vorbei, das er, wenn es schon einmal da ist, und Pfeil und Bogen griffbereit vor ihm liegen, natürlich auch sofort schießt. Er wäscht sich im Bach, baut sein Zelt auf, sammelt Holz für ein Feuer und brät sich sein frisch erlegtes Kaninchen. Alles verläuft wie geplant, alles geschieht so, wie er es sich schon seit Tagen erträumt. Und dann legt er sich schlafen, wie er es eben für diesen Moment vorgesehen hatte.

Er schläft schnell ein, müde wie er ist, und kaum, dass er eingeschlafen ist, wacht er auch schon wieder auf. Draußen vor dem Zelt hört er nämlich Stimmen und Schritte. Laute Stimmen und laute Schritte hört er da. Das hingegen hat er so nicht geplant. Es kommt allerdings auch nicht gänzlich unerwartet.

Der Vater des Reisenden (Etwas früher)

Zehntausend Taler. Zehntausend leicht verdiente Taler. Alles, was er dafür tun musste, um diese leicht verdienten zehntausend Taler in seine Taschen fließen zu lassen und damit all seine finanziellen Sorgen auf einen Schlag zu beseitigen, war, hinaufzureiten auf diesen Berg, dem Ungeheuer, das dort oben, wie man sich erzählte, sein Unwesen trieb, einen Kopf abzuschlagen und mit diesem im Gepäck zurückzureiten. Dann müsste er lediglich um eine Audienz beim Kaiser ansuchen und diesem eben jenen Kopf bringen. Denn schließlich war es ja er, der Kaiser, der diesen Kopf unbedingt haben wollte und der bereit war, soviel Geld dafür zu bezahlen. Warum genau dieser Kaiser und jener davor und dessen Vorgänger und alle anderen bekannten vergangenen Kaiser dieses Reiches so versessen auf diesen Ungeheuerkopf waren, vermochte niemand zu sagen. Denn soweit es die Geschichtsbücher erzählen, war das Ungeheuer noch niemals auch nur die geringste Bedrohung für das Reich oder einen seiner Monarchen gewesen und hatte sich noch niemals auch nur in der Nähe der kaiserlichen Gebiete gezeigt. Warum also wollten sie alle einen Kopf dieses geheimnisvollen Wesens bekommen? Niemand wusste es und niemand fragte danach, weil es niemanden zustand, die Beweggründe seiner Herrscher zu hinterfragen. Aber das Geld dieser Herrscher, ja, das wollten sie alle haben.
Vor ein paar Monden noch, da hätte er dieses Geld, all diese Taler aus des Kaisers Geldbeutel, nicht nötig gehabt. Schließlich entstammte er einer hochangesehen, wohlhabenden Adelsfamilie, die seit jeher dort im alten Stadtturm in einem der besten Viertel der Stadt in unmittelbarer Nähe zum kaiserlichen Palast lebte, die Bedienstete hatte und ihr Einkommen seit vielen Generationen durch weltweiten Handel erlangte. Ihm hatten mehrere Schiffe gehört, ein florierendes Unternehmen hatte seiner Führung unterstanden und er über ein großes

Netz an Verbindungen zu allen großen Häusern und wichtigen Händlern der gesamten Erdenplatte verfügt. Regelmäßig hatten die größten seiner Schiffe mit all den wertvollen Gewürzen und Stoffen den Hafen verlassen und ebenso regelmäßig, kaum dass sie zurückgekehrt waren, im Gegenzug dafür Goldmünzen in seine Taschen ... nein, sagen wir, in seine Kisten, die er im obersten Geschoß seines Turmes zu lagern gepflegt hatte, wandern lassen. Doch dann war es eben so gekommen, wie es manchmal eben kommen musste, wenn plötzlich alles, als wäre es so vorgesehen gewesen, den Bach hinunter ging. Schicksal nannte und nennt sich das wohl, vielleicht hatte das stets vorherrschende Glück seiner Ahnen, der Väter, Großväter, Urgroßväter irgendwann einfach enden müssen. Vielleicht hatte irgendeine höhere Macht, irgendein Gott, irgendeine Göttin oder sonst etwas Gottgleiches gedacht: ›So jetzt reicht es einmal, sollen doch andere in Glückseligkeit schwelgen, diese Familie durfte jetzt lange genug an unserer Glückstafel naschen.‹ Vielleicht hatten all diese gottgleichen höheren Mächte es eben einfach als gerecht erachtet, dass es nun vorbei sei mit dem Glück und dem Reichtum und der Macht und dem ganzen anderen irdischen Blödsinn und hatten daher dieses gewaltige Seebeben geschickt, das gleich drei seiner größten und wertvollsten Schiffe dem Meeresboden überantwortet hatte. Vielleicht musste es so sein, dass nur wenige Wochen später das sogenannte »große Feuer«, das nicht nur aufgrund seines eigenen großen Dramas bald in die Geschichte eingegangen war, gleich drei seiner wichtigsten Lagerhallen vernichtet hatte. All die abbrennenden Gewürze hatten eine wohlriechende Wolke über der Stadt schweben lassen, an der sich auch die Menschen draußen in den ärmeren Vierteln hatten erfreuen können. Aber was brachten ihm der gute Geruch und die Freude der armen Leute denn schon ein, was konnte er sich davon noch kaufen? All die Stoffe und die ganzen Gewürze waren schließlich weg. Der Mann von der Bank hatte ihm natürlich zuvor einige Schreiben ausgestellt, sogenannte Versicherungen, wie er nicht müde wurde, diese Schreiben zu nennen, und deren unbedingte Notwendigkeit er ebenso nicht müde wurde zu betonen, weil diese Schriftstücke gewährleisten sollten, dass, sollten seine Schiffe einmal im Meer versinken oder all seine Waren in und mit ihren Lagerhäusern abbrennen, die Bank für diese Schäden freilich aufkommen würde, wenn er denn zwölf Mal im Jahr der Bank eine gewisse

Summe bezahlen würde. Ja, solche Versicherungen waren und sind eine gute Sache, das wird an dieser Stelle sicherlich niemand abstreiten und ja, alles hätte gut werden können. Wenn denn die Schicksalsgötter da oben sich nicht den Scherz erlaubt hätten, dem ersten, dem »großen Feuer«, noch ein zweites, das so genannte »kleine Feuer« hinterherzuschicken. Dieses Feuer eben, dem das Bankgebäude mitsamt aller darin gehorteter Schriftstücke und aller in der Bank arbeitenden Menschen zum Opfer gefallen war. Und hätte das Schicksal, dieses gemeine Arschloch, es zumindest ein wenig gut mit ihm gemeint, dann hätte er an jenem Abend in jener düsteren Spelunke, in der er alles zu retten versucht hatte, ein besseres Blatt in der Hand gehabt und nicht auch noch den letzten seiner verbliebenen Taler beim Kaiserstechen, diesem eigentlich illegalen, aber dennoch oft sehr gewinnträchtigen Kartenspiel verloren. So war das eben gewesen mit dem Schicksal und den Göttinnen und Göttern, die hatten keinen Spaß und keine Gnade gekannt. Nun hatte er wirklich alles verloren, auch den guten alten, seit Generationen der Familie gehörenden Stadtturm, den er, als die letzten Taler über den Tisch gewandert waren, schweren Herzens als Einsatz genannt hatte. Doch dann, da schien ihm das Schicksal, der Himmel, irgendein dunkler Höllenfürst oder sonst jemand, doch noch eine Chance zu geben, da trat plötzlich dieser Zwerg in den Raum und somit auch in sein Leben.

»Wie viel?«, fragte der Zwerg.

Und er, der glücklose Geschäftsmann verstand zunächst nicht.

»Wie viel zahlt der Kaiser zurzeit für den Tod des Ungeheuers?«

Und er, der glücklose Geschäftsmann und Vater vieler Kinder, der gerade erst seinem einzigen Sohn die sündhaft teure Ausbildung beim Besten finanziert hatte, hatte natürlich auch schon über diese Option nachgedacht und die entsprechenden Erkundigungen eingeholt. »Zehntausend Taler«, wusste er daher und »Zehntausend Taler« sagte er deswegen auch.

»Nun gut«, antwortete der Zwerg, »gib mir davon dreitausend und nimm dir die restlichen siebentausend selbst, und ich werde dir helfen, dem Ungeheuer den Garaus zu machen.«

»Nun gut«, sagte nun er für seinen Teil und willigte ein, indem er dem Zwerg die Hand reichte, die dieser ihm nur wenige Tage später abhacken würde.

Das Ungeheuer von den blauen Bergen (so allgemein)

Vor zweitausend Jahren oder mehr tobte unten in den Tälern ein furchtbarer Krieg, in dem die Menschen sich gegenseitig die Köpfe abhackten und Arme und Beine wegschlugen mit ihren Schwertern und Äxten und auf diese Weise das ganze große Tal mit ihrem Blut färbten. Oben auf den damals noch namenlosen Bergen hingegen, mit ihren zu jener Zeit noch grünen Almwiesen, den kalkweißen Felsen und dem nicht minder weißen Schnee, der da im Winter gerne meterhoch lag, herrschte nichts außer Ruhe. Ruhe, Friede, Idylle. Bis irgendwann ein Vogel angeflogen kam. Ein großer Vogel, der drei Köpfe hatte und sieben Beine und vier Flügel, die er zeitgleich schlug. Der Vogel kreiste kreischend über die kämpfenden Menschen unten im Tal und diese, die kämpfenden Menschen unten im Tal, feuerten, kaum dass sie ihn erblickt hatten, einen Pfeil nach dem anderen in seine Richtung ab. Nicht jeder dieser Pfeile traf auch tatsächlich sein Ziel, aber genügend, um den Vogel tödlich zu verletzen. Er starb nicht sofort, sondern konnte sich mit Müh und Not auf dem höchsten Gipfel der damals noch namenlosen Berge retten. Dort legte er, kurz bevor er starb, ein Ei. Es auszubrüten schaffte er nicht mehr, dafür reichte die Kraft des dahinsterbenden Vogels nicht mehr aus, daher lag das Ei erst einmal eine Weile lang einfach nur in den Bergen herum, während der Krieg unten im Tal munter weitertobte.

Irgendwann, so sagt es nun die Legende, kam die weiße Hexe auf ihrem Besen angeflogen. Sie wollte sich ihr eigenes Bild von diesem Krieg machen und sich überlegen, wie sie gegebenenfalls eingreifen könnte. Auf ihrem Weg erblickte sie aber das Ei, sprach einen Spruch und ließ das darin wachsende Wesen schneller und schneller heranreifen. Das Ei wuchs und wuchs, so wie das Wesen, das sich darin verbarg ebenso wuchs und wuchs, bis die Schale des Eis schließlich zu bersten begann. Erst kam ein Schnabel zum Vorschein, dann eine Kralle, dann erblickte der erste Kopf das Licht der Welt. Nach und nach bahnten sich weitere Schnäbel, Krallen und Köpfe ihren Weg heraus aus der eiigen Hülle. Nach vielen, vielen Stunden schließlich war das Ungeheuer von den damals noch namenlosen, bald aber blauen Bergen geboren. »Du sollst, wenn die Zeit reif ist, die Menschen heimsuchen und sie all ihre Vergehen bezahlen lassen«, sagte damals angeblich die Hexe. »Und du sollst unsterblich sein und an alle, die dir begegnen, diese Unsterblichkeit weitergeben können«, sagte sie auch, die Hexe, sagt die Legende. Aus den Köpfen des Ungeheuers ließe sich ein Pulver herstellen, das dem Unsterblichkeit beschert, der es zu sich nimmt, sagt die Legende auch. Diesen Teil der Legende ließ die weiße Hexe aber nur die Herrschenden wissen. Warum sie dieses Gerücht unter dem kaiserlichen Geschlecht verbreitete und ob es stimmte, das wusste nur sie, die weiße Hexe allein. Dumm an der ganzen Sache ist nur, dass sie heute tot ist und niemand zu wissen scheint, was ihre beiden Töchter zu all dem zu sagen haben.

Die junge Kaiserin (Jetzt)

»Wachen«, brüllt sie ihr Gegenüber an. »Postiert Wachen rund um mein Schloss. Doppelte Wachen vor die Tore, doppelt besetzte Wachposten. Nehmt die Flughunde und lasst Wachen über das Schloss kreisen. Wenn wir genügend Flughunde dafür zur Verfügung haben, lasst sie Runden über die ganze Stadt ziehen. Und Soldaten. Wir brauchen Soldaten. Postiert Soldaten rund um die Stadtmauer. Stellt Soldaten an den Hafen. Und jedes Schiff, jedes einzelne, verdammte Schiff, das sich dem Hafen nähert, wird versenkt. Warnt die Schiffe vorher, indem ihr Boote aussendet, sagt ihnen, sie sollen umkehren und sagt ihnen auch, dass es ihr Tod sei, wenn sie näher kämen. Richtet Kanonen auf das Hafenbecken und setzt Bogenschützen auf die Flughunde, falls noch welche verfügbar sind, wie viele Flughunde haben wir denn eigentlich?«
Längst sitzt sie nicht mehr auf ihrem riesigen Thron in ihrem riesigen Audienzsaal. Längst schart sie nie nicht mehr Unmengen von Bediensteten und Beratern um sich. Nur ein einziger Berater, ein kleiner weißbärtiger, alter Mann, der auch ihrem Vater und dessen Vater schon zu Diensten war, sitzt ihr nun in ihrem streng bewachten Schlafgemach gegenüber, trinkt Tee und hört geduldig zu, während sie tobt und brüllt und mit Gegenständen um sich wirft und draußen vor dem Fenster Wachen auf Hunden vorbeifliegen.
»Dreihundertachtundsiebzig, Eure Majestät«, sagt er und verbeugt sich.

»Dreihundertachtundsiebzig was?«, brüllt sie und wirft mit Silberbesteck nach ihm.
»Unsere Luftwaffe verfügt gegenwärtig über dreihundertachtundsiebzig Flughunde, Eure Majestät«, antwortet er pflichtbewusst während er, der er trotz seines hohen Alters noch schnell und gelenkig ist, dem ihm entgegenfliegenden Silberbesteck ausweicht. All dies spielt sich in diesem streng bewachten Raum, in einem streng bewachten Schloss ab, das in einer Stadt steht, die tausende feindlicher Soldaten nicht einnehmen könnten, so gut wie diese gegenwärtig gesichert ist. An einem anderen Ende des Raumes sitzt der Beste an einem Tisch in einer Ecke und schleift sein Schwert. »Euch wird nichts passieren, Majestät, dieses Schloss und diese Stadt sind uneinnehmbar«, versichert er ihr, während ein unscheinbarer, kleiner Mann mit einem langen, schwarzen Bart völlig unbemerkt von irgendwelchen Soldaten oder Wachen mit oder ohne Flughunden, unten am Hafen aus dem Wasser steigt und auch das Böse selbst sich langsam aber sicher nähert.

Der ostländische Reisende (Jetzt)

Eigentlich möchte er jetzt einfach nur schlafen. Und von dem Turnier träumen, das er bald gewinnen würde und dem Preisgeld, das seiner Familie wieder ein besseres Leben ermöglichen könnte. Freilich würde es nicht das Leben sein, das sie geführt hatten, als sie noch der höheren Gesellschaft der Ostlande angehört und über mit Gold gefüllte Keller verfügt hatten. Aber es würde sicherlich ein besseres Dasein sein, als jenes, das die Familie gegenwärtig in ihrer erbärmlichen Hüttenbehausung am Stadtrand fristen musste. Und deswegen möchte er sich am nächsten Tag frühmorgens diese Berge vornehmen, die da in unmittelbarer Nähe vor ihm thronen und sicherlich noch genug unangenehme Überraschungen bieten würden. Doch es muss es nicht schon jetzt losgehen mit jenen Überraschungen, denkt er. Wer auch immer sich da draußen vor seinem Zelt befindet, sieht das offensichtlich anders.
»Rauskommen«, blafft plötzlich eine Stimme, eine ihm sehr vertraut erscheinende Stimme. »Waffen drinlassen«, blafft die Stimme auch. Er würde diese Nacht gerne überleben, deshalb lässt er die Waffen da, wo sie sind. Zur Not würde er etwaige Gegner vergiften können, irgendein giftiges Gräslein würde

sich schon finden lassen. »Komm raus«, sagt nun eine andere Stimme, eine Frau, eine recht alte Frau, eine sehr, sehr alte Frau, wenn er es richtig hört, »komm raus aber bedenke, wir sind immun gegen jedwede Art von Gift.« Sie wissen, wer ich bin und zu was ich zu tun im Stande bin, denkt er sich. »Wir wissen, wer du bist und was du zu tun im Stande bist«, sagt die Frau, und er kriecht nach draußen, wo er sie sieht. Er sieht sie alle. Sind es fünfzig, sind es hundert, sind es gar zweihundert Menschen? Sind es denn überhaupt Menschen? Oder waren sie einmal welche und das, was er hier sieht, ist eben das, was noch von ihnen übriggeblieben ist? Manche haben nur einen Arm, andere klaffende Löcher dort, wo eigentlich das Herz sein sollte, und wieder andere dort, wo früher wahrscheinlich einmal der Kopf war, vielleicht Blumen oder Äpfel sitzen, den Kopf dafür aber unter die Arme geklemmt. Und da sitzen sie alle in einem großen Kreis um sein Zelt herum. Manche wetzen Messer, anderen puhlen mit Grashalmen in ihren Zähnen, wenn sie denn noch welche haben. Eine Gruppe von vier Kreaturen wirft sich gegenseitig etwas zu, das aus der Entfernung aussieht wie ein Bein, eine Dreiergruppe jongliert mit abgetrennten Köpfen. Er kann sie soweit alle gut erkennen, denn obwohl es eigentlich tiefste Nacht sein sollte, ist es hier nun taghell. Und dann sieht er auch die beiden, die wohl zu ihm gesprochen haben. Eine greise, sehr alte Frau, viel älter als er es sich gedacht hätte, weißes Haar, westliche Gesichtszüge, viele, viele Falten. Und dann ist da dieser Mann, der ihm bekannt vorkommt. Er ist eindeutig ostländischer Herkunft, ein langer immer noch tiefschwarzer Zopf hängt ihm vom Kopf herab auf den Rücken, obwohl auch der Mann schon ein strammes Alter haben muss, den Bart, den er, der Reisende, so gut kennt, hat dieser Mann ebenso zu einem Zopf geflochten. Am Auffälligsten aber ist: Ihm fehlt eine Hand. Seltsam, denkt sich der Reisende, wie kann das sein, fragt er sich. Denn erstens hatte sein Vater, soweit er sich erinnern konnte, immer zwei Hände, und zweitens sollte er doch eigentlich seit vielen Jahren tot sein.
»Vater?«, fragte der Reisende.
»Ja, das ist er«, sagt die Frau.
»Bist du tot?«, fragt er weiter.
»Nein, das ich bin ich nicht, oder, besser gesagt, bin ich das nicht mehr.«

Der Vater des Reisenden (etwas früher)

Ob er diesem Zwerg trauen konnte? Wahrscheinlich nicht. Hatte er eine andere Wahl, seinem ganz persönlichen Schlamassel zu entkommen? Wohl kaum. Deswegen verabredete er sich mit dem Zwerg zu einem gewissen Zeitpunkt einem bestimmten Ort auf der Passstraße, den der Zwerg ihm genau beschrieben und auch exakt berechnet hatte, wie lange er unterwegs sein würde, wann er losreiten, wo und wann er wie lange Rast halten sollte. Der Zwerg nahm es genau mit Pünktlichkeit, nichts konnte er weniger ausstehen als unpünktliche Menschen. »Ich nehme es genau mit Pünktlichkeit«, hatte er dem Vater des Reisenden nämlich gesagt und dabei drohend die Hand gehoben, »nichts kann ich weniger ausstehen als unpünktliche Menschen.« Daher regelte er, der ins Unglück gestürzte Geschäftsmann, was es für ihn noch zu regeln gab, packte Proviant für sich und Futter für das Pferd zusammen und verabschiedete sich zuvor von seiner Familie, der Frau und all den vielen Kindern. Er machte sich auf den Weg in die blauen Berge, auf die Jagd nach einem Ungeheuer. Er begab sich auf diese Reise ins Ungewisse, das so ungewiss nicht war, da er instinktiv genau wusste, dass er nicht zurückkommen würde, dass er sich im Grunde in einen aufwendig inszenierten Selbstmord stürzte. Trotz dieser bösen Ahnung, nicht lebend aus jener Verabredung mit dem Zwerg herauszukommen, machte er sich auf den Weg in die blauen Berge, weil er keine andere Wahl zu haben glaubte.

Das Ohr des Königs, das auch sein Auge ist (früher)

Er hätte es wissen müssen. Zumindest hätte er ahnen können, dass auf dieses so junge, naive Landkind kein Verlass sei, auch wenn der Wille da war, alles richtig zu machen, für die gute Sache zu kämpfen und mit den richtigen Leuten gemeinsam am Strang zu ziehen. Da konnte sie das Töten, das Vergiften anderer Menschen noch so gut beherrschen, Pflanzen kennen, Gifttiere riechen und schöne Süppchen daraus brauen, aber sonst beherrschte sie wohl nichts. Wie konnte dieses dumme Landding nur so blöd sein, direkt vor den Augen der Mutter die Arbeit auszuführen, für welche er sie unter dem Aspekt höchster Geheimhaltung beauftragt hatte? »Was auch immer du tust, lass dich auf keinen Fall von deiner Mutter dabei erwischen«, hatte er ihr im Vorfeld nicht nur einmal eingebleut. »Egal, was passiert, deine Mutter darf nichts von dem erfahren, was du vorhast, was wir vorhaben, was ich plane«, hatte er ihr vorgepredigt. Und sie, was tat sie? Sie war doch tatsächlich so blöd und ließ sich nicht nur von der Mutter erwischen, sondern hatte deren plumpes, mehr als auffälliges Auftauchen noch nicht einmal bemerkt. Er selbst hatte sie natürlich ebenso die ganze Zeit beobachtet, war ständig an der Seite des Mädchens gewesen und hatte jeden ihrer Schritte überwacht. Schließlich hatte er, misstrauisch wie er nun einmal war, keine Sekunde lang an ihre Verlässlichkeit geglaubt. Schließlich war doch genau das seine Berufung, zu beobachten, zu beschatten, zu verfolgen und zu überwachen und eben NICHT dabei entdeckt zu werden. Aber die Mutter, diese trampelige Landpomeranze, die hatte ER ja schon Meilen vorher gesehen und gehört. Trotzdem hatte sie es geschafft, das Mädchen zu erschrecken und auf frischer Tat zu ertappen. Unfassbar. Immerhin hatte das Mädchen soweit vernünftig gehandelt und die Mutter, ohne zu zögern, sofort aus dem Weg geräumt. Aber wie sie bloß die Leiche einfach so liegen lassen und vor allem die für ihre Mission, ihren gesamten Coup so wichtigen Zutaten in diesem lächerlichen Körbchen einfach dort stehen lassen konnte, das war ihm unbegreiflich. Das Mädchen war damit raus aus der Sache, eine weitere Zusammenarbeit schien ihm undenkbar, viel zu riskant. Würde sie Probleme machen, würde sie ihm auf die Pelle rücken und auf ihren Anteil bestehen, dann hatte er die Möglichkeiten und die Mittel sie so schnell aus dem Weg zu schaffen, wie sie sonst die Menschen aus dem Weg räumte. Er brauchte sie jedenfalls nicht mehr, immerhin hatte er ja ihr Körbchen mit den wichtigen Zutaten. Ja, dieses kleine Mittelchen, das er für die geplante Aktion benötigte, das würde er sich auch selbst irgendwie zusammenbrauen können, so schwer konnte das ja wohl nicht sein. Mithilfe des mittlerweile reichlich herangeschafften Sprengstoffs und des glatzköpfigen Grobians, den er für die groben Arbeiten und ein bisschen auch für das Denken, falls denn er etwas selbst nicht bedacht oder übersehen hatte, mitnehmen würde, würde er die Sache auch ohne sie einwandfrei durchziehen können. Dann musste er die Beute auch nur durch zwei teilen.

Oder er würde den Grobian nach getaner Arbeit ebenso beseitigen lassen, was wahrscheinlich die bessere Option war. Aber darüber würde er sich zum gegebenen Zeitpunkt noch Gedanken machen können, zuvor musste er erst einmal die Leiche der Mutter verbrennen. Diese Höhle hier war perfekt für eine kleine, gediegene Mutterverbrennung. Ihren toten Körper an den gewünschten Ort zu schleppen, war allerdings schwieriger als gedacht, so leicht, wie es aussah, war das Bauernweib dann doch nicht. Aber nun war sie ja hier in seiner Höhle, wo er sie zerlegen könnte und Stück für Stück dem Feuer überantworten. Niemand würde etwas merken, der Rauch würde über Lüftungsschächte nach draußen dringen, aber hier im tiefsten Wald würde das niemand sehen und wer es doch sah, war ein geflohener Mörder oder zur Steinigung verurteilter Ehebrecher, der sich im Wald vor dem ihm drohenden Urteil versteckte. Oder er war ein einsamer Werwolf oder ein entflohener Zirkuszwerg, jedenfalls hatte die betroffene Person, das betroffene Wesen definitiv andere Sorgen als sein kleines Höhlenfeuerchen irgendjemanden weiterzuflüstern, der sich daran stören konnte. So jedenfalls dachte er sich das, als die tote Frau, deren Schicksal es wohl doch nicht vorgesehen hatte, verbrannt zu werden, sich so plötzlich wie unerwartet erhob und ihm mit nur einem einzigen kleinen Handgriff das Herz aus der Brust riss.

Die tote Frau (früher)

Ihr war nicht nur diese eine Gabe gegeben, Dinge zu sehen, die sich zur selben Zeit anderswo ereigneten oder sich zu irgendeiner späteren Zeit, an welchem Ort auch immer, noch ereignen würden. Ihre herausragendste Fähigkeit war es, NICHT zu sterben, beziehungsweise, wenn sie dann doch gestorben war, wieder aus dem Todeszustand erwachen zu können. Zudem konnte sie auch andere Gestorbene aus ihrem eigenen Tod zurückholen. Und diese spezielle Fähigkeit würde sie sich jetzt zu Nutze machen, wo sie nun also tatsächlich gestorben war, weil ihre eigene, unnütze wie wohl auch hoch unterschätze Tochter sie so plötzlich wie unerwartet - das hatte sie nämlich nicht zuvor gesehen - vergiftet hatte. Sie wusste nämlich nur zu gut, wo es sehr, sehr viele Tote gab, die sie um sich scharen könnte, und aus denen sie sich dann ihre eigene Armee schaffen konnte, mit der sie dann irgendwann zurückkehren würde, um die Aufgabe zu erledigen, die die weißen Schwestern von Anfang an für sie vorgesehen hatten. Aber lassen wir das an dieser Stelle und besprechen wir es später, schließlich benötigte sie nun erst einmal all ihre Kräfte, die sie als gerade von den Totenzurückgekehrte aufzuwenden im Stande war. Schließlich war es ein äußerst weiter Weg dorthin, wo der Zwerg seine Leichen hortete.

Der junge König (früher)

»Mhh«, murmelte der König, »ein Verräter also. Tötet ihn!«
»Äh«, antwortete der oberste Spion des Königs verlegen, »das geht nicht mehr, denn wir, öh, wir glauben, dass er schon tot ist.«
»Er ist schon tot?«, fragte der König »Glaubt ihr?«
»Ja«, antwortet nun einer der Soldaten, irgend so ein rangniedriger Tunichtgut, den der König noch nie zuvor gesehen hatte und von dem er auch nicht wusste, wer er war und was er hier nun schon wieder wollte. »Wir beschatten ihn, also eigentlich beschatte ich ihn ... seit Wochen«, der junge Soldat räusperte sich. Bei näherer Betrachtung war er nämlich gar kein Soldat, sondern ein Spion, das sah eigentlich jeder Laie auf den ersten Blick an der Farbe der Uniform, wie hatte ihm das bloß entgehen können? Die Aufregung rund um das Turnier und die ewige Sorge, der Schatzmeister würde nicht schnell genug die Steuern erhöhen, machten ihn langsam verrückt und unfähig, sich auf solche Details wie irgendwelche Uniformfarben irgendwelcher zu nichts zu gebrauchender Untertanen zu konzentrieren.
»Ich sollte mich vorstellen«, unterbrach der junge Spion nun die Gedankengänge seines Königs. »Mein Name ist ...«
»Jajaja«, brüllte der König und warf eine Obstschale, die da gerade neben ihm gestanden hatte, nach dem Soldaten, der eigentlich gar kein Soldat, sondern ein Spion war. »Mir doch egal, wie der heißt, was verdammt noch einmal tut er hier?«, brüllte er seinen obersten Spion an.
»Einer unserer besten jungen Spione«, antwortete dieser, »einer, den das Auge des Königs, das auch sein Ohr ist, persönlich ausgebildet und dann versucht hat, ihn zu töten, als er zu gut in seiner Betätigung wurde. Ihr wisst schon, mit Gift, das

bekommt man hier ja bekanntlich überall, aber Eure Eminenz der Schatzmeister hat persönlichen Zugang zur besten Giftmischerin des Landes und ein Gegengift ...«
»Jajaja, blablabla, bringt mir diese Giftmischerin, ab jetzt dient sie mir. Verdammt, warum dient sie mir nicht schon längst, muss ich mich denn um alles selbst kümmern in diesem Puff hier?«, schreit er und tobt er. »Und nun sagt mir verdammt einmal, was hier los ist.«
»Das Auge des Königs, das auch sein Ohr ist, hatte geplant, Euch auszurauben und dazu die eben erwähnte Giftmischerin und irgendeinen dahergelaufenen Banditen ...«
»Jajaja«, unterbrach der König, »bringt mir verdammt noch einmal den Kopf dieser Giftmischerin, warum wurde mir der nicht schon längst gebracht, verdammt, und pfählt den Banditen und nun sagt mir endlich, warum mein Auge, das auch mein Ohr ist, tot sein soll.«
»Na ja«, sagte der junge Spion, »ich habe zwar seine Spur verloren, Eure Hoheit, es ist mir peinlich, wo seine Leiche zu finden ist, vermag ich nicht zu sagen, das müsst Ihr mir nachsehen.« Der König will schon wieder brüllen und dem Spion persönlich den Kopf mit dem Messer abschaben, da fährt dieser ungerührt fort: »Aber dort, wo ich ihn zuletzt sah, lag das.« Und damit griff der junge Spion in einen großen, rotbefleckten Leinensack, den er bei sich trug, und knallte dem verblüfften König ein blutiges Herz vor die Füße.

Der junge Spion (früher)

Er war ein ganz normaler Bauernjunge. Also, fast ein ganz normaler Bauernjunge. Er war nämlich sehr schwächlich. Einer dieser Bauernjungen mit schmalen Ärmchen und zwei linken Händen war das, einer, der zu nichts gebrauchen war, mit dem keine Felder zu bestellen und keine Ernten einzufahren waren. Einer, dem sogar die Kraft fehlte, der Ziege die Milch aus den Zitzen zu pressen, und wenn er einmal im Hühnerstall sieben Eier hätte holen sollen, ja, dann gingen fünf davon zu Bruch. Er war also einer dieser Bauernjungen, die zu Bauernarbeiten nicht taugten und mit denen auch sonst nicht viel anzufangen war, denn zu jener Zeit war es auch nicht üblich, dass Bauernjungen, normal oder eben nicht, Schulen besuchten. Schulen waren eine Sache für die bürgerlichen Kinder aus den Städten, die verwöhnten Bratzen aus den Adelshäusern bekamen wiederum Privatunterricht von ihren Privatlehrern. Er jedenfalls war ein Junge mit überaus viel Zeit, daher nahm seine Mutter ihn von Zeit zu Zeit mit auf den Markt, und das durchaus auch gerne. Er war zwar auch dort zu nichts zu gebrauchen, zumindest nicht um am Stand der Mutter irgendwelche Waren von ihrem Hof an irgendwelche Städter zu verkaufen, weil er ständig Salatköpfe auf den Boden fallen ließ und beim Niesen schon einmal all seinen schleimigen Rotz in die Weintrauben spuckte und er obendrein auch ein Junge war, der zu viel redete und mit seinem leeren Geschwätz und den sinnlosen Geschichten, die er gerne verbreitete, so manche Kunden vergraulte. Allerdings war er auch ein Junge, der gut zuhören konnte und zudem, wenn er denn nix angreifen oder tragen musste, was ihm hätte hinunter fallen können, oder wenn er unter Androhung von Prügel Sprechverbot auferlegt bekommen hatte, sehr unauffällig war. Daher ließ die Mutter ihn gerne über die Märkte streifen und die anderen Markttreibenden belauschen und ausspionieren, um für sie wichtige Informationen in Erfahrung zu bringen. Wer wie viel für welche Rüben verlangte. Welcher Bauer wann besonders gute Ernte einfuhr, und wer mit kranken Pflanzen und wurmigen Früchten zu kämpfen hatte. Welche Bäuerin von welchem Knecht schwanger war und welche Magd den Bastard welches Bauern in sich trug. Wertvolle Informationen, die die Mutter gut zu ihren Gunsten einzusetzen wusste. Denn Bauern zahlten gerne viel Geld dafür, dass die Ehegattin nichts vom Heu-und-Stroh-Stelldichein mit der Nachbarstochter am letzten Dienstag erfuhr. Und wenn die Bäuerin ein Kind in sich trug, das dem fruchtbaren Samen des jungen Dorfpfarrers und nicht dem schnapsgeschwächten trüben Saft des alternden Bauern entstammte und sie dies zwar gerne am Marktstand ihrer besten Freundin erzählte, dann musste sie aber dennoch nicht unbedingt haben, dass der so kleine wie unscheinbare Bauernjunge, der sie belauscht hatte, das der ganzen Welt erzählte. Und deswegen ließ sie sich es den einen oder andern Gulden kosten, und auch der Herr Dorfpfarrer griff gerne in den Klingelbeutel, um sich das Schweigen des lauschenden Jungen und seiner redefreudigen Mutter zu erkaufen. Und wenn es nun so ist, dass da ein unscheinbarer Junge über Märkte streift und allerlei Geheimnisse in Erfahrung bringt, um daraus Kapital zu schlagen, ja dann entging das auch den Spionen des Königs nicht. Daher war es auch nicht wirklich verwunderlich, dass unmittelbar nach dem so tragischen wie unerwarteten Tod der Eltern - beide gingen abends gesund schlafen und wachten morgens tot einfach nicht mehr auf -, ein Abgesandter der Spionageabteilung an die Tür des frischgebackenen Waisenjungen klopfte und ihn, noch ehe der Dorfpfarrer auf das frische Grab der Eltern urinieren konnte, mit sich nahm, um ihn zu dem zu machen, was er später eben war. Ein Spion des Königs nämlich. Sein neues Auge und sein neues Ohr, da das alte Ohr, das auch sein Auge war, bekanntlich kein Herz mehr hatte.

Der Vater des Reisenden (Etwas früher)

Und dann ritt er eben diese Passstraße hinauf. Diese Passstraße, die schon so viele hinauf- aber schon seit langer Zeit niemand mehr hinuntergeritten war. Diese Passstraße, die auch sein Sohn viele Jahre später passieren würde und dies im Gegensatz zu ihm selbst auch bis zu deren Ende im Tal schaffen würde, auch wenn der Vater dies jetzt, als er hier ritt, natürlich noch nicht wissen konnte. Vor allem aber konnte er nicht erahnen, dass sie sich viele Jahre später, wenn auch fern von zuhause, tatsächlich wiedersehen würden. Denn er rechnete, auch wenn er sich natürlich anderes erhoffte, fest damit, das Ungeheuer keinesfalls bezwingen zu können, ja es nicht einmal zu Gesicht bekommen zu können. Ihm war klar, dass der Zwerg ihm hier eine Falle stellte, wusste nur nicht so ganz, warum und was dieser sich davon versprach. Vor allem konnte er sich, je näher er sich seinem Ziel, dem vereinbarten Treffpunkt dort oben in den blauen Bergen näherte, immer weniger erklären, warum er so willig in diese Falle hineingeritten war. Während er also so ritt und ritt und die Stadt hinter ihm immer kleiner und kleiner wurde und der Berg vor ihm immer größer und größer, überkam ihm die endgültige Gewissheit, dass er in Kürze sein Leben würde aushauchen. Die üblichen Bilder, die so vor Augen abliefen, wenn man sich dem Tod gegenüber sah, liefen da nicht vorbei, dieses klassische Das-Leben-zieht-noch-einmal-an-mir-vorbei spielte sich nicht ab. Das wäre auch langweilig gewesen. Er hätte eben das Leben eines schlussendlich doch noch vom Pech in die Knie gezwungenen Glückspilzes gesehen, die Geschichte eines Mannes, dem das Schicksal auf der Zielgeraden noch einmal schnell auf den Schädel geschissen hatte. Langweilig eben, uninteressant halt, wer wollte so etwas vor dem Sterben denn noch einmal sehen? Es wäre aber auch gar keine Zeit gewesen für irgendwelche Bilder und ellenlanges Leben-Revue-passieren-lassen, denn bevor auch nur ein solches Bild vor seinen Augen hätte erscheinen können, stand er auch schon vor ihm, der Zwerg. Völlig unerwartet wie auch unbemerkt stand er eben da. »Schön, dass du gekommen bist«, sagte er, »steig vom Pferd ab und lass uns den Plan besprechen«, fuhr er fort und reichte dem Vater die Hand. Dieser stieg vom Pferd, ohne Furcht und ohne Angst vor dem, was nun kommen würde. »Lass uns ein Stück gehen«, sagte der Zwerg und sie gingen ein Stück. Wichen von der Passstraße ab und wanderten einen schmalen Weg hinab. Der Vater schwieg, der Zwerg sprach. »Du wirst dich fragen, ob wir nun zum Ungeheuer gehen und wie du es bezwingen wirst und wie ich dir helfen kann und helfen werde und nun ja, es gibt dieses Ungeheuer tatsächlich, es lebt dort in diesen Bergen, aber nein, wir werden da jetzt nicht hingehen, denn ich werde dir natürlich keineswegs helfen, es zu töten. Meine Aufgabe ist es schließlich, das Ungeheuer zu beschützen, ihm etwaige Mörder und Jäger vom Halse zu halten. Es will sich nicht selbst mit solchen Nebensächlichkeiten aufhalten. Nun gut, wirst du denken, das hat alles seine Berechtigung, kein Ungeheuer dieser Welt möchte unbedingt getötet werden, aber warum lockt mich dieser hinterlistige Zwerg dann mit irgendwelchen Versprechungen hierher, wirst du dich fragen. Nun das will ich dir verraten.« Er hörte auf zu sprechen, blieb stehen und deutete mit dem Zeigefinger der rechten Hand auf einen Höhleneingang. »Du musst wissen, mein Freund«, er grinste ihn böse an, »ich bin ein Sammler, dort drinnen in den Tiefen dieser Höhle befindet sich meine Sammlung und du persönlich, mein ostländischer Freund, bist das nächste Stück.« So sagte er es und hackte dem Vater des Reisenden mit einer schnellen Bewegung die Hand ab.

Die tote Frau (früher)

Monatelang waren sie unterwegs. Es war ein sehr weiter Weg. Die ersten Tage schlugen sie sich noch zu Fuß durch, dann stahlen sie zusammen Pferde, später überfielen sie einen

Kutscher, den sie erst tötete und ihn dann, neu zu Leben erweckte und ihn in ihre Dienste stellte. Mit den Pferden verfuhr sie auf dieselbe Weise, denn ein totes Pferd frisst bekanntlich nichts, hat keinen Durst und muss auch nie Pause machen. Sie nahm nicht den gefährlichen Weg über das rote Tal, sondern den weitaus längeren über das Tal der ersten Menschen … und schließlich eben die gesamten Ostlande. Die Ostlande von einem Ende zum anderen zu durchqueren, ist ein zeitaufwändiges, anstrengendes Unterfangen, das heutzutage nur noch die wenigsten auf sich nehmen, vor allem seit die Schifffahrt erfunden und dank all der neu gegrabenen Kanäle, die den Süden der Welt zwar von den nördlicheren Gefilden trennten, der Weg von Ost nach West um ein Vielfaches verkürzt und schneller gemacht worden war. Von den vereinzelten Menschen, die nun sogar schon Zugriff auf die so seltenen wie kostspieligen Flughunde hatten, ganz zu schweigen. Schifffahrten durch Kanäle und Flüge auf Hunden waren allerdings keine Optionen für die tote Frau und ihre Begleiter. Wer wollte schon Tote auf ein Schiff lassen oder ihnen einen fliegenden Hund vermieten? Aber einer der nicht verachtenswerten Vorteile, wenn man eigentlich tot war, war dass man sich um Lächerlichkeiten wie Schlaf nicht kümmern musste, ein anderer, dass, so wie es eben auch bei den Pferden der Fall war, Nahrungsaufnahme, Flüssigkeitszufuhr und Toilettengang kein Thema mehr darstellten. Daher konnten sie nahezu pausenlos reiten, sie und ihre beiden Begleiter. Der herzlose Spion des Königs und der leblose Kutscher. Ihre beiden treuen Gefährten, die sie auf dem weiten Weg von den Tälern der westlichen Königreiche hinauf die blauen Berge am westlichen Rande der Ostlande führten. Zu ihren Lebzeiten hatte sie zwar nicht die Gabe ihrer Tochter gehabt, schadlos mit Gift zu hantieren, dafür aber, neben Unsterblichkeit und Hellseherei, durchaus auch über die Fähigkeit verfügt, sich und alle, von denen sie dies ebenso wollte, unsichtbar zu machen. Daher war es für sie und ihre toten Begleiter ein Leichtes, unbemerkt den gefürchteten Pass zu überqueren und zu jener gut versteckten Waldhöhle zu gelangen, in der der Zwerg seine Sammlung untergebracht hatte, seine Sammlung von durch seine Hand gestorbener Menschen. Das Ungeheuer selbst scherte sich einen Dreck um das, was in den Bergen vor sich ging, das wollte einfach nur seine Ruhe haben, aber vom Zwerg ging große Gefahr aus. Deshalb wählte die tote Frau, die obendrein bekanntlich auch eine

Seherin war, einen Zeitpunkt für ihren Besuch in den blauen Bergen aus, an dem der Zwerg sich in den Ostlanden herumtrieb. Unsichtbar machte sie sich trotzdem, sicher war sicher, als sie schließlich den Berg erklommen und eine Höhle voller Leichen, eine Höhle voller vom Zwerg erst angelockter und dann dahingeschlachteter glückloser Jäger aufsuchte. Sie alle erweckte sie zum Leben und marschierte dann mit einer neuen Armee von Wiedergängern den Berg hinab durch das rote Tal, das sie auf dem Hinweg noch gemieden hatte, nun aber ohne Schwierigkeiten, Zwischenfälle und unliebsame Begegnungen durchqueren konnte. Am von Menschen verlassenen Ausgang des Tals, am Fuße des hohen Gebirges, ließ sie sich mit dieser Armee nieder und wartete auf den Tag des Angriffs. Der würde zwar noch sehr, sehr lange auf sich warten lassen.
Aber ein weiterer Vorteil des Totseins ist, dass Zeit überhaupt keine Rolle mehr spielt.

Der Zwerg von den blauen Bergen (Jetzt)

Er hasst die Menschen. Und wie er sie hasst. Große Menschen, kleine Menschen, dicke Menschen, dünne Menschen, Frau, Mann, Kind, er hasst sie alle. Hässliche und wunderschöne, blitzgescheite und strohdumme. Die aus den Ostlanden, die aus dem Westen, diese schlimmen Exemplare unten im Süden, die paar wenigen, die irgendwo oben im Norden hausen, versteckt in den Wäldern und verteilt auf die Berggipfel, er hasst sie alle. Die im Osten, diese herz- wie rücksichtslosen, bösartigen wie ignoranten Exemplare der menschlichen Spezies, die hasst er am meisten. Die hasst er tatsächlich mehr als alle anderen. Weil diese Arschlochmenschen, wie er sie in Gedanken zu nennen pflegt, ihn vor vielen Jahren in Käfige gesteckt und über die Erdenplatte gekarrt hatten, um ihn vorzuführen, als Sensation anzupreisen, um ihn Kunststücke aufführen und Lieder singen zu lassen. Weil er obendrein in Keller gesperrt und als Sklave gehalten worden war. Weil man ihn hatte hungern und schuften und Drecksarbeiten verrichten lassen, Leichen aus den Armenvierteln verbuddeln, Ausscheidungen von Mensch und Tier einsammeln und in den Wäldern verscharren. Er war Lustsklave, Laufbursche und Prügelpuppe gewesen. Weil er, als er verwahrlost und verarmt in irgendwelchen

Gassen gelegen hatte, mit Füßen getreten, beschimpft, besudelt worden war. Weil man ihn an gewissenlose Geschäftsleute aus dem Süden verkauft hatte, die ihn als sogenannten Zirkuskünstler durch brennende Reifen hatten springen lassen, als wäre er ein rothäutiger Wüstenlöwe oder sonst irgendein absonderliches Tier gewesen. Ausgepeitscht war er worden wie ein Vieh. Zweihundert Kilo schwere Dschungelhunde und noch schwerere Blaukopfbären hatten sie über seinen Körper trampeln und laufen lassen. Schlafen und fressen – essen hatte man das wohl nicht nennen können – hatte er bei den Schweinen müssen. Und deshalb hasst er die Menschen.
Er hatte Buch geführt. Vom ersten Tag, vom ersten Schlag an. Jede Grausamkeit, die ihm durch einen Menschen widerfahren war, jede Entwürdigung, jede Erniedrigung hatte er in ein Büchlein eingetragen. Viele hatten ihn für dumm gehalten. Für ein fehlgeleitetes, nichtsnutziges Wesen. Das ist er aber nicht. Denn ja, er kann schreiben und ja, er kann auch lesen und rechnen und alles, was Sie ihm niemals zutrauen würden. Vieles kann er wahrscheinlich sogar noch besser, als Sie es selbst zustandebringen würden. Jede einzelne Grausamkeit hatte er also aufgeschrieben. Und für jede dieser Grausamkeiten, die da in seinem Buch steht, holt er sich einen neuen Menschen in seine Sammlung. Ach, was das damals für ein Glück gewesen war, als er eigentlich über die blauen Berge in das rote Tal hatte gelangen wollen, um dort ein neues, einsames Leben anzufangen. Nur er und die Natur und die Nahrung, die er sich erjagen und die Früchte, die er sammeln würde. Und niemals wieder ein Mensch, den er sehen würde, denn ins rote Tal kommen niemals Menschen, ins rote Tal kommt überhaupt niemand. Natürlich hatte er damals all die Geschichten von irgendwelchen Geistern gekannt, die da herumspuken würden und die seltenen Wanderer, die sich aus irgendeiner Richtung dann und wann dorthin verirrt hatten, erschrecken und meistens auch gleich abschlachten. Aber davon hatte er nicht viel gehalten. Also vom Abschlachten von Menschen schon, zu einem späteren Zeitpunkt seines Lebens zumindest, mit dem Gedanken hatte er sich durchaus bald anfreunden können. Von Geistern aber hatte er sich, nach allem, was er in seinem bisherigen Leben hatte durchmachen müssen, nicht abschrecken lassen. Jemanden mit solch einer Vorgeschichte kann irgendein daher gelaufener Geist auch nicht mehr groß erschrecken und von seinen Plänen abbringen. Also hatte er sich dazu entschlossen,

die blauen Berge zu überqueren. Vor vielen, vielen Jahren war das schon gewesen und was juckte ihn denn das Ungeheuer da oben, sollten andere dem Kaiser Köpfe bringen, ihn konnte es genau so am Arsch lecken wie die dummen Menschen, das Ungeheuer. Das hatte das Ungeheuer aber nicht wollen. Vom Arschlecken hält es nicht allzu viel. Nein, das Ungeheuer von den blauen Bergen will einfach nur seine Ruhe haben und das hatte es auch damals schon gewollt. Da oben in seinen Bergen sitzen und seinen Frieden haben. Darum wollte es schließlich von ihm, dem Zwerg, als der da plötzlich gestanden war und, obwohl ihm der Sinn danach gar nie gestanden hatte, angedroht hatte, ihm, dem Ungeheuer, sämtliche Köpfe abzuschlagen, dass dieser ihm lästige Besucher von den Hälsen hielte. Und genau das möchte das Ungeheuer auch heute noch. Dann muss es diese unliebsamen Besucher nämlich nicht mehr selbst töten, mit seinen Feuerstößen verbrennen oder mit den Riesenhufen zertrampeln. Das hatte es in der Vergangenheit oft tun müssen, hatte aber niemals Freude daran. Der Zwerg hingegen schien ihm ein blutlüsternes Kerlchen und damit genau richtig für diesen Job zu sein. Und so war es eben gekommen, wie es heute ist: Das Ungeheuer möchte seine Ruhe haben, der Kaiser Köpfe und der Zwerg Rache an den Menschen nehmen, sie töten und in sein eigens dafür errichtetes Höhlenlager schlichten. Ja, das wollte er und das tat er auch. Allerdings waren lange nicht so viele Jäger gekommen, wie er sich erhofft hatte. Die Belohnungen des Kaisers waren zwar immer höher geworden, die Angst der Menschen aber mit jedem, der nicht zurückgekehrt war, immer größer. Daher hatte es sich der Zwerg angewöhnt, in die Stadt zu gehen und dort mit etwaigen Versprechungen mutmaßliche Ungeheuer-Jäger in die blauen Berge zu locken. Ostländer, Westländer, Südländer, alle waren sie dagewesen und auf ihn herein- sowie seiner Axt zum Opfer gefallen. Manchen hatte er auf der Stelle den Kopf abgehackt, anderen vielleicht erst einmal nur eine Hand, bevor er ihnen den Dolch in den Bauch gerammt oder er ihnen mit dem Messer die Kehle durchtrennt hatte. Manchen hatte er wiederrum mit nur einem Handgriff das Herz entfernt, anderen die Zunge aus dem Mund geschnitten oder mit bloßen Händen ein Auge aus der Höhle gerissen. Wie es ihm halt gerade Spaß gemacht hatte und nun eben immer noch macht. Waren sie dann tot, hatte er sie alle feinsäuberlich mit Nummern versehen in seiner Höhle verstaut. Und genau so macht er es auch heute noch.

Allerdings – und das findet er äußerst seltsam – verschwinden seit geraumer Zeit die Sammlungsstücke. Erst waren alle auf einmal weg und seitdem verschwinden alle Exponate, die er in sein Leichendepot schlichtet, regelmäßig aus seiner Höhle. Was mit ihnen geschieht, weiß er nicht, und er kann es sich auch nicht erklären. Das macht ihn äußerst wütend, denn er ist ansonsten niemand, der sich irgendetwas nicht erklären kann. Eigentlich. Doch dies war und ist ihm ein Rätsel. Ein Rätsel, dass ihn nur noch wütender auf die Menschheit macht.

Das Ungeheuer von den blauen Bergen (schon etwas länger her)

Seit es da oben in den Bergen saß, wollte es einfach nur da sitzen und in den Tag hineinleben. Oft klappte dies allerdings nicht so richtig, denn immer wieder kam irgendein hoch entschlossener und vom Kaiser mit großen Versprechungen angelockter Kämpfer angeritten, der ihn mit seinen Muskeln und seinem tollen Bart und all den Waffen und der ihm von den Besten der Besten antrainierten Kampfeskünste beeindrucken und ihm einen seiner Köpfe abschlagen wollte. Immer wollten sie ihm die Köpfe abschlagen. Niemals einen Schwanz, einen Flügel oder eine seiner Pfoten. Immer öfter und öfter kamen dies selbsternannten Monsterjäger und es, das Ungeheuer, musste sie immer wieder und wieder umbringen, sie feuerspeiend verbrennen, mit seinen Hufen erschlagen, mit den scharfen Krallen der Vordertatze den Kopf abschlagen oder diesen Kopf gar mit seinen scharfen Zähnen abbeißen. Das wollte das Ungeheuer aber nicht, es wollte doch einfach nur da sitzen und in den Tag hineinleben. Und dann kam eben dieser Zwerg auf seinem kleinen Pferd dahergeritten. Müde und traurig sah er aus, der Zwerg, jämmerlich zwar, aber doch machte er einen recht starken Eindruck auf das Ungeheuer. Irgendetwas hatte dieser Zwerg an sich, was es trotz aller zwergischer Jämmerlichkeit beeindruckte. »Zwerg«, sagte das Ungeheuer daher, »diene mir, bewache und beschütze mich, halte mir meine Feinde vom Leibe und ich werde dir dafür ewiges Leben schenken.« »Was soll einer wie ich mit ewigem Leben?«, dachte der Zwerg, sagte aber dennoch: »Ja.«

Der ostländische Reisende (Jetzt)

»Warum …?«, fragt er und wirft einen Blick in diese obskure Runde, die da plötzlich an seiner Lagerstätte aufgetaucht ist. Die so alte wie respekteinflößende Frau, sein so toter wie handloser Vater, und direkt hinter ihnen dieser äußerst unscheinbare Kerl, der dort, wo eigentlich das Herz sein sollte, ein ausgefranstes Loch in der nackten Brust hat. »Wie kann das …?«, versucht er es erneut mit einer Frage, doch der Vater kommt ihm zuvor und erzählt seine Geschichte. Die ganze Geschichte. Die Brände, die versunkenen Schiffe, die Spielschulden. Der Zwerg. »Der Zwerg war das also?«, fragt nun der Reisende und zeigt auf die Stelle, an der, als er den Vater zuletzt gesehen hatte, noch seine Hand gewesen war, diese Hand eben, die der Zwerg ihm damals wohl abgehackt hatte. »Du bist ihm begegnet?«, fragt der Vater hingegen mit nicht überhörbarer Verwunderung. »Du bist ihm also begegnet und hast die Begegnung tatsächlich überlebt«, stellt er fest.

»Niemand überlebt eine Begegnung mit dem Zwerg«, mischt sich nun die Frau ein. »Er tötet sie alle, hat die meisten Mitglieder meiner Armee eigenhändig verstümmelt und dann getötet.« Sie wirft einen allumfassenden Blick auf all die arm-, kopf- und vereinzelt auch beinlosen Gestalten, die da überall herumsitzen und macht mit ihrer rechten Hand eine diesen Blick untermauernde Geste. »Wir wussten zwar nicht, wie du es anstellen würdest, aber wir wussten, dass du kommst«, ergänzt und erörtert nun die Frau. »Ich habe es gesehen, weil ich die Gabe habe, Ereignisse vorhersehen zu können und er ...«, nun deutet sie mit der Linken auf den unscheinbaren Herzlosen, »... hat dich eine Weile unauffällig auf deiner Reise begleitet, um zu gewährleisten, dass du sicher und unverletzt hier ankommst.« Sie sieht ihm, den Reisenden tief in die Augen. »Er ist beeindruckt«, sagt sie. »Mit welcher Leichtigkeit, du die Gefallenen besiegt hast, er hat schon ein paar mutige Verirrte gesehen, die das probiert haben, sagt er, aber so eine Kampfesgabe hat er noch nie zuvor erlebt.«

»Warum das alles?«, will nun der Reisende wissen. »Warum lauert ihr mir hier auf?«

»Weil ich dich sehen wollte«, antwortet der tote Vater.

»Und weil wir deine Hilfe brauchen«, ergänzt die tote Frau. Und dann erzählt sie ihm alles, was sie vorhergesehen hatte. Sie erzählt ihm, was auf sie alle, was auf die gesamte Welt zukommen wird. Sie erklärt ihm, warum sie einst diese Armee erschaffen hatte und vor allem, was er mit all dem zu tun hat.

Die junge Frau (früher)

Da stand sie also. Genau dort, wo es vereinbart war. Sie hatte ein Fläschchen voller Gift dabei. Wie es vereinbart war. Nachdem sie ihre beiden Eltern hatte töten müssen und ihren Korb nicht mehr gefunden hatte, hatte sie alles hastig ein weiteres Mal zusammengesucht, sie hoffte sehr, dass die Zutaten die richtigen waren und die Mengen korrekt und die Zusammensetzung exakt. Ihrem Bruder hatte sie zuvor etwas zu essen kochen müssen und ihm erklärt, dass die Eltern dringend verreisen mussten, Anordnung des Königs, sie hatten in den Ostlanden dringend etwas zu erledigen, neues, besseres Saatgut, das es nur dort gibt, müssten sie besorgen, sie würden lange weg sein. Eine schlechte Begründung, jeder andere hätte sie hinterfragt, aber ihr Bruder war ein dummer Einfaltspinsel, wie er sicher nicht im Buche stand, den auch die schlechtesten unter den Autorinnen und Autoren könnten sich solch einen Versager, so eine traurige Figur nicht ausdenken. Er würde diese Geschichte also bestimmt nicht hinterfragen und schon gar nicht durchschauen und auch sie würde übertraurig sein und Tränen im Gesicht haben, wenn sie ihm ein, zwei oder vielleicht auch erst drei Wochen später von dem Unglück erzählen würde, das den Eltern auf ihrer Reise widerfahren war und ihnen beiden das Leben gekostet hätte. Denn es war schließlich kein Geheimnis, dass der Weg in die Ostlande ein weiter und gefährlicher war, Schiffe konnten untergehen, Banditen Reisende ausrauben, auf den Kanälen und in den Meerengen tummelten sich angeblich Piraten und natürlich, dieses Ungeheuer da oben in den Bergen, das gab es ja auch noch. Irgendeine passende Geschichte würde ihr, wenn es dann so weit sein sollte, schon einfallen, da machte sie sich keine Sorgen. Aber vorerst hatte sie ein Gift zu mischen und einen Schatzkeller auszurauben und irgendwie fehlte ihr für all das gerade die Ruhe, sie war unkonzentriert und fahrig. Sie wollte es einfach zu Ende bringen, reich heimkehren, ihren Bruder schnappen und mit ihm ein neues und besseres Leben irgendwo in der Ferne beginnen. Oder noch besser ohne ihn, aber das würde sie später entscheiden. Wichtiger war jetzt, dass sie alles richtig gesammelt, gemischt, gekocht und abgefüllt hatte. Das würde sich spätestens dann zeigen, wenn sie dem ersten der Wachposten am Ende des Tunnels, der sie vom Wald in die königlichen Schatzkammern führen würde, mit einem Blasrohr Gift ins Gesicht gespuckt hatte. Sie jedenfalls stand nun genau da, wo sie vereinbarterweise zu jener vereinbarten Zeit hätte stehen sollen. Das Problem war allerdings, dass sonst niemand von jenen da war, die hätten da sein sollen.

Der Ältere Schurke (Früher)

Ein Schlag auf den Hinterkopf. Er war sofort zu Boden gegangen. Hatte das Bewusstsein verloren. Schon wieder. Wie vereinbart wollte er zu Fuß zum Treffpunkt gehen.
»Komm ohne Pferd«, hatte der andere gesagt, »nimm einen Umweg und versuche, nicht aufzufallen.« Offensichtlich war er aber doch auf- und nun eben umgefallen.
Als er wieder die Augen öffnete, wusste er erst nicht, wo er nun schon wieder war. Der Boden war hart, die Luft salzig, Möwen kreisten kreischend über ihm, alles schaukelte. Er lag auf einem Schiff. Eigentlich hätte er jetzt mit dem Mädchen und dem Fremden den königlichen Schatzkeller ausrauben sollen, anstatt auf einem dreckigen Schiffsboden zu liegen. Er blinzelte, versuchte, sich hochzustemmen und herauszufinden, wo er sich eigentlich befand und warum. Eine Hand wurde ihm entgegen gestreckt.
»Steh auf«, sagte eine raue Stimme.
»Wo bin ich?«, fragte er.
»Auf meinem Schiff«, antwortete die Stimme.
»Wo fahren …?«
»Ostlande, wir fahren in die Ostlande«, antwortete der andere, der wohl der Kapitän war. »Warum …?«, setzte er erneut an zu fragen.
»Weil der König es so will«, antwortete der Kapitän und drückte ihm einen Besen in die Hand. »Und jetzt, Matrose, an die Arbeit«, fügte er hinzu.

Der Zwerg von den blauen Bergen (Jetzt)

»Bist du dir sicher, Zwerg?«, fragt das Ungeheuer von den blauen Bergen. »Bist du dir sicher und kann ich mir sicher sein, dass du die Wahrheit sagst?«, fragt es weiter und schüttelt den zweiten Kopf von links. »Ich kann und will es nicht glauben«, brüllt es plötzlich aus allen Mündern und schlägt mit all seinen Schwänzen wütend zu Boden.
›Das ist gut‹, denkt sich der Zwerg und muss sich alle Mühe geben, nicht boshaft zu grinsen. ›Wenn das Ungeheuer schon jetzt wütend ist, trifft sich das ganz hervorragend.‹ Innerlich, ja innerlich grinst er durchaus, der Zwerg, nach außen bleibt er aber gelassen. »Ja«, bestätigt er das, was er dem Ungeheuer vorhin erzählt hat. »Sie haben eine Armee aufgestellt, eine gigantische Armee, eine kampfbereite, vom Besten ausgebildete bis an die Zähne bewaffnete Armee«, bestätigt er seine Geschichte, die er dem Ungeheuer zuvor aufgetischt hat, und muss dabei nicht einmal lügen. Denn diese Armee, die gibt es zweifelsohne, diese bis an die Zähne bewaffnete, vom Besten kampfestauglich gemachte Armee, die sich vor den Toren der Stadt bereits in Angriffsformation begeben hat.
»Und diese Armee will tatsächlich uns, will tatsächlich mich angreifen?«, fragt das Ungeheuer und kann es kaum glauben, was es da hören muss. » Sie will auf die blauen Berge marschieren, um mich zu töten, um der Kaiserin einen meiner Köpfe zu bringen, um sie unsterblich zu machen?«, fragt es weiter.
»So ist es«, bestätigt der Zwerg und sagt nun alles andere als die Wahrheit. »Einer oder zwei oder vielleicht auch drei dieser Soldaten sind kein Problem für mich«, fährt der Zwerg fort, »aber mit einer ganzen Armee kann selbst ich es nicht alleine aufnehmen«, ergänzt er. Damit sagt er nun auch wieder die Wahrheit, eine ganze Armee könnte er tatsächlich niemals besiegen, da mag seine Axt noch so riesig und er noch so blutrünstig sein. Allerdings hat diese Armee da unten vor den Toren der Hauptstadt der Ostlande mitnichten im Sinn, die blauen Berge zu erklimmen, um das Ungeheuer zu töten. Das muss das Ungeheuer aber nicht wissen und er wird es ihm natürlich auch nicht sagen. Hauptsache, das Ungeheuer ist wütend, und er, der Zwerg ist das sowieso. Gegen wen sie aber wirklich kämpfen will, wird keinerlei Rolle mehr spielen, wenn das Ungeheuer feuerspeiend in weniger als einer Stunde

die gesamte Armee einfach so in Nichts auflösen wird, denkt sich der Zwerg.

Der, der sich Das Böse nennt (jetzt)

Das Böse spaziert durch die Straßen der Stadt. Besser gesagt spaziert derjenige durch die Straßen der Stadt, der sich selbst Das Böse nennt, und dessen Ruf sich so schnell verbreiten wird, wie er es von Anfang an geplant hatte. Er spürt die Angst der Menschen, er weiß, dass die Menschen wissen, dass etwas Fürchterliches passieren wird. Er, ein kleines unscheinbares Männchen wandert von allen unbemerkt herum, schnippt mit den Fingern, lässt da jemanden husten und dort jemanden sich krümmend zu Boden gehen. Er zuckt dabei mit keiner Wimper und muss fast ein bisschen darüber lachen, dass die Armee sich da draußen vor den Toren die Füßen wund steht, während er auf der anderen Seite der Mauer ungestört seine Arbeit tun kann. Er ist hier fürs Erste ohnehin bald fertig. Da noch ein Huster, hier noch ein Fieberkrampf und weg ist er wieder. Der Osten ist für ihn nicht mehr als die Vorspeise, der richtige Spaß wartet auf ihn drüben im Westen. Als das feuerspeiende Ungetüm wenig später die Stadt dem Erdboden gleichmacht, wird er längst über alle Berge sein.

III

Immer noch davor

Jetzt, etwas früher, früher und viel früher auch

Die weißen Schwestern (Viel früher)

Sie beide hatte es weggezogen vom Hexenberg. Weg von der Hütte ihrer nun verstorbenen Mutter mit samt ihrem Kräutergarten, der Opferstelle, dem Schlachtkeller, der Giftküche. Über unzählbar viele Jahre war dies die Wirkungsstätte der alten weißen Hexe gewesen. Die neue weiße Hexe und ihre Schwester, die sich fortan die weise Frau nannte, hatten sich neue, eigene Plätze gesucht. Die weise Frau hatte ihre Hütte außerhalb der großen, königlichen Stadt des größten und königlichsten Reiches des gesamten Westens bezogen. Die weiße Hexe hingegen hatte ihr Hauptquartier gar nicht weit weg von ihrer Schwester direkt in der Stadt errichtet. Ein Stadthäuschen in unmittelbarer Nähe des königlichen Schlosses. Die Könige aller Generationen, die da noch kommen sollten, wollte sie stets im Blickfeld haben. Beide Schwestern wollten und sollten ihre Rollen für das Königshaus spielen. Die weise Frau als geschätzte und unverzichtbare Beraterin, die weiße Hexe als unerbittliche Intrigantin und wiederholte königliche Affäre. So kam es eben, dass sie in so manchen Königs Bett landete und hernach so manches Königs Kind in sich trug. So konnte sie einige Kinder mit der einen oder anderen ungewöhnlichen Fähigkeit hinaus in die Welt zu schicken. Es konnte nicht genug solcher Kinder auf dieser Welt geben, sagte sie sich gerne, die weiße Hexe. Und wenn sie nicht irgendwelche Königsbastarde mit all ihren Zauberkräften in die Welt setzte, formte sie auch immer wieder gerne die Kinder anderer, um sie später für ihre intriganten Zwecke einzusetzen. Den königlichen Schatzmeister - und dessen Vater und dessen Vater und dessen Vater - beispielsweise hatte sie von Kind an so manipuliert, dass er Jahre später noch alles tun würde, was sie von ihm wollte, sie brauchte es ihm bloß nachts ins Ohr zu flüstern. Andere hingegen hatte sie irgendwann auch wieder aus ihren Augen verloren. Entweder verschwanden sie ganz aus ihrem Blickfeld oder sie kreuzten später ihre Wege und Pläne eher zufällig wieder. Wie dieser hässliche Kerl mit der langen Nase.

Der ältere Schurke (etwas früher)

Einige Jahre waren ins Land gezogen, seit jener Sache mit dem großen Coup, diesem nicht ganz geglückten Versuch, den König etwas ärmer zu machen, ihn um ein paar Kilo seiner in dessen Kellern eingelagerten Schätze zu erleichtern. Oder besser gesagt seit dem Versuch dieses Coups, zu dem es nie gekommen war, zumindest nicht mit seiner Beteiligung. Schließlich hatte man ihn einfach so niedergeschlagen und entgegen aller anderen Pläne, die er selbst auch unabhängig von dieser Sache gehabt hätte, auf ein Schiff in die Ostlande verfrachtet. Der Coup, der also für ihn nie stattgefunden hatte, war ihm aber auch gar nicht so wichtig gewesen. Seine nicht

vorhandene Beteiligung war finanziell gesehen zwar äußerst schade, seinen Anteil an der Beute hätte er schon gut gebrauchen können, ansonsten war dies aber durchaus verkraftbar. Traurig allerdings stimmte ihn, dass er keine Möglichkeit mehr gehabt hatte, sich von ihr zu verabschieden. Denn, was er eigentlich im Sinn gehabt hatte, war ihr näherzukommen, sein Herz an sie zu verlieren, sich mit ihr in eine wilde wie leidenschaftliche Liebesbeziehung zu stürzen, das Ganze ernster werden zu lassen, eine Familie zu gründen und vielleicht sogar sesshaft zu werden. Er war noch gar nicht so alt gewesen damals, alles wäre noch möglich gewesen, wäre nicht dieser seltsame Fremde mit seinem viel zu verlockend klingenden Angebot dahergekommen.
Und nun, nach all den Jahren, in welchen er sich auf königlichen Schiffen hatte abrackern müssen, ehe man ihn in den Ostlanden frei- und ihn sein Glück hatte versuchen lassen, war er auf einmal wieder zurück in dieser Stadt. Ja, älter war er geworden, hübscher aber nicht und reicher schon gar nicht, denn die letzten Jahre waren einmal mehr glücklos gewesen. Seit der Sache in dem Tunnel gab es nur noch Missgeschicke und Fehltritte in seinem Leben. Kerkeraufenthalte wegen seiner Verbrechen und Verletzungen wegen der Schufterei in den Fabriken. Nein, nichts war gut geworden und schon gar nicht für ihn. Nun war er eben wieder hier. Vielleicht zufällig, vielleicht hatte ihn auch das Schicksal geschickt. Hauptsache, er war hier und er würde noch einmal sein Glück bei ihr versuchen können. Damit es aber dazu kommen konnte, musste er sie allerdings erst einmal finden.

Der jüngere Schurke (etwas früher)

Er, der jüngere Schurke war nun auch schon ein paar Jahre auf der Welt. Noch einmal solange und die Wege der beiden Schurken würden sich kreuzen und nichts aber gar nichts würde besser oder gar gut werden. Am Ende dieser Geschichte würde zumindest er tot sein, das konnte er jetzt aber wirklich noch nicht wissen.

Der Reisende (Jetzt)

Er reitet und reitet einmal mehr einen Berg hinauf. Von der seltsamen Gesellschaft vom Tode Auferstandener rund um die alte, tote Frau sowie seinen eigenen nicht minder toten Vater hatte er sich vor rund einem halben Tag verabschiedet. Er hatte jenen Vater in die Arme genommen, was sich seltsam angefühlt hatte, da sein Körper hart und kalt war und auch kein Atem, keinerlei Bewegung im Brustbereich zu spüren war, schließlich atmen Tote nicht. Dennoch war es eine lange, innige Umarmung, denn dieser Abschied würde, so wie die Dinge standen, mit ziemlicher Sicherheit der wirklich Endgültige sein. Die Frau hatte ihm noch einmal eingebleut, was passieren würde und was seine Rolle dabei wäre, was die ihre und die ihrer Armee und damit hatten sie ihn reiten lassen. Ein kleines Fläschchen aus Porzellan hatte sie ihm zum Abschied noch in die Hand gedrückt und ihm alles Gute gewünscht. Damit war die Armee der Gestorbenen in Richtung des roten Tales, in Richtung der blauen Berge und ja, in Richtung der Ostlande gezogen und er auf das große Gebirge zu geritten.
Und hier reitet er nun. Einmal mehr einen Berg hoch, einmal mehr eine Passstraße entlang, einmal mehr unbekannten Hindernissen und Feinden entgegen.

Die unbekannte Wanderin (Jetzt)

Seit vielen Tagen ist sie nun schon unterwegs. Die Füße schmerzen, die Sohlen bluten, sie hat Blasen an den Zehen. Der Aufstieg ist beschwerlich, sie hat Hunger, hat Durst, seit Tagen hat sie sich nicht gewaschen. Das alles ist sie nicht gewohnt. Sie ist es nicht gewohnt zu hungern, Durst zu haben, weite Strecken zu laufen und sich nicht zu waschen. Aber ihr Leben ist nicht mehr das Leben, das sie früher einmal gelebt haben mochte, denn ihr altes Leben gibt es nicht mehr. Die Stadt, in der sie ihr gesamtes bisheriges Leben verbracht hatte, existiert nicht mehr. Was oder wer sie früher einmal gewesen war, ist nun nebensächlich, nun ist sie eine unbekannte Wanderin, die auf schnellstem Wege in das größte Königreichs des Westens gelangen will, um den dortigen König um Asyl zu bitten und vor etwaigen auf ihn zukommenden Gefahren zu warnen. Sie ließ ihm noch vor ihrem Aufbruch, noch bevor es zum Schlimmsten gekommen war, einen Brief zukommen. Ob er ihn bekommen hatte oder eben nicht, vermag sie nicht zu sagen. Sie hofft es allerdings sehr. Noch mehr aber hofft sie, dass ihre Reise nicht am Ende dieser Straße endet. Dass sie den Pass über die blauen Berge unbeschadet überqueren kann. Dass das Ungeheuer und sein Zwerg nach jener Katastrophe in der Stadt nicht wieder zurückgekehrt sind.

Der Zwerg von den blauen Bergen (Jetzt)

Da sitzt er also vor der Hütte desjenigen, den man bis vor Kurzem noch als den Besten gekannt hatte. Der Beste ist wahrscheinlich nicht mehr am Leben, so wie wohl alle, die es nicht rechtzeitig geschafft hatten, Stadt und Kaiserreich zu verlassen, nicht mehr am Leben sind. Warum ausgerechnet diese mickrige, kleine Hütte zu den wenigen Gebäuden gehört, die die Tragödie überstanden hatten, weiß er nicht und es ist ihm in diesem Moment auch ziemlich egal. Fakt ist, die Hütte steht noch und auch er selbst ist überrascht von der Tragweite der Tragödie und auch von der Tragödie selbst. WAS im Endeffekt passiert war, hatte er freilich geplant und sich auch gewünscht, das Ergebnis und das Resultat zumindest. Dass die Hauptstadt der Ostlande in Flammen aufgegangen und nahezu komplett zerstört worden war, dass die Kaiserin tot oder geflüchtet war, dass überall auf den Straßen tote Menschen liegen und dass die Armee vor den Toren der Stadt überhaupt nichts gegen die Katastrophe hatte ausrichten können. All das hatte er sich gewünscht. WIE es passiert war hingegen, hatte er kein bisschen erwartet oder gar selbst geplant. Das stand kein bisschen in seiner Macht und wäre wohl mit ziemlicher Sicherheit auch passiert, hätte er nicht der Menschheit Rache geschworen und hätte er nicht ein Ungeheuer durch die Macht seiner Worte manipuliert. Was er von all dem halten soll und wie er nun weiter vorgehen wird, darüber muss er jetzt erst einmal nachdenken. Vor der Hütte des Besten. Mit Blick auf das Meer, auf den gigantischen Ozean, der sich da so friedlich vor ihm ausbreitet, als wäre niemals irgendetwas Schlimmes hier passiert. Es gibt wahrlich schlechtere Orte, um nachzudenken, denkt er, der Zwerg.

Das Ungeheuer von den blauen Bergen (Jetzt)

Das Ungeheuer von den blauen Bergen ist tot. Gestorben. Hat diese Welt verlassen. Hunderte, ja tausende von Jahren war es gejagt und verfolgt worden, hatte man ihm nach dem Leben getrachtet, um die Unsterblichkeit, um ewiges Leben zu erlangen. Und nun ist es tot. War wohl doch nix mit der Unsterblichkeit. War wohl doch nix mit dem Wahrheitsgehalt der Legende. Blöd gelaufen für das Ungeheuer und alle, die sich irgendetwas von ihm erhofft hatten.

Die Zwerge aus dem Norden (Gerade vorher)

Und da wanderten sie eben in den Süden, all diese Zwerge aus dem hohen Norden. Genau genommen wanderten sie in den Südosten. Ziel dieser Zwergenwanderung waren die Ostlande. Die hiesige Kaiserin hatte ihrem König einige Wagen schicken lassen. In jenen von den kräftigsten Pferden, welche die Kaiserin aufzutreiben in der Lage gewesen war, gezogenen Wagen befanden sich Kisten. Viele, sehr viele Kisten waren das gewesen. Und in jenen Kisten war eben Gold gewesen. Sehr viel Gold. Also hatte der König einen dunklen schleimigen Batzen auf den Boden gespuckt, all das Gold selbst in mühsamer Arbeit in den in ebenso mühsamer Arbeit selbst in den harten, eisigen Boden gehauenen Keller unter seiner eigenhändig gezimmerten Königshütte geschleppt und der Kaiserin unten in den Ostlanden ein Vögelchen mit einem Briefchen geschickt. »Ich schicke Euch meine besten Männer«, hatte er in jenes Briefchen geschrieben und Gesandte in die wüstesten und heruntergekommensten Kaschemmen des Zwergendorfes geschickt, um dort den größten Abschaum unter all dem in diesem Dorf hausenden Abschaum zu suchen und für seine neu gegründete »kaiserlich-königliche Zwergenarmee« zu rekrutieren. Er hatte die Kerker leeren, alle noch nicht an Hunger und Dunkelheit verreckten gemeingefährlichen Mörder und irrsinnigen Schläger begnadigen und mit besseren Äxten ausstatten lassen, als ihnen würdig gewesen wäre, und dann hatte er sie losgeschickt. Zweihundert Mann hatte er auf diese Weise auftreiben und der Kaiserin zur Verfügung stellen

lassen. Wagenladungen voller Gold gegen einen Fußtrupp voller Scheiße. ›Ein gutes Geschäft‹, hatte sich der König lachend gedacht, für ihn zumindest.
Wochenlang waren also zwei Hundertschaften zwergischer Rabauken über Stock und Stein und Berg und Tal vom weitesten Norden hinunter in den südlich liegenden Osten gewandert. Lieder singend, Weinschläuche schwingend, Bierfässer leerend. Saufend und grölend eilten sie also der Kaiserin zur Hilfe. Gegen wen sie kämpfen sollten und warum eigentlich, hatte er ihnen nicht gesagt, weil auch ihm die Kaiserin nichts dergleichen gesagt hatte, weil es auch ihr, der Kaiserin, niemand mitgeteilt hatte. Schließlich wusste niemand so genau, was da nun wirklich auf das Kaiserreich und die Stadt zukommen würde. »Eine unfassbar große Gefahr, die die Stadt zerstören wird«, hatte die Weissagung gesagt und die Kaiserin hatte zu den Waffen gerufen.
Gegen welchen Gegner, gegen welche Gefahr sie also kämpfen sollten, wussten die Zwerge nicht. Es war ihnen aber auch egal, viele von ihnen hatte der Strick erwartet und schlimmer als der Strick hätte es wohl nicht werden können. Eilig hatten sie es auch nicht, also schlenderten sie gemächlich singend und grölend ihrem unbekannten Feind entgegen.
Was sie, die Zwerge, vor wenigen Augenblicken erst, noch nicht wussten, nun aber durchaus wissen, ist, dass sie ihre Äxte, Messer und Schlagstöcke vorerst nicht werden benutzen müssen. Denn kurz nachdem sie den letzten der vielen Berge auf ihrem Weg überquert hatten, gab es vor einigen wenigen Minuten einen riesigen Knall, der das, was einmal die Hauptstadt der Ostlande war, in Schutt und Asche legte. Vierhundert Augen zwergischer Ganoven und Trunkenbolde, Mörder und Sittenstrolche sahen aus der Ferne mit an, wie die ganze Stadt in sich zerfiel und wie vereinzelt Brocken der großen Steintürme durch die Lüfte flogen. Und sie sahen auch, wie vor wenigen Augenblicken erst, ein besonders großer dieser Brocken ein besonders großes Ungeheuer getroffen hatte, das da gerade durch den Himmel geflogen war. Sie sahen das Ungeheuer hinabstürzen, sahen es sterben und hörten, auch wenn das unwahrscheinlich scheint, da sich dies alles recht weit von ihnen entfernt abgespielt hatte, den Zwerg von den blauen Bergen lauthals fluchen und schimpfen.

Die nicht mehr ganz so junge Frau (etwas früher)

Und dann war sie eben zurückgekehrt und hatte ein Kind großgezogen. Nicht ihr eigenes Kind freilich. Ihr eigenes Kind war zu jenem Zeitpunkt weder geboren noch bereits gezeugt gewesen, das sollte erst etwas später passieren. Nein, das Kind, um das es sich handelte, war ihr Bruder. Sie hatte ihm die Geschichte von dieser Reise der Eltern aufgetischt und einige Wochen später eben von diesem von ihr frei erfundenen Unfall, von jenem Wagen, dessen Achsen auf einer Bergstraße gebrochen waren, von der Schlucht, die sie hinabgefallen waren, wo sie tagelang mit gebrochenen Knochen und von den Krähen leergefressenen Augenhöhlen herumliegen hatten müssen, bis eine berittene Parole sie schließlich gefunden und etwas später identifiziert hatte. Sie hatte ihm von jenem Boten erzählt, der an das Tor der Bauernhütte geklopft hatte, während er selbst noch tief und fest geschlafen hatte. Und so hatte also sie sich seiner Erziehung angenommen. Sie hatte versucht, ihm das Lesen und das Schreiben beizubringen, sein Talent dafür war so bescheiden wie sein Verstand. Aber andere Leute niederquatschen, das hingegen konnte er. Und so brachte er schließlich auch ein bisschen Geld herein, als sie noch den Marktstand betrieben und versucht hatten, die Landwirtschaft am Leben zu erhalten. Er besaß eben die Fähigkeit, den Kundinnen und Kunden auch noch das mickrigste Obst und den verwelktesten Salat anzudrehen. Doch ihnen fehlte die Ahnung und die Erfahrung, Tiere zu züchten und Felder zu bestellen, Obst anzubauen und abzuernten. So wurde das Geld trotz aller Verkaufskünste des Bruders immer knapper und knapper. So ging schließlich auch der Hof vor die Hunde, auch wenn die Hofhunde längst am Hunger krepiert waren. So hatte sie also schweren Herzens ihren Pachtvertrag aufgekündigt und sich mit dem Bruder ein Kämmerchen in einer der schlechteren Gegenden der Stadt gesucht und zudem eine Anstellung als Näherin in einer dieser neuartigen Fabriken. Der Bruder hingegen faselte auf dem Markt einen Schankwirt nieder, der ihn als Laufbursche und Humpenabräumer einstellte.

Und da lebten sie nun eben so dahin, mitten drin in dieser Stadt. Menschenvergiften war kein Thema mehr. Das hatte sie dem Boten gesagt. »Die Eltern sind tot, der Hof ist weg, ich mache das nicht mehr«, hatte sie ihm gesagt. »Ich werde niemals wieder jemanden vergiften«, hatte sie dem Boten ebenso mitgeteilt und dann, als er nicht bereit war, dies zu akzeptieren, und bereits das dritte Mal in ihrem Kämmerchen stand, doch eine Ausnahme zu machen. Mit den letzten Überresten an Giften, die sie noch zuhause hatte, brachte sie den Boten zur Strecke. Sie lebten ihr bescheidenes Leben, sie und ihr Bruder, und irgendwie war sie dabei auch glücklich. Auch wenn der Rücken mehr und mehr schmerzte und die Haare schneller weiß wurden als bei anderen Menschen ihres Alters. Sie alterte schnell. Wahrscheinlich, weil sie von der eigenhändig ermordeten Mutter verflucht worden war. Vielleicht aber auch, weil sie die Enkeltochter einer Hexe und eines Königs war, was sie aber selbst nicht wissen konnte.

Der Zauberer (Jetzt)

Da sitzt er also in seinem Schaukelstuhl, oben in seinem Turm. Er blickt hinunter in die Stadt. Die Bauern wollen ihre Waren an den Mann, die Frau, das Kind – an wen auch immer sie eben gerade erblicken – bringen. Die Gaukler gaukeln etwas vor, die Barden singen Lieder und die Barbiere schneiden Bärte. Dennoch ist da diese prickelnde Aufregung zu spüren. Er kann sie auch von hier oben in seinem Turm fühlen, diese Atmosphäre, er kann sie nahezu riechen. Jedes Jahr um diese Zeit ist das so, immer herrscht da diese aufgeregte, kribbelnde Stimmung. Aber dieses Jahr ist irgendetwas anders. Denn in wenigen Wochen schon wird das Turnier beginnen. Es wird gehämmert und geschraubt und geklopft, Löcher werden gebohrt, die Tribüne nimmt langsam Gestalt an. Die ersten schweren Jungs, die ihr Glück im Turnier versuchen und die ersten leichten Mädchen, die diesen Jungs für gutes Geld etwas Ablenkung verschaffen wollen, sind bereits in der Stadt. Noch mehr Gaukler, noch mehr Barden und noch mehr Barbiere drängeln sich durch die Tore, denn es muss natürlich noch mehr gegaukelt, noch mehr gesungen und noch mehr rasiert werden, wenn so ein Turnier ansteht. Und ja, auch die ersten Schiffe mit Kämpfern aus den Ostlanden treffen langsam ein.
Die Ostlande. Die sind es, die ihm Sorgen machen. Die sind es, die ihn nervös an seinem langen, weißen Bart zupfen lassen, während er da in seiner schwarzen, mit Sternen verzierten Robe dasitzt, den spitzen, hohen, nicht minder schwarzen Hut

immer auf seinen langen weißen Haaren. Jaja, er ist sich für kein Klischee zu schade, denn schließlich ist er der Zauberer hier, der Stadtzauberer. Von dem erwarten sich die Leute ein bestimmtes Aussehen, ein bestimmtes Gehabe, eine bestimmte Art zu sprechen und zu wohnen. All das muss er ihnen bieten. Davon hängt sein guter Ruf ab, davon lebt sein Geschäft. Denn er ist ja immerhin der, den man immer um Rat fragt, er ist der, den man holt, wenn der Schuh drückt. Zumindest war das früher so gewesen. Da war er der Erste, der in allen Belangen gefragt worden war. Wenn die Katze plötzlich zwei Köpfe gehabt hatte oder am Gartentor ein schwarzer Rabe gesessen war. Wenn die Mutter Blut geschwitzt und der Vater plötzlich in der Sprache längst ausgestorbener Berggnome gesprochen hatte. Wenn man hatte wissen wollen, ob man die Nachbarstochter heiraten oder den Schwiegervater vergiften lassen sollte. Wenn man den Haustorschlüssel wieder einmal nicht gefunden und ein Werwolf die jüngere Schwester entführt hatte. Ja, dann hatte man ihn geholt, den Stadtzauberer. Früher eben. Heute hingegen ist das nicht mehr so. Heute wendet sich keine Menschenseele mehr an ihn. Zu all diese weisen Frauen und weißen Hexen, die sich da unten tummeln, mit ihren Kugeln und Weissagungen, jaja, da gehen sie hin, die braven Bürger der Stadt, und ja, auch der König. Ihn, den Zauberer, braucht niemand mehr. Ihn lassen sie seit vielen Jahren schon in seinem Turm versauern. Ihn haben sie völlig vergessen, die braven Bürger der Stadt. Ihn lässt er hier verrotten, der König.

Dennoch hadert er nun mit sich selbst, ob er das, was er vor ein paar Tagen in einer seiner Visionen gesehen hatte, dem König nun mitteilen sollte oder eben doch nicht. Vielleicht hatte die weise Frau es ja auch gesehen in ihrer Kugel und war gleich hingerannt zu ihrem geliebten, verehrten König, mit ihrem alten Hinkebein oder hatte nach ihm rufen lassen. Er kann sich aber nicht vorstellen, dass die weise Frau in dieser Hinsicht irgendetwas weiß. Seine Visionen sind in der Regel nämlich exklusiv. Dieses Mal vielleicht nicht ganz so klar wie sonst, aber sicher klarer als das, was diese sogenannte weise Frau in ihrer seltsamen Kugel immer zu sehen glaubt. Was er jedenfalls gesichert weiß, ist: Irgendetwas ist passiert. Etwas unfassbar Grauenhaftes. Drüben in den Ostlanden. Was genau sich da zu getragen hatte und warum, kann er aber eben leider nicht sagen. Denn das, was da passiert war, war nichts

Natürliches gewesen. Es war von irgendeiner Macht ausgelöst worden, und wer oder was auch immer diese Macht gewesen war, hatte dafür gesorgt, dass seine sonst so klaren Visionen verzerrt sind, dass er nur das sieht, was er auch sehen soll. Was er wohl sehen soll, ist eine total zerstörte Stadt und Menschen, die sterben. Aber auch Menschen, die in Scharen aus dem Land fliehen. Die über den Seeweg und über alle anderen möglichen Routen versuchen, hierherzukommen, in den Westen.
Und deswegen bereitet ihm der Osten Sorgen und ja, vielleicht ahnt auch in der Stadt dort unten irgendjemand irgendetwas, weshalb die Stimmung dort unten, wenn momentan auch nur geringfügig, anders ist als sonst. Aufgeheizter. Aggressiver. Und deswegen denkt er, der Zauberer, auch, diese unerfreulichen Neuigkeiten könnten den König durchaus interessieren. Denn auch, wenn ihn selbst der König ebenso schon lange nicht mehr interessiert, ihm dieser und all seine Vorfahren langsam aber sicher gestohlen bleiben können, fühlt er sich verpflichtet, ihn zu informieren, den König. Obwohl er eigentlich doch nur noch für den Rest seiner Tage hier sitzen und aus dem Fenster schauen und auf den Tod warten will. Denn, jaja, auch wenn Zauberer natürlich, im Gegensatz zum einfachen Volk, in der Regel viele hundert Jahre alt werden, wird dieser Tod irgendwann wohl auch ihn einholen. Bis es aber so weit ist, will er einfach nur seine Ruhe haben, trotz allem aber spürt er immer noch diesen letzten Rest an Verpflichtung dem König gegenüber. Er schnippt mit den Fingern und hält ein Blatt Papier in der Hand, er schnippt ein zweites Mal und schon ist das Blatt mit einer Botschaft versehen, ein drittes Mal und da sitzt ein weißer Vogel auf seiner Schulter. Manchmal ist es durchaus praktisch, ein Zauberer zu sein, der sich mit so unnötigem Firlefanz wie Papiereinkaufen, Nachrichten schreiben oder gar Vögelzüchten nicht selbst herumschlagen muss. Behutsam bindet er dem Vogel das durch weitere Zauberei eingerollte Blatt mit der Botschaft um die Fesseln und schickt ihn auf seine Reise. Los kleiner Vogel, los, bringe dem König die ach so wichtige Botschaft.

Der graue König (Jetzt)

»Der Zauberer? Den gibt's noch?«, wundert er sich. »Ist der nicht längst verreckt, da oben in seinem Turm?«, will er wissen.

»Jawohl, Eure wohlgeborene Majestät«, sagt ehrfürchtig der auf Knien vor dem König hin- und her rutschende Dienstbote, »den gibt es noch, den Zauberer, und nun schickt er Euch eben eine Botschaft.«
»Jaja«, schnauft der König, »die habe ich gelesen, die Botschaft, große Gefahren, blablabla, flüchtende Menschen, jaja, aber habe ich gerade Zeit für diesen Unfug? Jetzt kurz vor dem Turnier?« Er hält inne, trinkt aus seinem Kelch, der gute Rote war auch schon einmal besser, er muss dringend den Kellermeister auspeitschen lassen, denkt er und erwartet bezüglich der anderen Sache keine Antwort. »Und überhaupt«, ruft er stattdessen, »Ostlande, was schert mich denn, was da drüben schon wieder passiert ist. Und, verdammt noch einmal, was kümmern mich denn irgendwelche Flüchtlinge aus den Ostlanden?«
»Sehr viel sollte Euch dies kümmern, mein König«, meint nun ein weiterer Bote, der soeben hastig mit hochrotem Kopf den Audienzsaal betreten hatte. »Äußerst viel sollte Euch das kümmern, Eure Majestät«, fährt er fort, »denn sie kommen zu uns, von überall her kommen sie, sagen die Späher und die Spione der anderen Reiche. Über das Meer und die Kanäle, über das Land, sogar über die berüchtigten und gefürchteten blauen Berge und das sagenumwobene rote Tal kommen sie, heißt es. Sie strömen auf unsere Grenzen zu.«
»Hmm«, brummt der König widerwillig, er will ein Turnier abhalten und keine Krise bewältigen. Er will sich feiern lassen und sich nicht mit Ärgernissen herum schlagen müssen. Krisen zu bewältigen war ihm immer schon der unliebsamste Teil dieser ganzen Königssache. »Nun gut«, sagt er leise und bedacht. »Errichtet Lager an allen Grenzen, mit sagen wir eintausend, nein sagen wir besser zweitausend Betten an jedem Grenzübergang, nicht weniger und selbstredend natürlich auch nicht mehr. Niemand kommt weiter als bis zu diesen Lagern, verstanden? Wir nennen diese Lager ›Unterkünfte‹ und heißen alle herzlich in unseren ›Unterkünften‹ willkommen, so lassen wir dies über die Grenzen des Reiches hinaus verlautbaren. Weiter reisen als zu diesen, jaja, nennen wir sie gerne ›Unterkünfte für unsere Freunde in Not‹ dürfen nur vorab angemeldete und von unseren Grenzwächtern registrierte Turnierteilnehmer und geladene Gäste der benachbarten Königreiche. Alle anderen werden umgehend dorthin zurückgeschickt, wo sie hergekommen sind und schon beim allerkleinsten Widerstand sofort getötet. Ohne Aufsehen zu erregen, versteht

sich. Ich kann keine schlechte Nachrede gebrauchen, jetzt so kurz vor dem Turnier. Verscharrt die Leichen also unauffällig im Wald oder verbrennt sie, lasst Euch da selbst etwas einfallen, ich kann mich ja nicht um alles kümmern, schließlich bin ich König und kein Leichenbestatter. Außerdem verlange ich umgehend stärkere Kontrollen an allen Grenzen, fünfhundert nein, sagen wir tausend Mann mehr an jedem Übergang, inklusive berittener Soldaten, die an den Außengrenzen patrouillieren. Und wer von den Flüchtling ..., nein, den ›Gästen‹, so wollen wir sie nennen, keinen Platz in den Lagern, also nein, nein den ›Unterkünften für unsere Freunde in Not‹, findet, wird ebenfalls zurückgeschickt. Wer es wagt, weiterzugehen, als er befugt ist, wird ebenso sofort hingerichtet. Verstanden?« Er hält kurz inne, sieht den ihm gegenüberknienden Untertanen streng in die Augen und brüllt nochmals aus voller Kehle, so laut, dass die königlichen Gardinen wackeln und die kristallenen Luster vibrieren: »Verstanden?« Einen hochroten Kopf hat er, der König, und er sieht und freut sich sehr darüber, wie sie erst alle erzittern und dann in ehrfürchtige wie angsterfüllte Starre fallen. Er kostet dies kurz aus, setzt sich dann wieder auf seinen Thron, trinkt erneut, findet den Wein nun doch nicht mehr so grässlich, wird den Kellermeister aber dennoch auspeitschen lassen, sicher ist sicher, und freut sich darüber, was für ein guter, mit jeder Krise fertigwerdender König er doch ist.

Der Zwerg von den blauen Bergen (ziemlich viel früher)

Bevor er in den blauen Bergen strandete, war der Zwerg ein Reisender gewesen. Nachdem er Sklaverei, Freakshows und Gefangenschaft hinter sich gebracht hatte, war er auf Reisen gegangen. Nicht, um die Welt zu erkunden, Berge zu erklimmen, Ozeane zu durchsegeln, fremde Orte zu erforschen oder andere Kulturen kennenzulernen. Nein, das hatte er alles hinter sich. Beinahe jeden Berg dieser Welt hatte er bestiegen gehabt, als gekaufter Schleppknecht und Seilmann für reiche Schnösel, die gedacht hatten, sie wären die Könige der Welt. Alle Meere und die meisten Kanäle hatte er als Schiffsklave bereist. Und hören Sie ihm bloß mit fremden Kulturen auf. Voodoo-Kult im Süden? Oft genug war er die Voodoo-Puppe gewesen. Feuerweissagungen im Osten? Natürlich, er war es schließlich, der die Feuerkugel in seinen Händen gehalten hatte. Schwertkämpfe im Westen? Aber sicher doch, hatte er doch schließlich als Trainingsobjekt herhalten müssen. Nein, um all das ging es ihm nicht auf dieser einen Reise, die, wäre es nach ihm gegangen, seine letzte Reise für alle Zeit gewesen wäre. Nein, ihm ging es einzig darum, seinen Platz in dieser großen, grausamen Welt zu finden. Diesen Platz, der ihm in der Einsamkeit des roten Tales vorgeschwebt war. Oft hatte er von diesem roten Tal und seiner menschenleeren Weitläufigkeit gehört, von den Wiesen, den Bächen, den Flüssen. Von den Flüchen und den Geistern und all den blutrünstigen Geschichten, die man sich so erzählte, hatte er natürlich auch gehört. Er glaubte natürlich nicht an Geister und Geschichten, er hatte in den letzten Jahren die harte Realität des Lebens kennengelernt, ja, an die glaubte er. Doch bevor er sich auf seinen letzten Weg machen konnte, musste er dem reichen Kaufmann entkommen. Der reiche Kaufmann hatte den Zwerg sich zuvor als Geschäftsreisen-Souvenir auf einem Markt im Süden gekauft, wo er westlichen Wein verkauft und südliche Gewürze eingekauft hatte. Im westlichen Königreich hatte er den Zwerg als Hausdiener in seinem Landhaus schuften lassen, die Bäder und seinen Rücken schrubben lassen, die Einkäufe heimschleppen und ihn selbst ins Schlafgemach. Gelegentlich waren dort Orgien veranstaltet worden, die der Kaufmann gerne »abendliche Zusammenkunft« genannt hatte. Dann hatte der Zwerg schwarzes Leder tragen und mit sich machen lassen müssen, was all die edlen Gäste eben so mit ihm machen gewollt hatten. Nach der letzten dieser Zusammenkünfte war er, der Zwerg, gleich bei ihm, dem Kaufmann, im Bett liegen geblieben, der Zwerg hatte dem Kaufmann nämlich etwas von diesem Pulver in den Wein gemischt, das er selbst damals im Süden gekauft und sich gerne durch die Nase gezogen hatte, wenn er einfach nur vergessen wollte. Mit Alkohol kombiniert wirkte das Pulver um ein Vielfaches stärker, nahezu komatös. Den Zwerg streichelnd schlief der Kaufmann ein und wachte niemals wieder auf. Denn kaum, dass die letzten Gäste das Anwesen verlassen hatten, schnitt der Zwerg ihm nämlich, um sicherzugehen, dass er niemals wieder irgendwelche Orgien würde veranstalten können, die Kehle durch. Der Kaufmann war für den Zwerg der Letzte und gleichermaßen aber auch der Erste. Der Letzte, der ihn ausgenutzt und gedemütigt hatte. Und der

Erste, dem er den Hals durchgeschnitten hatte. Wo der nun tote, aber dennoch immer noch sehr reiche Kaufmann all sein Geld lagerte, wusste der Zwerg nach all der Zeit in diesem Haus freilich. Schließlich hatte er oft genug schwere Geldsäcke in den Keller schleppen müssen. Er packte dort in diesem als Geldlager dienenden Kellerraum also so viele Münzen in seine Taschen, wie er nur tragen konnte. Und er, der Zwerg, konnte viel, ja, sehr viel tragen, denn Zwerge sind zwar sehr kleine, aber nun einmal auch sehr starke Wesen. Einen toten Kaufmann und ein schlimmes Leben hinter sich lassend, machte er sich also mit leerem Kopf und vollen Taschen auf den Weg. Diese Reise, die ihn eigentlich ins rote Tal führen sollte, ihn schließlich aber in den blauen Bergen ankommen ließ.

Die nicht mehr ganz so junge Frau (etwas früher)

Der Bruder war schon wieder nicht da, verbrachte die Nacht wohl abermals anderswo. In letzter Zeit war das immer so, war diese nächtliche Abwesenheit beinahe schon zur Regel geworden. Anfangs waren es ein, zwei Nächte in der Woche gewesen, schließlich war es Abend für Abend später geworden. Nun aber blieb er vermehrt die ganze Nacht fort.
Denn anstatt, wie ursprünglich mit dem Wirt vereinbart, lediglich für ein kleines Taschengeld den versifften Boden sauber zu machen und die leblosen Körper aufgedunsener Trunkenbolde hinaus auf das Pflaster zu schleppen, durfte er neuerdings, aufgrund seines red- und leutseligen Temperaments, für etwas bessere Bezahlung gerne einmal die Bierhumpen füllen und an die Tische tragen. Das dauerte natürlich seine Zeit, die Menschen waren durstig und zuhause war es für die meisten zu trist, daher blieb man gerne länger da. Doch hinterher hätte er ja nachhause kommen und noch ein wenig Zeit mit ihr, seiner ihn liebenden Schwester verbringen können. Aber nein, wenn der letzte Gast gegangen war, zog er viel lieber weiter und suchte sich seine Gesellschaft in den schmuddeligsten Kaschemmen in den dunkelsten Gassen der Stadt. Ihn zog es dort hin, wo die Tore noch offen waren. Ihn zog es in engen, gut versteckten Seitengassen, steile, schlecht in Schuss gehaltene Treppen hinab und hinein in mit Spinnweben verhangene Gewölbekeller. Ihn zog es dorthin, wo der Abschaum

soff, wo Nacht und Tag theoretische Begriffe waren. Die Menschen dort, diese Randfiguren jeglicher sozialer Gefüge, die waren jetzt seine Familie. Seine neue Familie. Die Eltern waren tot oder verschwunden und sie, die einsame Schwester, wohl nicht die Gesellschaft, nach der er sich sehnte. Er sagte zwar stets, es würde nicht an ihr liegen, es wäre nicht ihr Wesen, das er verschmähen würde. Nein, er wäre jetzt erwachsen, sagte er, und es würde ihn nun eben hinausziehen in das Leben. Sie wusste schon, dass die ewige Präsenz toter Eltern und eine scheintote, irgendwie immer mehr dahinsiechende Schwester auf sein Gemüt schlugen und ihn eben aus der gemeinsamen Wohnung heraus auf die Straße trieben.
Also saß sie nach der Schicht in der Fabrik eben immer öfter alleine in ihrer Absteige, sah ihren immer weißer werdenden Haaren beim Ausfallen zu, spürte den Rücken beim Schmerzen, fühlte wie die Zähne immer lockerer wurden und merkte, wie es stetig mit ihr abwärts ging. Sie musste sich damit abfinden, dass sie, das eigentlich immer noch sehr junge Mädchen, äußerlich aber auch innerlich immer älter wurde.
Immer öfter griff sie nach jener letzten Ampulle, die sie aus ihrem alten Leben behalten hatte und die da nun einsam in einem Schränkchen stand. Mahnend auf sie herabblickend und sie durchaus in Versuchung führend. Oft war sie knapp davor, an ihr, der letzten Ampulle aus dem alten Leben, zu nippen und ihrem neuen Leben im Speziellen aber auch dem gesamten Leben im Allgemeinen Lebewohl zu sagen, doch nie hatte sie es geschafft, niemals hatte sie sich dazu durchringen können. Aber dieses Mal würde sie all dem Elend, dem ganzen Schmerz, der gesamten Einsamkeit ein Ende setzen. Sie war sich sicher, dass sie es tun wollte, fest entschlossen, es wirklich durchzuziehen. Ihr Bruder, der König, seine Schergen, das ganze Reich, die gesamte Welt, die könnten sie alle miteinander ein für allemal am Arsch lecken. Also öffnete sie die Ampulle, setzte sie an ihren Mund, schloss die Augen und ließ den ersten Schluck langsam aber in vollem Bewusstsein darüber, dass sie tot sein würde, kaum dass der Saft in ihrem Magen angekommen war, in ihren Mund fließen. Sie schmeckte schon den bitteren Saft, spürte bereits das verheißungsvolle Kribbeln auf ihren Lippen, als es so plötzlich wie unerwartet, so kräftig wie entschlossen an der Tür klopfte, und sie vor lauter Schreck die ganze Suppe wieder auf den dreckigen Küchenboden spuckte.

Der Ältere Schurke (Etwas früher)

Leicht war es nicht. Er hatte sich anfangs an die falschen Leute an den falschen Orten gewandt. Draußen vor den Toren der Stadt, dort bei den Bauern, wusste niemand, was aus ihr geworden, wohin sie gegangen war. Die Eltern waren verschwunden und sie und ihr Bruder irgendwann auch. Im Hof lebten jetzt andere Bauern, austauschbare Arbeitssklaven, die irgendein Grundherr dort eben hinverfrachtet hatte, weil irgendjemand das Land schließlich bewirtschaften musste. So fragte er sich also durch, auf dem Markt, wo sie ihren Stand längst nicht mehr betrieb. Er fragte die Rosenfrau, die er einst bestohlen hatte, den Fleischmann, den Gaukler und sogar die Lederleute. Niemand wollte sie gesehen oder von ihr gehört haben, er wurde eher mit Abscheu betrachtet, als mit Auskünften gesegnet. Schließlich landete er in dieser Schänke, in der er schon bei seinem letzten Besuch in der Stadt gerne eingekehrt war. Viel war noch nicht los, nur vereinzelt hockten da ein paar Gestalten über ihre Krüge gebeugt. Es war ja auch noch früh am Tag. Nur die wenigsten konnten es sich erlauben, sich jetzt schon die Leber runzelig zu saufen, anstatt sich den Rücken buckelig zu schuften. Es hatte sich nicht viel verändert. Dieselbe Geruchsmischung aus altem Bier, kaltem Rauch und der Kotze alter Säufer. Dieselbe robuste, aber mit den Jahren komplett abgenutzte Einrichtung. Dieselben Fässer, die da an die Wände gestapelt waren. Nur den Kerl, der da das Bier aus den Fässern zapfte, den kannte er nicht. Ein junger, gut aussehender Bursche war das, den Schnurrbart adrett gestutzt, das lange Haar im Nacken zum Knoten gebunden. Er hätte auch ein Ritter oder sonstiger Schwertkämpfer sein können. Schlank und drahtig, nicht zu groß und nicht zu klein. Und diese Augen … Die kamen ihm irgendwie bekannt vor. Dieser Mann hier sah verdächtig der Dame ähnlich, die er gerade suchte.

Also setzte er sich an einen der freien Tische, ließ sich einen Humpen geben und eine Pfeife stopfen und fragte ihn nach ihr. »Sagt mir nix«, antwortete kurz angebunden der junge Wirt oder welche Position auch immer er hier innehatte. »Und jetzt?«, fragte er und legte eine der vor ein paar Tagen erst in einem Bankhaus erbeuteten Silbermünzen auf den Tisch. »Sagt mir immer noch nix«, brummte der andere, bevor zwei weitere Münzen auf den Tisch gelegt wurden. Menschen mussten ihr Leben lassen, Kinder hatten ihre Väter, Mütter ihre Söhne und Ehefrauen ihre sie liebenden Gatten verloren, damit er an diese Münzen hatte gelangen können, also wollte er dafür auch etwas geboten bekommen. »Hmm, ich hab da so eine Ahnung«, brummte der junge Wirt und ließ sich noch zwei weitere dieser blutbefleckten, witwenmachenden Münzen geben, ehe ihm einfiel, dass hier ja von seiner eigenen Schwester gesprochen wurde und er natürlich ganz genau wusste, wo er sie finden würde. »Aber«, sagte er noch, bevor der Schurke seinen Humpen geleert und sich eine weitere Münze unauffällig auf den Tisch legend auf den Weg gemacht hatte, »erschreckt Euch nicht, sie hat sich in letzter Zeit ein wenig verändert.«

Die nicht mehr ganz so junge Frau (etwas früher)

Sie stellte die Ampulle also zurück in ihr Schränkchen und ging zur Tür. Sie erwartete niemanden, es wusste auch ja kaum jemand, wo sie wohnte. Woher auch? Eltern hatte sie bekanntlich keine mehr, zu etwaigen Onkeln und Tanten pflegte sie schon lange keinen Kontakt, der Bruder hatte einen eigenen Schlüssel und sicherlich keine Lust, dass irgendjemand seiner Freunde sie selbst oder ihre triste Behausung zu Gesicht bekommen würde. Und was sie betraf, ja, sie ging arbeiten, und da traf sie selbstverständlich auch auf andere Frauen, die sich dort ihre Finger blutig nähten, aber mit denen wechselte sie niemals auch nur ein Wort. Sie sprach eigentlich kaum mehr mit irgendjemanden. Wen also sollte es hierher verschlagen können? Hatten sie gar doch Schergen des Königs ausfindig gemacht, die sie hängen sehen wollten, weil sie vor einiger Zeit an einer Verschwörung hatte mitmachen wollen? Oder wollte man nun über sie richten, weil sie im Namen des Königs Menschen getötet hatte und dies jetzt nicht mehr tun wollte? Waren sie gekommen, um ihr, die sie sich ohnehin in genau jener Sekunde hatte das Leben nehmen wollen, das Leben zu nehmen? »Sollen sie mich doch nur hängen«, dachte sie also und öffnete so selbstbewusst, wie sie es schon lange nicht mehr gewesen war, die Tür. Bereit, dem Tod ins Auge zu blicken.
Und da stand er. Etwas älter war er geworden, natürlich war er das, wer war dies schließlich nicht? Ansonsten aber hatte er sich kaum verändert. Er hatte dieselbe lange Nase, denselben

kahlen Kopf, denselben leichten Buckel wie damals. Ihre eigenen äußerlichen Veränderungen nahm er wohl nicht wahr, und wenn doch, dann ließ er es sich zumindest nicht anmerken. Sie sah ihn an, er blickte zurück. »Ich habe heute leider keine Rose für dich«, sagte er und nahm sie in den Arm. Er küsste sie und sie küsste ihn. Weitere Worte waren nicht nötig. Sie gingen ins Schlafzimmer, entkleideten sich und schliefen miteinander. Einfach so. Ohne weitere Worte. Ohne über etwaige Konsequenzen nachzudenken. Es kam unerwartet und es war schön. So schön, wie schon lange nichts mehr gewesen war. Und kaum, dass es vorbei war, klopfte es schon wieder an der Tür.

Der nun schon etwas ältere Spion (etwas früher)

Er nahm einen zögerlichen Schluck, schließlich war er dienstlich hier. Dann setzte er noch einmal an, ließ einen größeren Schluck in seinen Mund rinnen, schließlich wollte er nicht auffallen. Darum nahm er gleich noch einen Schluck und noch einen und noch einen. Nein, nein, es schmeckte gar nicht so schlecht, dieses Bier. Und er neigte durchaus dazu, es zu übertreiben mit diesem Alkohol. Aber wer hatte in Zeiten wie diesen nicht diese Neigung? Vor allem, wenn er so ein hartes Vorleben geführt hatte wie er. Da war das doch legitim, dem Alkohol zuzusprechen. Die Kindheit, die Jugend, es war alles schlimm, so furchtbar schlimm gewesen. Da konnte er schon, voll und ganz gerechtfertigt, gerne einen zu viel trinken, wer sollte es ihm verübeln? Aber jetzt durfte er sich nicht gehen lassen. Jetzt war er im Dienst. In der Freizeit natürlich, so rar sie auch gesät sein mochte, jawohl, da ließ er es krachen, da war er kein Kostverächter, da ließ er kein in komatösen Zuständen endendes Besäufnis aus. Aber hier und jetzt in dieser Schänke durfte er keinesfalls so weit gehen. Jetzt war der Bierhumpen in seiner Hand kein Freizeitobjekt, sondern ein Arbeitswerkzeug. Seine Tarnung. Schließlich war er einer der hochrangigsten Spione des Königs und er einem gesuchten Bankräuber und Mörder auf der Spur, der zudem vor einigen Jahren an einer Verschwörung gegen den König beziehungsweise an der Planung eines Raubes des königlichen Vermögens beteiligt gewesen war. Eigentlich war besagter Schurke ja vor Jahren schon aus der Stadt verbannt gewesen, nun war er allerdings wieder da, hatte auf seinem Weg hierher die reinste Blutspur hinterlassen, vor wenigen Tagen erst im Alleingang mehrere Bankangestellte dahingemetzelt und diverse Tresore leergeräumt. Seit Tagen war er dem Schurken auf den Fersen. Er hätte ihn freilich sofort schnappen können, aber er wollte wissen, warum er zurückgekommen war, was verdammt noch einmal er hier zu suchen hatte. Schlussendlich hatte ihn die Beschattung in diese schummrige Kaschemme geführt, wo er jetzt eben im Rahmen seiner Observierung den nachmittäglichen Suffkopf mimte. Und das gelang ihm soweit ganz gut und realitätsnah. Den Suffkopf mimen konnte er, dafür schmeckte das Bier nur allzu gut. Und weil das Bier eben so gut schmeckte, und beim mittlerweile sechsten Getränk auch schon ein wenig Wirkung zeigte, hatte er es fast verabsäumt, dem Gespräch des Schurken mit der jungen Aushilfskraft konzentriert zu folgen. Natürlich wusste er nur zu genau, wer diese Aushilfskraft war, schließlich hatte dessen Mutter seinen Vorgänger auf dem Gewissen und er selbst an dem Fall gearbeitet bis er schließlich fallengelassen und zu den Akten gelegt worden war. Denn was damals nun genau geschehen war und wo die Leiche des von der Mutter kalt gemachten Vorgängers abgeblieben war, wusste er bis heute nicht, aber er hatte nun immerhin so eine Ahnung, wo der Schurke hinwollte. Denn diese Person war damals immerhin ebenso an jener Verschwörung beteiligt gewesen. Wollten sie es gar ein weiteres Mal probieren? Wollten sie einen zweiten Versuch starten, den König um sein Vermögen zu erleichtern? Er wollte es nicht hoffen, musste der Sache jedenfalls schleunigst auf den Grund gehen. Deswegen trank er aus, so schnell es ihm möglich war, bestellte, so leid es ihm tat, keinen neuen Humpen und wankte ein wenig widerwillig, aber doch dienstbeflissen dem Schurken nach.

Der Bruder (etwas früher)

Ein seltsamer Typ war das, dachte er und trug den hastig auf dem Tisch stehen gelassenen leeren Humpen weg. Genaugenommen, waren das eigentlich gleich zwei seltsame Typen gewesen. Da war dieser eine, eigentlich schüchtern und ruhig wirkende mit der auffallend großen Nase und dem kaum mehr vorhandenen Haupthaar, der ihn, nachdem er sich mit

zahllosen Bieren Mut angetrunken hatte, schamlos mit Fragen nach seiner Schwester gelöchert und ihn mit Silbermünzen bestochen hatte. Mit Silbermünzen, die er gerne angenommen hatte. Die Zeiten waren hart, das Geld knapp und wenn er sich mit der Beantwortung von Fragen über seine Schwester endlich Unabhängigkeit von seiner Schwester, sprich eine eigene Wohnung, erkaufen konnte, dann sollte das so sein. Dann war er schon bereit, seine Schwester ihm unbekannten Trunkenbolden auszuliefern, vielleicht nicht unbedingt gerne. Auch wenn das natürlich ein seltsamer Kerl war, der ihm kein bisschen geheuer war.
Dieser andere Typ hier war aber nicht weniger seltsam. Der da völlig unbemerkt in die Schänke geschlichen zu sein schien und sich dann dort in seiner unscheinbaren Ecke schon weniger unbemerkt ein Bier nach dem anderen in sich hinein geschüttet hatte, während er ihn und den glatzköpfigen Silberspendierer durchgängig beobachtet hatte, und war dann, als der Glatzkopf die Schänke verlassen hatte, plötzlich aufgesprungen und ohne zu bezahlen dem anderen nachgegangen. Er wollte ihm noch nachlaufen, um das schuldig gebliebene Geld zu verlangen, das war ihm der Aufwand dann aber doch nicht wert. Lieber trank er heute Abend selbst ein oder zwei Humpen weniger, damit sich der entstandene Verlust wieder ein wenig ausglich und er keine Probleme mit seinem Chef, dem Wirt, bekam. Er war schließlich nur auf Probe hier, hatte diese Chance bekommen, sich zu beweisen. Der Wirt konnte zwar ein lustiger Kerl sein, wenn lustige Gäste da waren, schlug aber genau so hart zu, wenn keine Gäste da waren und die Einnahmen nicht nach seinem Geschmack waren. Er wischte den Tisch ab, an dem der Zechpreller gesessen war, schimpfte leise in sich hinein, als ein weiterer unscheinbarer Mann die Schänke betrat. Er drückte ihm einen Umschlag in die Hand, sagte: »Der König bezahlt stets seine Schulden«, und war so schnell weg, wie er gekommen war.
In dem Umschlag befanden sich sehr viele Münzen, weit mehr Münzen, als die Biere gekostet hätten. Er legte also den ungefähren Betrag, den die paar Humpen ausmachten zur Seite und steckte den Rest zu den vorhin bekommenen Münzen in einen Beutel und schüttelte verwundert den Kopf. Die Welt war schon immer seltsam gewesen, dachte er sich, aber seit seine Eltern so plötzlich verschwunden waren und seine

Schwester unaufhaltbar alterte, wurde alles noch seltsamer. Viel seltsamer.

Der Vater des Königs (Einiges früher)

Er war kein guter König. Das wusste er. Genau genommen war er ein ziemlich miserabler König. Wenn es denn eine Rangliste der zehn schlechtesten Könige aller Zeiten gegeben hätte, er wäre sicherlich unter den ersten dreien gewesen. So sagte er sich das oft. Denn das Königsein hatte ihn nie interessiert. Er war König, weil er einer sein musste. Weil sein Vater König gewesen war und dessen Vater und dessen Vater und so weiter und so fort und, weil er eben das älteste Kind, der älteste Sohn, der legitime Thronfolger gewesen war. Gefragt hatte ihn natürlich niemand, ob er denn überhaupt König sein wollte, ob er denn Lust hätte, ein Reich zu regieren. Die Verantwortung für ein ganzes Reich haben, Audienzen abhalten, Bittsteller anhören. Lösungen für Probleme parat haben und sich mit dem Rat beratschlagen. Dieses und jenes bewerkstelligen und verantworten und alles am besten sofort. Niemand hatte ihn gefragt, ob er da Lust darauf hätte. Hatte er nicht. Er wollte nicht einer der mächtigsten Männer der gesamten Welt sein. Nun gut, mit dem Kaiser im Osten konnte er natürlich nicht mithalten, aber auch das wollte er nicht. Denn schließlich hatte der sogar noch mehr Ärger. Der hatte das Ungeheuer von den blauen Bergen am Hals und die Zwerge aus dem Norden im Nacken. Einer der mächtigsten Männer des Westens war er dennoch, wenn nicht sogar der mächtigste von allen Herrschern dort, und was brachte es ihm ein? Arbeit, Stress und Ärger. Ja, der Zwergenkönig da oben im Norden, der hatte zwar keinerlei Macht in der Welt, aber in seinem eigenen Land, da war er wer, da regierte er auf eine Weise, auf die auch er, der König, gerne regiert hätte. Der soff sein Bier und seinen Met und seinen Starkwein, feierte seine Orgien und ließ einfach alle einkerkern, die ihn dabei störten. Was im für ihn fernen Süden so passierte, wusste der nicht, das war ihm auch egal, das war alles viel zu weit weg. Hauptsache, es war immer genug Bier, Met und Starkwein da. Ja, so regierte man. Sein Vater hatte so regiert und dessen Vater auch und sein ihm nachfolgender Sohn würde es nicht anders handhaben. Er selbst aber konnte nicht so regieren, er konnte sich die Zwergenkönige nicht zum Vorbild nehmen. Nein, er musste sowohl dem Volk als auch seinen Beratern zuhören, vor ihnen buckeln und nebenbei auch noch die Geschicke des Reiches lenken. Verdammte Scheiße. Deswegen hasste er es, König zu sein und sein Volk widerte ihn mit den Jahren immer mehr und mehr an, es war ein unliebsamer Störfaktor geworden, das Volk. Und so saß er in den letzten Jahren seiner Amtszeit oft einfach nur da, ließ niemanden ein und soff lieber seinen eigenen Starkwein, um zumindest ein wenig wie der Zwergenkönig zu sein. Der Thronfolger war geboren, brauchte aber noch ein paar Jahre, um das Ruder dieses sinkenden Königreichschiffes hier zu übernehmen. Die Frau, die ihm den Sohn geschenkt hatte, war im Kindbett gestorben. Er hatte sie geliebt, diese Frau, ja, das hatte er wirklich. Es kommt nicht oft vor, dass Könige die Frauen, die ihnen von ihren Eltern vorgesetzt wurden, wirklich mochten, geschweige denn liebten, aber in diesem Falle, war es eben so gewesen. Er hatte sie geliebt, von dem Moment an, als sie beim großen Verlobungsball in ihrem strahlend weißen Kleid in den Saal geschwebt gekommen war, ihn mit ihren grünen Augen angestrahlt und mit ihren elfenbeinfarbenen Zähnen angelächelt hatte. Er war sofort in sie verliebt gewesen und sie wohl auch in ihn. Er war damals gar nicht so viel jünger gewesen als jetzt, aber viel weniger verbittert. Und so waren sie eines der wenigen königlichen Ehepaare, die wirklich in Liebe vereint im königlichen Ehebett zu Tate geschritten waren. Es hatte allerdings Mond um Mond angedauert, bis das Kind schließlich gezeugt gewesen war. Es hatte einfach nicht klappen wollen. Es hatte einfach nicht funktioniert. Irgendwann hatte der König schließlich nach der weisen Frau rufen lassen, die da in einer Hütte im Wald etwas abseits der Stadt gelebt hatte. Schon damals war sie ihm immer wieder mit Rat und Tat zur Seite gestanden, wenn es Fragen in unterschiedlichsten politischen Belangen gegeben hatte. Denn ja, sie hatte in die Zukunft blicken können, war aber auch in medizinischen Fragen durchaus bewandert gewesen. Und daher war sie eben auch in dieser Sache zu Rate gezogen worden. »Dies soll kein Problem sein, mein König«, hatte sie gesagt, war wieder im Wald verschwunden und nach wenigen Stunden mit einem kleinen Döslein in der Hand wieder aufgetaucht. Die weise Frau hatte der nicht schwanger werden wollenden Königin eine grüne Salbe auf den Bauch aufgetragen, hatte einige kaum verständliche Worte

in einer Sprache gesprochen, die ihm nicht bekannt gewesen war, und siehe da, wenig später hatte ein Thronfolger munter im Bauch gestrampelt. »Wie können wir Euch danken, was kann ich für Euch tun?«, hatte der König gefragt, als er kurz vor der Geburt die weise Frau in ihrer Hütte aufgesucht hatte. »Zum jetzigen Zeitpunkt braucht Ihr gar nichts zu tun, mein König«, hatte die weise Frau geantwortet. »Aber in einigen Jahren, es tut mir leid, Euch dies sagen zu müssen, Eure Frau, wird dann schon seit einiger Zeit tot sein, wird Euch meine Schwester aufsuchen, um Euch um einen Gefallen zu bitten. Schlagt ihr diesen Gefallen nicht ab, mein König, erweist ihr diesen einen Gefallen und alle Schuld soll beglichen sein.« Mehr hatte sie nicht dazu gesagt, und mehr zu erfragen, hatte wiederum er, der König, nicht gewagt.
Und nun an einem einsamen Wintertag, einige Jahre nach dem Tod seiner Frau, klopfte es eben tatsächlich an seiner Pforte und die weiße Hexe trat in sein Privatgemach. Wie sie hereingekommen war, vermochte er nicht zu sagen. »Macht mir ein Kind, mein König«, sagte sie und brauchte ihn gar nicht extra an den Gefallen, den er ihrer Schwester, der weisen Frau schuldete, zu erinnern. Er erkannte sofort, dass nun dieser vorangekündigte Zeitpunkt der Schuldeinlösung gekommen war. Er wusste, dass er keine andere Wahl hatte, also machte er ihr eben ein Kind. Dieses Mal klappte es sofort.

Der Bruder vom heutigen König (einiges früher)

Ja, die Mutter starb bei der Geburt. Das war leider so. Warum eigentlich, wusste niemand so genau. Die Geburt war komplikationslos verlaufen, es gab keine übermäßige Blutung, keinerlei Auffälligkeiten. Das Kind kam heraus, die Mutter gab ihm einen Kuss, freute sich über den Nachwuchs und schlief zufrieden ein. Warum sie schließlich nie wieder aufgewacht war, darüber wollte selbst die weise Frau, die das ja offensichtlich bereits lange davor gewusst hatte, nie sprechen. Ob das so sein musste, weil es Teil eines großen Plans oder ob es schlicht und einfach Zufall war, ob es ihr einfach nur um Dramatik in der Geschichte gegangen war, die weise Frau verlor niemals auch nur ein Wort über die gestorbene Königin. Der damalige König, also der Vater des nunmehr amtierenden Königs, der zugleich Vater als auch Witwer geworden war, war am Boden zerstört gewesen, von unermesslicher Trauer übermannt und danach nie mehr derselbe geworden. Er war nicht mehr der stolze, junge König, der er irgendwann zu kaum vorstellbaren Zeiten vielleicht einmal gewesen sein mag. Aber für seinen ersten und zu jenem Zeitpunkt einzigen Sohn, seinem einzigen Kind, den, so dachte er damals zumindest, künftigen König, war er immer da. Er zog ihn mit der Leidenschaft und Liebe auf, die er ansonsten für nichts und niemanden mehr aufzubringen vermochte, und versuchte ihm Vater und Mutter zugleich zu sein. Aber er versuchte eisern, ihn nicht zu verhätscheln und ihn nicht mit übertriebener Fürsorge verweichlichen zu lassen. Er trainierte ihn im Kampf mit dem Schwert ebenso wie ihn der Artikulation in Wort und Geste. Und so kam es, dass der potentielle Thronfolger zu einem charakterstarken, hochsympathischen und durch und durch vom Volk geliebten, aber auch in Kampf wie Diplomatie durchaus fähigen jungen Mann herangewachsen war, der alsbald die Geschäfte des schließlich doch immer älter werdenden Königs übernehmen sollte.

Nun könnte man natürlich bösartig sein und der weisen Frau und ihrer Schwester der weißen Hexe schlimme Absichten unterstellen. Man könnte ihnen vorwerfen, dass sie das so nicht geplant hatten, dass ihre ganz eigenen Pläne andere waren. Dass es nicht in ihrem Sinne war, einen sympathischen, beliebten, so willens- wie charakterstarken König zu erschaffen, dass sie ihm die Mutter vielmehr genommen hatten, um ihn weich zu machen und charakterlich zu schwächen. Man könnte ihnen, würde man bösartig denken, unterstellen, dass sie um ihren eigenen Einfluss auf das Königreich fürchteten. Man könnte durchaus mutmaßen, dass dieser so plötzlich auftauchende wie übernatürlich große Wolf ihr Werk gewesen war. Man könnte den Schwestern sicherlich vorwerfen, dass sie diesen Jagdunfall inszeniert, dass sie den riesigen, weißen Wolf mit vollster Absicht auf den Königssohn gehetzt hatten. Dass die Gedärme und das Blut und all die abgetrennten Königsohn-Gliedmaßen genauso das Werk der Schwestern waren, wie jene Fürstentochter aus dem Südwesten, die eines Tages vor den Toren des Königsschlosses stand und schließlich die von ihm niemals geliebte Frau des Königs wurde, die ihm schließlich einen zweiten Sohn schenkte, kurz bevor auch sie verstarb. All das könnten böse Zungen den Schwestern vorwerfen. Doch, seien wir ehrlich, wer von uns würde denn dermaßen bösartig denken? Dass nur kurz nach der Geburt des zweiten Sohnes, der alles andere als ein guter Mensch und schlussendlich also der neue König wurde, wieder die weiße Hexe vor der Tür stand, um sich schwängern zu lassen, war natürlich auch nur ein Zufall, der mit alledem rein gar nichts zu tun hatte.

Der Fürst aus dem Südwesten (Einiges früher)

Sein Reich war flächenmäßig vielleicht eher klein, dafür war es aber umso reicher und prächtiger. Er selbst war körperlich zwar auch eher klein gebaut, als Herrscher aber mächtig und was Aussehen, Kleidung und Palast betraf, sehr prächtig. Er war ein unfassbar beliebter Mann, dem niemand auch nur irgendetwas Böses wollte. Zumindest nahm er das unter dem Einfluss all seiner weißen Pulverchen, die ihm berittene Boten von Zeit zu Zeit aus den entlegensten Gegenden dieser Welt anlieferten, so wahr. Und weil er diese meist aus dem Osten kommenden Pulverchen gerne mit dem guten Roten aus dem tieferen Süden hinunterspülte und meist so berauscht wie beseelt in seinem Schloss auf seinem Thron herum saß, bekam er kein bisschen mit, dass sein Volk ihn eher als Tyrann und Arschloch ansah, was er genau genommen ja auch war. Aufbegehren gab es hier nicht, den kleinsten Widerspruch wusste er von seiner Armee niederschlagen zu lassen und Todesstrafe, die gab es ja auch noch, so besoffen und high, so berauscht und beseelt konnte er gar nicht sein, dass er es nicht schaffen würde, einem dreckigen Verräter seinen Kopf vom Hals schlagen zu lassen. Das Volk wiederum lebte in dem Wissen, dass der Fürst keine Skrupel zeigen würde, und daher fügte es sich seinem Schicksal und gab vor, ihn zu lieben, und übte sich kaum im Aufstand, da das Volk eben auch seine Köpfe liebte. Man konnte den Herrscher auch im Stillen hassen, das war sicherer und für alle Beteiligten besser.
Und dann war da noch seine von ihm sehr geliebte, hübsche, kleine Tochter, die menschlich gesehen ebenso skrupellos und bösartig war wie der Vater und genauso wenig gemocht wurde. Sie wusste das im Gegensatz zum Vater auch. Alkohol und Drogen sagten ihr nicht zu, daher nahm sie nur allzu

gut wahr, was ihr aus dem Volk von ihrer liebsten Spionin so an Stimmen und Stimmungen zugetragen wurde. Ihr war das aber egal, sollte das Volk reden, was es wollte. Mit der Spionin hingegen redete sie gerne, ihre Gesellschaft genoss sie sehr. Während ihr alle anderen Gesellschaften am fürstlichen Arsch vorbeigingen.
Irgendwann würde sie Fürstin sein und dieses kleine, aber feine Reich im Südwesten der Welt regieren. Die anderen König- und Kaiserreiche sowie Herzog- und Fürstentümer, waren Vater wie Tochter egal. Ihr Fürstentum selbst, mit seinen hübschen Bergen, der kurzen, aber malerischen Küste an einer der breitesten Stellen des Kanals, den Palmen- und Olivenhainen, den schnuckeligen Bauerndörfern und pittoresken Altstädten, reichte ihnen. Die Ernten waren gut, dementsprechend liefen auch die Geschäfte des Reiches gut, das Volk hatte genug zu essen, es herrschte kein Mangel an Waren jedweder Art. Der kleine, aber geschäftige Hafen am Kanal wurde regelmäßig von den Gewürzschiffen aus dem Süden und von den nördlicheren Rohstofflieferanten angefahren, andererseits trugen die eigenen Schiffe heimisches Öl, seltene Früchte und diverse Stoffe aus den hiesigen Manufakturen hinaus in die Welt. Denn die Schiffe mit all ihren Waren, die durften gerne hinein fahren ins Fürstentum und dann auch gleich wieder hinaus, wie es ihnen halt beliebte. Das Volk hingegen durfte das nicht. Das sollte schön hierbleiben. Das Volk sollte gar nicht auf die dumme Idee kommen, sich andere Orte anzusehen und dann gar dort bleiben oder, noch schlimmer, jemanden von dort mit in sein Reich bringen zu wollen. »Ihr braucht nicht zu reisen«, sagte der Fürst deshalb gerne, »ihr habt hier alles, was ihr zum Leben benötigt.« Ja und sie, die Tochter, die sah das auch so. Sie hatten hier alles und irgendwann würde der Vater sterben und sie die Fürstin werden und dann irgendwann würde sie sich von einem Lustsklaven schwängern lassen, denn auch an die Nachfolge musste gedacht sein. Und dann würden sie, das nachfolgende Kind und die stets nachrichtenbringende Spionin eine so kleine wie heile Familie gründen.
Ja, so war das eben, der Fürst regierte sein Reich, saß hoch oben auf dem Thron und die Tochter saß oft neben ihm. Die Mutter war ebenso eine Lustsklavin gewesen, wer wusste schon, was die jetzt so trieb. Sie wurde reich entlohnt und nach der Geburt auf ein Schiff verfrachtet und weggeschickt. So lief das hier halt. Von Hochzeiten und arrangierten Ehen mit oder

ohne Liebe hatte man hier noch nie viel gehalten. Lieber investierte man gutes Geld und kaufte sich jemanden zu Fortpflanzungszwecken. So war das immer schon gewesen und so sollte das auch weiterhin sein. Niemand wollte auch nur irgendwas an der Ehe- und Fortpflanzungspolitik des Fürstenhauses ändern. Dann allerdings wurde der Fürst krank. Er hustete Blut und bekam Ausschläge am ganzen Körper. Er rang nach Luft und war schon kurz davor, dem Tode nahe, der Tochter die Krone auf den Kopf zu setzen und ihr und ihrer Spionin seinen Segen zu geben, da klopfte die weise Frau an die Tür. Sie hätte etwas für ihn, das ihm helfen würde, sie könnte ihn von allen Qualen erlösen und ihm noch viele gesunde Jahre bescheren. Das klänge sehr gut in seinen Ohren, sagte er. Aber es gäbe eine Bedingung, fügte sie an. Ob er sie denn wissen wolle, fragte sie. Wollte er nicht, selbstsüchtig und egozentrisch, wie er war, wollte er zuerst das Mittel haben, wollte er zuerst einmal gesund werden. Alles Weitere könne man dann klären, so schlimm werde die Bedingung schon nicht sein, dachte und sagte er. Die weise Frau kochte ihm ein Süppchen, tat dieses hinein und jenes, dort ein Kraut, da ein Fischkopf, hier ein Knochen, da ein Pilz. Dieses Süppchen kochte und servierte sie ihm also, und er schaufelte es begierig in sich hinein. Zwischendurch spuckte er Blut und kotzte Gallenflüssigkeit, wenig später aber war er wieder gesund. Kein Husten, kein Kotzen, keine grüne Farbe mehr im Gesicht. Ja, und dann erst nannte sie ihm den Preis für seine Gesundheit, den Preis für sein Leben, das sie ihm gerettet hatte. Sie nannte ihm ruhig aber bestimmend, freundlich aber keinerlei Widerstand duldend, den Preis, den er nun zu zahlen hatte. Und plötzlich war der Fürst kein Fürst mehr und seine Tochter die Ehefrau des Königs, dessem Reich das seine nun angehörte. Die Frage, warum genau die Spionin nun beim Suppenessen an einem Hühnerknochen ersticken und plötzlich daran sterben musste, konnte auch niemand so genau beantworten.

Die Geliebte der Fürstentochter (Einiges früher)

Ihr Vater war ein Spion des Fürsten gewesen, dessen Vater und der Väter davor. In anderen Reichen war es vielleicht nicht üblich, dass das Spionagewesen über Generationen einigen

bestimmten wenigen Familien vorbehalten war, in diesem Fürstentum war das aber so. Väter bildeten ihre Söhne aus, gaben ihr Wissen weiter, führten sie in die hohe Kunst der Spionage ein. Ihr eigener Vater hatte zwar durchaus einen Sohn gehabt und dieser wäre willens gewesen, sich ausbilden zu lassen, und hatte auch alles mitgebracht, was ein guter Spion so mitbringen sollte, Grips, körperliche Ausdauer, unauffälliges Aussehen. Was er aber nicht mitgebracht hatte, war eine solide Grundkenntnis über die Beeren, die so in den Wäldern des Fürstentums wuchsen. Sie selbst aber, ja sie hatte schon in sehr jungen Jahren ausreichend Wissen diesbezüglich, dass es wohl kein Zufall sein konnte, dass das siebenjährige Mädchen dem neunjährigen Bruder ausgerechnet diese Hand voll Beeren aus dem Wald mitgebracht hatte. Die Beerdigung war so schlicht und unauffällig, wie es sich einer Spionagefamilie ziemte und die Mutter wurde nicht mehr schwanger und brachte also keinen weiteren Sohn zur Welt und so kam es, dass sie die erste Spionin in der Geschichte des Fürstentums wurde.
Sie lernte schnell und begierig und hatte sich bereits im Alter von fünfzehn Jahren alles angeeignet, was eine gute Spionin so wissen und können musste und ja, das wissen Sie vielleicht, eigentlich treten Spione und nun wohl auch Spioninnen ihren Dienst im Fürstentum erst im Alter von zwanzig Jahren an, aber Sie wissen ja, wer sich gut mit giftigen Beeren auskennt, weiß eventuell auch, wie man eine giftig gute Pilzsuppe zaubert und ja, der Vater, er hatte Pilzsuppe geliebt. So eine gute Suppe, wie die Tochter sie da gekocht hatte, da die Mutter das Krankenbett hüten musste, hatte er zuvor noch nie gegessen und jaja, danach auch nicht mehr. »Die Suppe ist so gut, dass ich gleich vom Stuhl falle«, hatte er gesagt und war vom Stuhl gefallen. Die Mutter, die zuvor noch einen Tee getrunken hatte, fiel nicht aus dem Bett, sondern schlief einfach nur ein. Eine schlichte Beerdigung hatte sich die Tochter gespart und vielmehr den Spaten sprechen lassen, um dieses Loch im Garten zu graben.
Kaum waren die Eltern verscharrt, hatte die Tochter sich beim Fürsten vorstellig gemacht und war in seine Dienste getreten. Die Spionage in anderen Königreichen und Fürstentümern überließ der Fürst vorerst lieber den Söhnen anderen Spionage-Clans, ihre Aufgabe war es gewesen, unauffällig durch die Dörfer und über den Marktplatz der Stadt zu streifen, um aufrührerische Elemente aufzudecken und alsbald

von ausgewählten Handlangern aus dem jeweiligen Ortsbild entfernen zu lassen. Einmal in vier Wochen wurde sie bei der Fürstentochter vorstellig, um ihre Ergebnisse darzulegen und bald auch um mit ihr gemeinsam dazuliegen. Was anfangs eine sporadische, aber wilde Bett-, Teppich-, Waschraum-, Pferdestall und Anziehkammer-Geschichte war, entwickelte sich alsbald zu einer großen Liebe. Auch außerhalb etwaiger dienstlicher Verpflichtungen suchte nun die junge Spionin immer wieder die nicht viel ältere Fürstentochter auf. Der Fürst selbst hatte irgendwann Wind davon bekommen und wollte veranlassen, dass die Spionin ihres Amtes enthoben wurde, da er diese Liebelei dann doch nicht unbedingt gutheißen wollte. Ein Glück für sie, dass, als sie eines Abends in ihr bescheidenes Heim kam, an einem Tischchen die weise Frau saß und sie um einen Gefallen bat.

Diesen erfüllte sie nur zu gern. Warum der Fürst aber nicht am Gift der Wurzeln, die sie ihm in sein Nasenpulver gerieben hatte, starb, sondern nur todkrank wurde, konnte sie sich bis zu jenem Tag, an dem die weise Frau wieder in ihrer Kammer stand und ihr, der Spionin, netterweise eine Hühnersuppe kochte, nicht erklären.

Der, der sich Das Böse nennt (Jetzt)

Da steht er also am Königsschloss. Da steht er also einfach so am Tor. Wie er all an den Wachen vorbeikommen konnte, kann sich auch der Schatzmeister nicht erklären. »Was wollt Ihr?«, fragt der Schatzmeister den seltsam anmutenden Hexenmeister mit seinem langen Bart, seinen schwarzen Gewändern und dem grimmigen Gesichtsausdruck. »Den König sprechen, und zwar sofort«, antwortet der, der sich selbst Das Böse nennt.

Der graue König (Jetzt)

Da sitzt er also der König, nicht im großen Audienzsaal, nein er hockt da alleine in seiner Kammer. Der Rücken schmerzt, das Haar wird immer grauer, der Bart hingegen täglich weißer. Insgeheim weiß er, ganz tief in sich drinnen, da, wo das sitzt, was man Seele nennt, steckt diese konkrete Ahnung, dass zum

einen seine besten Tage vorbei sind und er zum anderen nicht mehr allzu lange zu leben hat. Er kann gar nicht benennen, warum das so ist, er weiß es einfach. Plötzlich war sie da, diese Erkenntnis. Noch bevor er von irgendwelchen schrecklichen Dingen im Osten, Flüchtlingen oder was auch immer erfahren hatte. Er hatte seinen von Alter und exzessiven Lebensstil geschundenen Körper eines Tages aus dem Bett gequält und plötzlich gewusst: Bald ist es vorbei. Deshalb will er jetzt unbedingt noch dieses eine letzte Turnier abhalten, einmal noch will er die Besten der Besten die Schwerter schwingen sehen, will er ihre Klingen singen hören. Ein letztes Mal in seinem Leben möchte er unbedingt diesen großen Zirkus aufführen, das ganze Programm, das ganze Theater, Gesang, Gaukelei und Feuershow. Und dann, ja dann sollte er seinetwegen das Zeitliche segnen, war doch auch schon egal jetzt.
Solch düstere Gedanken gehen ihm durch den Kopf, wie er da an seinem Elfenbeinschreibtisch sitzt und aus dem nordländischen Kristallkelch, den dunklen Roten aus dem tiefsten Süden trinkt. Die Nachfolge ist geregelt, einen Sohn hatte ihm seine erste Frau ja geschenkt, kurz bevor sie das Zeitliche gesegnet hatte. Warum er auch noch eine zweite Frau haben und diese eine Tochter gebären musste, na, das weiß er doch auch nicht. Die weißen Schwestern hatten das entschieden, hatten das so gewollt und ihn nicht groß nach seiner Meinung gefragt. Nun hat er eben auch diese Tochter und ja, sie ist das Beste, was das Land je gesehen hatte, das Beste, was der ganzen Nation passieren konnte. Das muss sogar er sich eingestehen. Egal, König würde trotzdem der Sohn werden, der das gleiche selbstsüchtige Arschloch ist, wie er selbst. Er nimmt noch einen Schluck, wird schon wieder sentimental, irgendetwas stimmt wohl nicht mit dem Wein, und er denkt ein bisschen über seine eigenen Eltern nach. Über den Vater, der nie ein König hatte sein wollen, die Mutter, die einst Fürstin hätte werden sollen, die den Vater gehasst hatte und dann alsbald verstorben war. Er denkt auch an diesen Bruder, den er nie kennengelernt hatte und der viel zu früh verstorben war. An all das denkt er und trinkt und trinkt seinen roten Wein aus dem Süden. Gerade schenkt er sich wieder aus dem großen schweren Porzellankrug ein, da klopft es an der Tür. »Herein«, sagt er missmutig. »Ihr habt Besuch, mein König«, sagt der Schatzmeister, der mittlerweile die einzige Person im gesamten königlichen Stab ist, die sich den Privatgemächern des Königs nähern darf.

Der Weinmeister des Königs (Jetzt)

Der König trinkt gerne Wein und er lässt es sich einiges kosten, diesen aus der ganzen Welt heranzukarren oder durch all die Meere und Kanäle schippern zu lassen. Er lässt es sich hingegen aber nicht viel kosten, den Mann zu entlohnen, der dafür sorgt, dass das weiße oder rote Nass aus den Fässern in den Kelch gelangte. Da dieser Mann aber fünf Kinder, eine Frau und eine kranke Mutter zu ernähren hat, stört es ihn nicht, alle paar Wochen wieder von einem unauffälligen Boten zwei Briefe entgegen zu nehmen. In dem einen Brief stecken mehrere Silbermünzen, während sich in dem anderen unterschiedliche Pulverchen befinden, die er dem König in den Wein mischen soll. Was das für Pulverchen sind und warum ausgerechnet die in den Wein hinein müssen, hinterfragt er nicht. Das Silber aber kann er gut gebrauchen.

Die Frau des Königs (Früher)

»Ist er nicht schön?«, fragte die Königin die weise Frau und hielt ihr das kleine, weiße Bündel hin.
»Ja, sehr schön ist er und sehr niedlich«, antwortete diese, nahm das Bündel entgegen und gab der Frau zu trinken.
Schweiß stand dieser auf der Stirn, die glühte, als hätte man sie in den Ofen gesteckt. Unmittelbar nach der Geburt war es ihr noch gut gegangen. Sie hatte sich selbst um das Kind gekümmert, die Ammen hatte sie weggeschickt. Dies sei ihr Kind und es müsse ihre Milch bekommen, darauf hatte sie bestanden.
»Dem König wird das nicht gefallen«, hatten die Ammen zwar entgegnet, dem König war das aber so egal gewesen, wie alles was mit diesem Kind zu tun hatte. Er hatte nun seinen Thronfolger, der Rest interessierte ihn nicht, ihm ging es lediglich um dieses Turnier, das er da bald ausrichten würde. Also hatte sie ihr Kind selbst gestillt, ihm eigenhändig die Windeln gewechselt, es gehegt und gepflegt und dann war es gekommen, das Fieber. Der Hunger hingegen war ausgeblieben, jegliche Kraft hatte sie verlassen. Sprechen war ihr schwergefallen, Bewegung auch und ja, sie hatte nun doch die Dienste der Ammen in Anspruch nehmen müssen, da ihre eigene Brust die Milchabgabe verweigert hatte.

Schließlich hatte sie nach der weisen Frau rufen lassen, die Hoffnung hegend, diese könne ihr helfen. Vielleicht hätte sie ihr auch tatsächlich helfen können, wenn sie es denn gewollt hätte. »Trinkt das«, sagte sie also und die Königin trank. »Und nun geht«, fuhr sie wenig später fort und die Königin ging.
Für immer.

Der junge König (früher)

War er traurig, der König? Natürlich war er das. Selbstverständlich war er traurig. Schließlich musste er wegen des plötzlichen Todes seiner Frau das Turnier, auf das er sich schon so gefreut hatte, um einige Tage verschieben. Das musste jetzt nicht unbedingt wegen ihm selbst sein, aber das Volk hatte seine Frau geliebt, während es für ihn, den König, eher Verachtung übrig hatte. Es hätte ihm wohl nicht verziehen, wenn er sofort nach dem Tod seiner Frau dieses große Spektakel veranstaltet hätte, und das noch dazu auf des Volkes Kosten. Deshalb organisierte er zuvor ein so großes wie prachtvolles Begräbnis, beziehungsweise ließ er dies seinen Schatzmeister organisieren. Die bereits angereisten Turnierkämpfer mussten dem Begräbnis selbstverständlich beiwohnen, je mehr Menschen dort anwesend waren, umso besser sah dies auch für ihn, den König, aus.

Der König selbst wusste später nicht mehr viel von dieser Beerdigung. War er anwesend? Natürlich war er das, musste er ja, hätte ja blöd ausgesehen, wäre er nicht dagewesen. Hatte er sich betrunken? Und wie er sich betrunken hatte. Eines der wenigen Details, an das er sich hinterher erinnern konnte, wenn auch nur für kurze Zeit, war, dass er mit der weisen Frau getrunken hatte.

»Auf die Königin«, hatte sie gesagt und an ihrem Kelch genippt.

»Auf die Königin«, hatte der König geantwortet und ebenso genippt.

»Der Wein ist vergiftet«, flüsterte nun die weise Frau und der König erschrak. »Aber keine Sorge«, fügte sie flüsternd hinzu, »wenn Ihr binnen der kommenden sieben Jahre meine Schwester heiratet und mit ihr ein Kind zeugt, verabreiche ich Euch das Gegengift, und Ihr werdet freilich vergessen, was wir soeben besprochen haben.«

Die weisse Hexe (früher)

Die weiße Hexe ließ sich schon immer gerne von Königen Kinder machen. In der Regel waren dies mit besonderen Eigenschaften ausgestattete Bastardkinder, die sie und die weise Frau überall auf der Welt für ihre Zwecke arbeiten ließen. Zudem waren es immer Mädchen, die meist auch gar nicht wussten, dass sie königlichem Blut entstammten und gegen eine nicht geringe Geldspende bei ärmlichen Bauernfamilien aufwuchsen. Für dieses spezielle Kind hatten sie nun aber besonders große Pläne geschmiedet, weshalb es wichtig war, dass es ehelich zur Welt kam und im Königsschloss aufwuchs. Dass die geheimnisvolle, so wunderschöne wie blutjunge Herzogstochter aus diesem kleinen Reich hoch oben im Norden, gleich dort neben dem Zwergendorf, wo niemals auch nur eine Menschenseele hinkommen und nachfragen würde, ob es das Reich denn wirklich gab, dieselbe Frau war wie die steinalte, aber respekteinflößende Hexe, die da in einem Turm in der Stadt hauste, hätte niemals auch nur irgendjemand erahnen können. Er, der König, hatte es eigentlich gewusst, tief in sich drinnen, aber schnell wieder vergessen. Er war fasziniert gewesen von dieser Frau, hatte sie gerne geheiratet und mit ihr noch lieber ein Kind gezeugt. Kaum war dieses geboren gewesen, war auch diese Frau wieder verstorben. So hatte man es ihm und dem Volk zumindest erzählt. Die Machenschaften der weißen Schwestern konnte niemals je auch nur ein Mensch durchschauen. Sie machten sich die Welt, wie sie ihnen gefiel und heute noch gefällt.

Der König der Zwerge (früher)

Sie war prachtvoll die Hochzeit. Aus allen Reichen der Welt waren Herrscher angereist, sogar der Zwergenkönig aus dem hohen Norden. Ein sehr langer und sehr beschwerlicher Weg war es gewesen, die Ostlande hatte er durchqueren müssen, das Tal der ersten Menschen und so weiter. Er hätte natürlich auf dem Seeweg reisen können, aber die Mägen von Zwergen vertrugen zwar literweise Schnaps und Starkbier und das fetteste Fleisch, das dort oben im Norden aufzutreiben war, Seegang, Wellen und Wind vertrugen sie aber nicht. Und er wollte doch nicht den ganzen schönen Schnaps in den Ozean kotzen.

Also mussten er und seine kleine, aber feine Eskorte den Landweg nehmen. Weit und beschwerlich war der, natürlich, aber wenn schon einmal ein König des Westens einem Zwergenkönig eine Einladung zukommen ließ, dann kam der dieser selbstredend gerne nach. Dass er von einem Herzogtum hoch oben im Norden, Grenze an Grenze an dem seinem liegend, von welchem die neue Königin abstammen sollte, noch nie etwas gehört hatte, ließ er sich nicht anmerken. Natürlich hatte er sich, als ein großer weißer Vogel die auf sauberes, weißes Papier geprägte Einladung überbracht hatte, sehr darüber gewundert, dass es hier oben noch ein weiteres Reich geben sollte und er dieses noch dazu gar nicht kannte. Doch die Berge, die das Dorf der Zwerge gegen Osten hin abschirmten, waren so hoch, wie der Nebel dort stets dicht war, und was kümmerte es ihn also, was sich dahinter sonst so verbarg, da konnte dies seinetwegen auch ein ganzes Herzogtum sein.
Herzogtum hin, Herzogstochter her, solange der Schnaps in Strömen floss und das Starkbier auch, und von den Schweineschenkeln das herrlichste Fett tropfte, es Musik gab und Tänzerinnen, dann sollte ihm das recht sein.
Und jaja, auch ein Turnier hatte der König natürlich organisiert. Turniere, die organisierte er neuerdings gerne, der Hochzeitskönig, dafür wurde er langsam auf der ganzen Erdenplatte bekannt. Ihn und seine Zwerge hatte er bislang aber noch nie eingeladen. Aber egal, jetzt war er ja eingeladen, der Zwergenkönig. Das Fest war herrlich, der Rausch auch und plötzlich stand er da vor ihm, dieser Herzog. Groß gewachsen, von kräftiger Statur, dichtes weißes Haar, langer ebenso weißer Schnurrbart. Die Uniform war so blau, wie der mittlerweile sehr betrunkene Zwergenkönig es auch war. Die beiden tranken und unterhielten sich die ganze Nacht, feierten ihre Nachbarschaft, schmiedeten allerlei Pläne und beschlossen allerlei Abkommen. Noch Jahre danach schwärmte der Zwergenkönig von der offenen und trinkfreudigen Art des Herzogs, und immer, wenn es den seltenen Anlass internationalen Austausches gab, wusste er ein gutes Wort über den frischgebackenen Schwiegervater des westlichen Königs zu verlieren. Dass besagter Herzog niemals existiert hatte und das vermeintliche Herzogtum unbewohntes wie trostloses Ödland war, konnte der Zwergenkönig nicht wissen. Denn er spielte hier nur eine gar nicht so unwichtige Rolle in einem weiteren grotesken Kammerspiel der beiden weißen Schwestern. Dass der

Herzog des Nordens einem Illusionszauber der weißen Hexe entsprungen und die so junge wie wunderschöne Braut niemand anderes als die Hexe selbst war, konnte er, der Zwergenkönig, ebenfalls nicht ahnen. Woher auch? Aber hätte er es gewusst, was hätte es ihn gekümmert? Hauptsache, Schnaps und Bier schmeckten und flossen in Strömen.

Die unbekannte Wanderin (Jetzt)

Die blauen Berge also. Nun sieht sie diese zum ersten Mal tatsächlich. Viel hatte sie von jenen Bergen bisher gehört, aber das waren eben alles nur Geschichten gewesen. Denn niemand war, soweit sie sich erinnern könnte, jemals von diesen Bergen zurückgekehrt. Dass sie tatsächlich blau sind, diese Berge, hätte sie auch nicht erwartet, das hatte sie immer bloß als Legende, als sagenhaften Blödsinn abgetan. Aber ja doch, sie sind blau, natürlich sind sie das. Blauer als das Meer sind sie, diese Berge, blauer als der Himmel. Ob das rote Tal, von dem sie gleichfalls nur Sagen und Legenden kennt, ebenso rot ist wie, die Berge blau sind, das weiß sie nicht, hofft aber, es bald zu erfahren. Wenn denn da kein Ungeheuer und kein Zwerg auf sie warten. Und nun, wo sie bereits die höchste Stelle der Straße erreicht hat, scheint es nahezu sicher zu sein, dass dies so ist, dass weder Zwerg noch Ungeheuer anwesend sind. Sie wandert also noch ein Stück, sieht sich aufmerksam um, achtet auf alle Anzeichen feindlicher Bewegung und schlägt kurz unter der Baumgrenze wind- und wettergeschützt in einem kleinen Waldstück knapp neben der Straße ihr Nachtlager auf. Sie isst einige der unterwegs gesammelten Früchte und hofft, dass diese nicht giftig sind. Bis vor kurzem noch hatte sie sich keinerlei Gedanken über so etwas machen müssen, darüber, was sie zu sich nimmt, ob ihr Essen denn vergiftet sein könnte, es war ihr stets vorgekostet serviert worden. Nicht selten hatten die Vorkosterinnen und Vorkoster anschließend begraben oder im Hof verbrannt werden müssen. Nun aber probiert niemand irgendetwas für sie und sie muss darauf hoffen, dass der klägliche Vorrat an Nahrung, den sie in den letzten Tagen hatte anhäufen können, tatsächlich genießbar ist. Noch lebt sie, dass es ihr in den letzten Tagen und Wochen hie und da den Darm zerrissen und sich dieser so schmerzhaft, wie sie es bis dato nicht kannte, entleert hatte, nun ja, das ist halt so. Das ist das

Los der Reise, das Los der Natur, das Los der Freiheit und vor allem das Los des Immer-noch-am-Leben-seins. Es hatte Weissagungen gegeben in den letzten Monaten, die ihren sicheren Tod vorausgesagt hatten. Also gibt sie sich damit zufrieden nun doch noch nicht tot zu sein, so mühsam dieser Zustand zurzeit auch sein mag. Sie isst also ihre Äpfel und Beeren und brät sich den toten Vogel, den sie auf der Straße gefunden hatte und hofft, dass diese Nacht so ruhig sein wird, wie es die vergangenen Nächte ihrer bisherigen Reise gewesen waren, und dass der Vogel möglichst lange in ihr bleibt.

Der ostländische Reisende (Jetzt)

Er reitet. Wieder einmal reitet er über eine so lange wie kurvenreiche Passstraße einen Berg hinauf. Langsam aber sicher langweilt ihn dieses ewige Reiten. Das Reisen und das Reiten wären ja an sich nicht das Problem. Eigentlich liebt er es zu reisen, eigentlich sitzt er gerne zu Pferde. Alleine unterwegs zu sein, ja, auch das kann er genießen. Allerdings wie diese Reise bisher verlaufen war und wahrscheinlich weiter verlaufen wird, das ist, was ihn stört. Ständig stellt sich ihm jemand in den Weg, ständig muss er kämpfen. Erst der Zwerg auf den blauen Bergen, dann diese so seltsamen wie untoten Schlachtenopfer aus dem roten Tal und das riesenhafte Ungetüm am steinernen Tor. Die Begegnung mit seinem längst gestorbenen Vater und dieser etwas gruselig anmutenden, ebenfalls bereits gestorbenen alten Frau mitsamt ihrer Armee der verstümmelten Toten, hatte auch nicht Freude und Heiterkeit in ihm ausgelöst, sondern Verstörung und Übelkeit.
Und nun reitet er eben wieder so einen Berg hinauf und gewiss wird wieder jemand daherkommen, der mit ihm kämpfen möchte, der ihn provoziert und herausfordert. Dann wird er also abermals wieder kämpfen oder versuchen müssen, seine etwaigen Kontrahenten mit einer Vielzahl hochgestochener Worte von der Wichtigkeit seiner Reise zu überzeugen. Am liebsten wäre er einfach schon da, würde er einfach bereits an seinem Zielort angekommen sein. Nur allzu gerne würde er irgendeinen Zauberspruch aufsagen, um sich sofort und auf der Stelle in Luft aufzulösen, um sich dann am Zielort wieder materialisieren zu können. Das bringen vielleicht irgendwelche Zauberer aus dem Süden oder diese Hexen im Westen

zustande, von denen er schon so viel gehört hatte. Er aber kann das nicht. Schade, dass ich kein Zauberer bin, denkt er und reitet mit solcherlei Gedanken im Kopf unter den letzten Baumkronen vor der nahenden Baumgrenze hindurch.
»Wer bist du denn?«, unterbricht plötzlich eine kindlich klingende Stimme die Gedankengänge des Reisenden. Er ist so überrascht wie überrumpelt von dieser Ansprache und versucht, diese zu ignorieren und weiter zu reiten, doch mahnt er sich zur Vorsicht. Von irgendwelchen Baumwesen einen Pfeil in den Rücken gejagt zu bekommen, darauf kann er jetzt, so knapp vor dem Ziel, durchaus verzichten. Daher zügelt er die Reitgeschwindigkeit, sieht aufmerksam nach oben und nach unten, nach links und nach recht und dann wieder nach oben. Und tatsächlich, da sitzt sie, mit ihrem lockigen blonden Haar, den strahlend weißen Zähnen und dem weißen Kleidchen. Er bleibt stehen und blickt zu ihr hinauf, wie sie da auf ihrem Ast sitzt und ihn anlächelt. »Ich bin nur ein harmloser Reisender«, sagt er, »und wer bist du?«, fragt er. »Ach, ich sehe nur aus wie ein harmlos wirkendes Baummädchen«, flötet sie mit glockenheller Stimme. »Aber eigentlich bin ich«, ruft sie nun schon weniger glockenhell und schon gar nicht flötend und springt rasant vom Baum auf den Reisenden zu, »ein blutrünstiges Baummonster.« Das glockenhelle Kinderstimmchen verwandelt sich zu einem bestialischen Brüllen, die strahlend weißen Kinderzähne verändern sich zu gefährlichen Reißzähnen. Die rosafarbene, zarte Mädchenhaut verändert sich zu einer faltig-grünen Lederoberfläche, die funkelnden blauen Augen zu feuerroten Bällen. Das Monster wirft sich auf den Reisenden, will ihn mit seinen Hauern den Hals aufbeißen und mit spitzen langen Fingernägeln das Gesicht aufreißen. Es will sein Blut trinken und seine Augen essen. Es ist eines von jenen Wesen, die anderen die Seele aussaugen, um selbst stärker zu werden. Geschichten von solcherlei Kreaturen sind ihm zuvor bereits schon zu Ohren gekommen. Aber das Wissen über sich bewahrheitende Schauermärchen bringt ihn momentan auch nicht in Sicherheit. Denn dieses Baummonster hier ist schnell, ungeheuerlich schnell. Der Reisende selbst ist aber auch nicht unbedingt für Langsamkeit und Lethargie bekannt, schließlich hat er seinerzeit vom Besten gelernt. Er fängt den Angriff also so schnell ab, wie dieser erfolgt ist, packt die Kreatur mit beiden Händen am Hals und wirft sich, sie fest umklammernd, selbst vom Pferd. Er versucht, es mit

der einen Hand festzuhalten und mit der zweiten das Messer an seinem Hosenbund zu fassen zu kriegen. Er hat es fast, da stößt das Baummonster einen Schrei aus und wird von einer unsichtbaren Kraft gegen den nächsten Baumstamm geschleudert. Plötzlich hat es eine Axt im Schädel stecken und bricht sterbend zusammen. Der Reisende rappelt sich auf, weiß nicht, wie ihm geschehen ist und sieht plötzlich diesen unscheinbaren kleinen Mann vor sich, der dort, wo eigentlich das Herz sein sollte, ein klaffendes Loch prangen hat. »Wir dachten uns, du würdest unterwegs vielleicht ein wenig Hilfe benötigen«, sagt er.

Der Zwerg von den blauen Bergen (Jetzt)

Das Ungeheuer ist so tot, wie die ganze Stadt tot ist. Was hier gerade passiert ist, kann er kaum in Worte fassen. Das muss er alles erst verarbeiten. Erst muss er aber weg von hier, er fragt sich nur, wohin. Zurück in die blauen Berge? Was sollte er denn dort? Ohne Ungeheuer, das es zu beschützen gilt, hat er dort keinen Daseinszweck. Ohne Ungeheuer, das es zu töten gilt, werden auch keine Jäger mehr kommen, die er verstümmeln und in seiner Höhle verwahren kann. In den Norden, in das Dorf der Zwerge? Da hat er nichts mehr verloren. Da ist er so unerwünscht, wie er selbst dort sein möchte. Wieder auf Reisen? Ja, wahrscheinlich wird er wieder auf Reisen gehen. Er wird in den blauen Bergen sein weniges Hab und Gut holen und dann wird er sich in den Westen durchschlagen. Irgendein Edelmann, König, Kaiser, was auch immer wird vielleicht die Dienste eines gedungenen Mörders benötigen. So soll es sein, denkt er, gehe ich eben wieder los. Da hört er die Gesänge und das Gegröle der Zwerge, die da geradewegs auf ihn zukommen. Und all die Feindseligkeit, all die Skrupellosigkeit und der geballte Hass, all das, was er da er in diesen Gesängen zu vernehmen mag, lässt in ihm einen Entschluss reifen. Er weiß nun, wohin die Reise gehen soll. Er weiß nun, was er als Nächstes tun wird.

IV

Kurz vor jetzt

Der Ältere und der jüngere Schurke

Nur noch wenige Meilen, dann ist er endlich wieder in der Stadt. Und er wird sie suchen. Schon wieder. Ein Turnier soll es geben. Jubel, Trubel, Heiterkeit. Aus diesem Grund hatte er auch diesen Zeitpunkt ausgewählt, um zurückzukehren. Niemand wird sich um ihn und seine Vorhaben kümmern, niemand wird ihn einsperren wollen. Denn alle werden nur das Spektakel im Kopf haben. Und er kann in all dem Trubel untertauchen und nach dem Mädchen Ausschau halten, dem er einst eine Rose geschenkt hatte. Er schmeckt im Mund noch den Staub des Bergwerkes, in dem er jahrelang hatte schuften müssen. Er blickt auf seine von der harten Arbeit schwieligen Hände, spürt aber auch die Muskeln, die das jahrelange Steine-aus-dem-Felsen-hauen hatte wachsen lassen. Es waren schlimme Jahre gewesen, eine furchtbare Plackerei. Mond für

Mond, Jahr für Jahr mit der Spitzhacke in hartes Gestein schlagen, in so schäbigen wie zugigen Baracken hausen, so dünne wie geschmacklose Suppen essen. Und dann war irgendwann dieser junge, gutaussehende, so hinterhältige wie gewissenlose Kerl ins Spiel gekommenen, der hier in diesem Bergwerk hatte schuften müssen, weil er zuvor ein Bankhaus in die Luft gesprengt hatte. Und weil er Ahnung von Sprengstoff und reichlich Erfahrung im Umgang damit gehabt und daher gewusst hatte, wie damit umzugehen war, hatte man ihn tatsächlich auch hier im Bergwerk Sprengarbeiten verrichten lassen. Klug war das freilich nicht gewesen, was sich spätestens dann gezeigt hatte, als er eines Tages mit beeindruckender Präzision diesen einen letzten Sprengsatz genau so positioniert hatte, dass der gesamte Stollen eingestürzt war und all das Geröll alle außer den älteren Schurken und sich selbst, den jüngeren Schurken, eben unter sich begraben hatte.
Ja, und nun sind sie beide hier. Nur wenige Meilen von der Stadt entfernt stehen sie da mit ihren gestohlenen Pferden und ihren ebenso gestohlenen Waffen auf einer Anhöhe und blicken hinunter. Der jüngere Schurke möchte irgendeinem verhexten Bösewicht, von dem er unterwegs erfahren hatte, das Handwerk legen und vom König eine saftige Belohnung dafür kassieren. Er selbst hatte ihm seine Unterstützung bei dem Unterfangen zugesichert, hauptsächlich, um eine weitere starke Hand zur Seite zu wissen, sollte es brenzlig werden. Der zu jagende Bösewicht und etwaige Belohnungen des Königs interessieren ihn nicht. Er möchte lediglich seine einstige große Liebe wiederfinden und sehen, was aus ihr geworden war und auch, was aus ihnen beiden noch werden könnte.

Der ostländische Reisende

Er reitet den Berg hoch, reitet anschließend ins Tal hinab. Er passiert die Grenze in das erste Königreich des Westens und durchquert dieses so schnell, wie ihm dies möglich ist. Auf den Bäumen hocken weitere so seltsame wie gefährlich anmutende Wesen. Im ersten Königreich des Westens droht ein Bürgerkrieg, seit dem Austritt aus der Union des Westens sind die Menschen unzufrieden und die Stimmung ist aufgeheizt und sehr aggressiv. Das merkt er sofort, als er dort ankommt. Sein Ankommen bemerkt aber niemand. Denn er und sein

Pferd und sein so toter wie herzloser Begleiter sind dank des kleinen Porzellanfläschchens, das die tote Frau dem Reisenden mit auf den Weg gegeben hatte, voll und ganz unsichtbar. Er hat für die Dauer dieser Unsichtbarkeit zudem auch die für die weitere Reise wichtigen Eigenschaften angenommen, keinen Hunger und keinen Durst zu verspüren, nicht schlafen und niemals austreten zu müssen. Und sein Pferd, ja das muss das alles auch nicht. Es muss nicht fressen, nicht trinken, nicht schlafen, muss nicht kacken und muss auch niemals urinieren. Sie alle, er, sein Pferd, der unscheinbare Unsichtbare, sie müssen einfach nur reiten, immer weiter reiten. Über die Berge, durch dieses Königreich, durch ein kleines Fürstentum, durch ein weiteres Königreich und dann, ja, dann kommen sie wieder an einen Grenzübergang. Wie an den anderen Grenzen zwischen all diesen größeren und kleineren Reichen, stehen auch hier überall bewaffnete Wachen. Allerdings sind es sehr viele mehr als an den anderen Grenzstationen. Waren es da ansonsten vielleicht zwei oder drei Männer gewesen, die da in ihren Rüstungen mit ihren Speeren und ihren langen und kurzen Schwertern gestanden waren, stehen hier nun zwei- oder dreihundert schwer bewaffnete Soldaten entlang eines robusten Zaunes aufgereiht. Außerdem reihen sich hier unzählige unbewohnte Zelte aneinander, in denen armselig anmutende Pritschen aufgestellt sind. Irgendetwas ist also anders als sonst. Auffällig ist auch, dass kaum jemand in dieselbe Richtung reist wie sie, ihnen aber immer wieder einmal jemand entgegen kommt. Dass also niemand dorthin reitet, zu jener königlichen Stadt, aber gar nicht wenige weg davon, fällt ihnen auf. Er ahnt schon, dass es wohl gar kein Turnier geben wird, weiß mittlerweile aber auch, dass dieses Turnier nicht der wahre Grund ist, warum er denn nun zu jener Hauptstadt des größten Königreiches des Westens weiterreisen muss.

Die tote Frau

Von weitem schon sieht sie die Trümmer dessen, was einmal die größte und wichtigste Stadt des Ostens gewesen war. Die Flammen sind erloschen, aber staubiger Aschenebel hängt noch über den Ruinen. Menschen gibt es hier kaum mehr anzutreffen, zumindest keine lebenden. Je weiter sie durch die verkohlten, zerstörten Ruinen marschieren, um so mehr

Leichen sehen sie. Einige sind noch einigermaßen intakt. Hier ein fehlendes Bein, da ein weggerissener Arm, dort ein abgetrennter Kopf. Damit kann sie arbeiten, diese Verstorbenen kann sie wieder zum Leben erwecken und in ihre Armee aufnehmen. Andere sind bis auf die Knochen abgebrannt oder völlig von großen Gesteinsbrocken zerschlagen. Für sie kann sie nichts mehr tun. Und mitten in all diesen Trümmern steht ein einzelner, einsamer Soldat. Die tote Frau geht auf ihn zu, reicht ihm die Hand.
»Ich hatte eine Vision, und habe Euch bereits erwartet Mylady«, sagt dieser Soldat.
»Ihr müsst nicht Mylady sagen, Bester«, antwortet die tote Frau und deutet mit einem dieser Schwerter, die jetzt alle Mitglieder ihrer doch recht ansehnlichen Armee ihren Händen halten, so sie denn noch welche haben, auf den nahe gelegenen Hügel. Sie beäugt den neuen Besten, der bei genauerem Hinsehen gar kein Bester, sondern eine Beste ist, eine junge Frau. Ihr soll es recht sein, Mann, Frau, egal, die weißen Schwestern wissen in der Regel, wen sie warum auserwählen, sie wissen stets, was sie tun, wie sie warum handeln. »Halten wir uns nicht mit Förmlichkeiten auf«, sagt sie, »dort drüben sitzt der Feind, lasst uns losgehen und ihn besiegen.«

Die Beste

»Einer von euch wird der neue Beste sein«, hatte der Beste immer zu sagen gepflegt. Dass sie dieser neue Beste sein würde, hatte sie nicht erwartet. Die Rede war immer von einem ER gewesen, von einem DER Beste. Dass Frauen zur Armee zugelassen werden, war neu gewesen. Ihr Bruder war einige Monde zuvor aufgebrochen, um im Westen ein Turnier zu bestreiten, ihr Vater vor vielen Jahren in die blauen Berge verschwunden, um ein angebliches Ungeheuer zu besiegen. Der Vater war niemals wieder zurückgekommen, das Ungeheuer hatte sie vor kurzem erst tot vom Himmel fallen sehen. Einst hatte ihre Familie in einem Turm in einer der besten Gegenden der Stadt gelebt, seit einiger Zeit schon müssen sie draußen in den schäbigen Vierteln hausen. Die Mutter alt und krank, die Geschwister hilflos, der Bruder fort. Ja, sie würde in den Kampf ziehen, der Familie Ruhm und Ehre erkämpfen. Irgendjemand muss hier ja handeln, irgendwer muss doch

etwas gegen all die Widrigkeiten des Lebens und die Gefahren dieser Zeit unternehmen, hatte sie sich gesagt und hatte sich daher der Armee angeschlossen. Hatte sich deswegen beim Besten in die Ausbildung begeben. Dieser hatte sie trainiert und gedrillt. Sie war mit vollem Herzen bei der Sache und auch wirklich gut dabei gewesen. Sie sei eine der Besten, hatte DER Beste oft zu ihr gesagt, vor allem im Schwertkampf hatte sie geglänzt. Er, der Beste, hatte mit Lob nicht gegeizt und sie und all ihre Mitstreiter und Mitstreiterinnen auf das vorbereitet, was niemand erwarten konnte. Gerechnet hatten sie mit einem Krieg, gekommen war eine Katastrophe unvorstellbaren Ausmaßes. Der Wind hatte mit unvorstellbarer Kraft geweht, nein, es war kein Wind, es war ein Sturm gewesen, ein ungeheuerlicher Sturm, der ganze Türme niedergerissen, der vollständige Häuser durch die Luft geschleudert hatte. Der Boden hatte gebebt, Gebäude waren reihenweise eingestürzt. Die Erde war aufgebrochen und hatte Soldaten scharenweise in ihr tiefstes Inneres gezogen. Die umliegenden Berge und Hügel waren einfach so aufgeplatzt und hatten Feuerbälle und Lavaströme auf die Menschen in der Stadt niedergelassen. Wer fliehen hatte können, war geflohen, die allermeisten aber waren in Chaos, Trümmern und Flammen gestorben. So auch die gesamte Armee des Ostens, alle Soldaten und ja, neuerdings auch Soldatinnen der Ostlande. Alle außer ihr.
Irgendwann kurz nachdem alles vorbei gewesen war, war sie da in den Trümmern gestanden, als plötzlich eine so weißhaarige wie dennoch jung anmutende Frau vor ihr gestanden war und gesagt hatte: »Du bist die letzte verbliebene Soldatin, du bist das einzige überlebende Mitglied der gesamten Armee, alle sind tot, auch der Beste und nun, mein Kind, bist du DIE Beste. Und deswegen wirst du sehr bald schon kämpfen müssen. Meine Tochter wird mit ihrer Armee kommen und dir sagen, gegen wen es diesen Kampf zu schlagen gilt.«
Und jetzt steht sie eben hier, die Beste, und gibt der Tochter der weißen Hexe die Hand, um kurz darauf mit ihr in den Kampf gegen das Böse zu ziehen, was da drüben auf einem Hügel sitzt. Ihrem eigenen Vater, der da neben dieser irgendwie furcht- aber auch respekteinflößend wirkenden so alten wie toten Frau steht, sieht sie hingegen ungläubig in die Augen.

Das Böse (jetzt und schon immer und für alle Zeit)

Da sitzt es Das Böse. Das Böse ist kein kleiner schwarzhaariger Zauberer. Das Böse zieht nicht im Westen durch die Straßen und stiftet Unruhe und sorgt für Chaos. Nein, Das Böse ist hier in den Ostlanden und hat dieses Schlachtfeld zu verantworten, das sich da vor ihm ausbreitet. Das Böse ist nicht jung und es ist nicht alt, es ist nicht dick und auch nicht dünn, es ist nicht Mann, nicht Frau, nicht Mensch, nicht Tier, nicht Ungeheuer und auch nicht Fabelwesen. Das Böse ist einfach nur Das Böse. Es ist nicht mehr und auch nicht weniger und hatte kürzlich mit nur einem einzigen Fingerschnipsen die größte Stadt der Ostlande zerstört und bald will es dasselbe mit der größten Stadt des Westens machen. Das Böse ist siegessicher und freut sich. Da es zwar die Natur in all ihren Facetten beeinflussen kann, Berge zum Explodieren, den Boden zum Beben und Stürme zum Wüten bringen, nicht aber in die Zukunft blicken kann, weiß es allerdings nichts von dieser Armee, die da jetzt in diesem einen Moment auf es, Das Böse, zumarschiert. Es weiß nichts von dieser Armee, die die weißen Schwestern hatten formieren lassen. Es weiß nichts von dieser Tochter der weißen Hexe, die da vor langer Zeit von den Toten zurückgekehrt war, um, wenn die Zeit gekommen sei, gegen es, Das Böse, anzukämpfen. Und es weiß auch nicht, dass die Beste diese Armee unterstützen und Seite an Seite mit ihrem lange tot geglaubten Vater gemeinsam in diesen Kampf ziehen wird. Wie dieser Kampf ausgehen wird, vermag zurzeit niemand zu sagen. Selbst die tote Frau kann den Ausgang des Kampfes, den Ausgang der gesamten Geschichte nicht voraussehen. Aber besser wäre es natürlich, wenn die tote Frau und ihre Armee siegen und Das Böse bezwingen würden, da sie sich dann im Westen um diesen Zwerg kümmern könnten. Denn der hat nun ebenfalls eine Armee um sich geschart und sicherlich nichts Gutes im Sinn.

Die Armee der Zwerge

Sie singen, sie grölen, sie schwingen ihre Äxte. Sie wandern gen Westen. Über blaue Berge und rote Täler. Durch Königreiche und Fürstentümer. Wenn es da Waldmonster zu bekämpfen gilt, na, dann werden sie sich ihnen stellen. Feinde jedweder Art werden sie aus dem Weg räumen. Sie sind die Armee der Zwerge. Sie fühlen sich unbezwingbar, sie SIND unzerstörbar. Und so marschieren sie eben und marschieren und ihnen voran marschiert der einstige Zwerg von den blauen Bergen. Vielleicht kommen sie nicht sonderlich schnell voran, vielleicht ist diese ganze Marschiererei eine zähe wie langwierige Angelegenheit, aber daran stört sich gerade niemand. Sie haben alle Zeit der Welt, sie haben es nicht eilig. ER hat es nicht eilig. Überhaupt nicht. Warum auch? Es gibt nichts zu erledigen, was er nicht in einigen Wochen auch noch erledigen kann. Aber seine Rache an der Menschheit, die lässt er sich nicht nehmen.

Der graue König

»Was wollt Ihr?«, fragt der König den, der sich Das Böse nennt.
»Die Welt«, sagt der Hexenmeister, »ich will die Welt beherrschen.«
Und der König? Was macht der? Hat er Angst? Nein, hat er nicht. Zeigt er Respekt? Nein, zeigt er nicht. Vielmehr lacht er. Er lacht und lacht und lacht. Er kriegt sich gar nicht mehr ein vor lauter Lachen. Er lacht, wie er seit langem nicht mehr gelacht hat. »Schert Euch zum Teufel, Fremder«, sagt er, das Lachen kurz unterbrechend und sich Lachtränen aus den Augen wischend. »Ihr seid ein Aufschneider und Lügner!«, fährt er fort. »Schert euch dorthin zurück, wo ihr hergekommen seid. Ihr habt überhaupt keine Ahnung, wer oder was die Welt beherrscht.« Ihm fällt auf, dass er das auch nicht weiß. Aber er hat da so eine Vermutung. Er denkt noch, dass so einer, der sich Das Böse nennt, ganz praktisch ist, wenn man Steuern erhöhen will oder wenn man einen Sündenbock braucht. Dann ruft er nach den Wachen und lacht weiter bis ihm der Hals schmerzt.

Ende
Jetzt aber wirklich